Annual Report on the
Internationalization of Renminbi, 2012

人民幣國際化報告2012

中國人民大學國際貨幣研究所◎著

編委名單

主　編　陳雨露

副主編　張　杰　涂永紅　錢文揮

編　委（以姓氏筆劃為序）

　　　　王　芳　向松祚　李靜萍　剛建華

　　　　劉　陽　何　青　張成思　鄭家渡

　　　　胡　波　趙錫軍　曹　彤　翟東升

　　　　戴穩勝

導　論

　　人民幣國際化，是指人民幣在對外經濟往來中越來越多地發揮國際貨幣職能，若干年後發展成為國際貿易、國際投融資的主要計價結算貨幣以及重要的國際儲備貨幣的過程。靜態看，它是人民幣作為國際貨幣使用的一種狀態和結果；動態看，它涉及的是人民幣發展成為主要國際貨幣的整個過程。人民幣國際化是中國國家崛起的一大標誌，也是中國全面融入國際社會並保持經濟持續強盛的重要支柱和國家工具。從這個意義上講，人民幣國際化無疑是我國21世紀最重要的國家戰略之一。

　　發端於美國的這場全球性金融危機正在改變著世界經濟和金融格局。為了在不確定的國際經濟環境中維護本國正當利益，免受現行不合理國際貨幣體系的侵害，實現中國經濟的穩健增長，中國政府在後危機時代做出了一系列政策調整和制度安排。2009年開始跨境貿易人民幣計價結算試點，並在實踐中不斷完善人民幣跨境使用的管理制度和金融服務設施。2011年跨境貿易人民幣計價結算從試點的5個省市擴展到全國範圍，從試點的東亞地區擴展到全球。同樣在這一年，以人民幣計價的跨境投資和金融交易活動陸續開始試點，資本帳戶管理政策出現了鬆動跡象。人民幣陸續得到周邊及發展中國家貨幣當局的認可，7個國家將人民幣列入其外匯儲備。這一年在業界被稱作「人民幣國際化元年」。

　　實現人民幣國際化絕不是中國的一相情願，而是中國經濟發展、市場演進和歷史發展的必然。遵循中國文化的邏輯，人民幣國際化不過是天時地利人和的自然產物。2008年金融危機揭示出美元主導下的國際貨幣體系存在巨大的系

統性風險，儲備貨幣多元化已經成為化解現存體系內在矛盾的一種國際社會共識。這就為人民幣國際化提供了天時。2010年中國超過日本成為世界第二大經濟體，同時也是世界第二大出口國。作為世界各國最重要的交易夥伴和投資夥伴之一，使用中國主權貨幣計價結算便順理成章，也即擁有了地利。中國的文化傳統崇尚「中庸」、「天人合一」、「非戰」，強調相互尊重、克己互利，為當今世界和平發展的主流思想提供了文化基礎。中國文化和發展模式易於被理解、被接納、被尊重，為人民幣國際化贏得了至關重要的人和。有了天時、地利、人和，人民幣國際化就有了成熟的現實條件。2011年中國向全世界發出了明確信號——人民幣國際化正式起航。

為了忠實記錄人民幣國際化進程，客觀反映人民幣國際化遭遇的挑戰和問題，推動人民幣國際化順利進行，中國人民大學從2012年開始每年定期發佈《人民幣國際化報告》。本報告旨在系統闡述人民幣國際化現狀，分析人民幣國際化的重大事件及其影響，研究年度熱點問題，梳理人民幣國際化的國內外挑戰並提出富有建設性的解決思路和政策建議。

如何認識和把握人民幣國際化進程？如何衡量人民幣國際化現狀與管理目標之間的差距？迄今為止，這些仍然是理論界和管理層尚未突破的難題。

本報告首創人民幣國際化指數，嘗試在這方面做些突破性工作。編制人民幣國際化指數的基本出發點，是希望通過一個綜合的多變數指數來概括和反映客觀上人民幣行使國際貨幣職能的程度。觀察人民幣國際化指數的數值及其變化，可以直觀明瞭地評判人民幣國際化水準；通過對指標進行縱向、橫向的比較，可以發現市場對人民幣的真實接受程度，有助於檢討政策或制度設計上的不足，進而預測政策或市場的未來發展方向。毫無疑問，人民幣國際化指數可以為決策者提供一個簡便易行的科學管理工具，也將為國內外學術界提供一個新的研究視角和分析指標。2011年人民幣國際化指數從2010年初的0.02迅猛增長到0.45，增長了21.5倍，客觀反映了人民幣在跨境貿易結算、國際債券發行

以及充當外匯儲備等方面取得的巨大成績。然而，與高達54.18的美元國際化指數相比，人民幣國際化還有漫長的路要走。

實現人民幣國際化，離不開政府在制度和管理層面的改革與完善，更離不開國內外市場上廣大金融機構和企業的積極參與。本報告選取人民幣國際化進程中發生的若干重大事件，從政府政策和市場發展兩個視角進行解讀，並對其可能產生的影響及未來前景加以探討。截至2011年底，人民幣國際化「重大事件」主要表現在五個方面：全面實現跨境貿易人民幣結算，開始試點跨境人民幣資本流動，人民幣準備發揮儲備貨幣職能，建設香港離岸人民幣市場，以及與小幣種外匯交易不斷發展。

人民幣國際化是否一定要以資本帳戶完全自由化作為必要條件？是否要以人民幣快速升值為前提？香港人民幣離岸金融市場是否為國際游資投機的溫床？本報告直接面對熱點問題，對於問題的根源和作用機理予以深入研究，提供了整個研究團隊的理解和分析。不僅如此，本報告還對國內外政府、著名學府、金融機構、智囊團在人民幣國際化問題上的主要觀點進行了綜述，以期平衡反映正反兩方面的觀點和理由。

我們認為，中長期人民幣幣值在平穩上升的均衡價格通道內維持正常波動，且非理性人民幣升值預期消失是最為理想的狀況。人民幣國際化不必以資本帳戶完全開放為條件，二者可以並行不悖、相互促進。香港離岸金融市場的參與者更複雜，運行機制更靈活，出現與內地市場的人民幣匯率背離不足為奇。由此產生的套利具有衝擊我國的貨幣市場、干擾貨幣政策等風險，但是套利產生的倒逼機制對促進我國利率市場化、匯率形成機制改革也不無裨益。

結合人民幣國際化面臨的挑戰，本報告提出如下政策建議：

第一，人民幣國際化最大的長期挑戰來自中國實體經濟。如果不能改變嚴重依賴外需、依賴「微笑曲線」低端收入的經濟模式，中國就無法成長為貿易強國，就不能在貿易計價結算貨幣談判中擁有足夠的話語權，人民幣的升值空

間也將受到嚴重制約。果真如此，人民幣作為交易貨幣、儲備貨幣的國際貨幣職能也就很難實現。把握好後金融危機時代難得的時間視窗，制定科學的宏觀經濟政策，充分利用國內外兩種資源、兩個平臺，實現中國自主創新的技術突破和產業升級，是夯實人民幣國際化經濟基礎的關鍵。

第二，金融制度存在不足、金融市場化程度較低、金融體系效率較低，降低了人民幣國際使用的吸引力和競爭力，構成人民幣國際化的中期挑戰。在當前金融體制深化改革、建設上海國際金融中心眾多金融工作中，必須在思想上牢固樹立統籌協調發展的觀念，將人民幣國際化與利率市場化、匯率市場化以及資本帳戶有序開放等有機地結合在一起。利用這四者之間的內在聯動機制，選好政策切入點有力推動，以收到「四兩撥千斤」的成效，解決人民幣國際化的金融制度障礙。

第三，離岸金融市場是當代國際金融的核心，沒有一定規模的人民幣離岸市場做支撐，人民幣國際化只能在低水準上徘徊。發展離岸人民幣市場的關鍵在於短期內迅速擴大人民幣境外存款規模。依靠貿易逆差對外提供人民幣所需時間長，而且規模小，比較分散。依靠大規模人民幣對外投資，容易激發政治民情，產生事與願違的結果。我們認為，最有效的管道是依靠我國強大的國有或股份制銀行，直接擴大人民幣對外貸款規模，為離岸人民幣市場繁榮奠定最重要的物質基礎。

第四，人民幣國際化起航，標誌著中國經濟的全球化發展進入到一個從實體經濟跨越到貨幣經濟的新階段，來自外部的衝擊將影響中國的每一個行業、每一個角落。對此必須進行前瞻性研究。保持對人民幣國際化的冷靜頭腦至關重要，不能用搞運動的方式來推進人民幣國際化。資本帳戶的開放尤其應該謹慎，一定要做到在風險可控的前提下，成熟一個項目開放一個項目，不可操之過急。可以通過加快名義金融開放的速度，通過技術手段和程序設置把握實際開放度，將投機性熱錢流動控制在經濟金融安全運行的承受範圍內。

總之，人民幣國際化是大勢所趨，只要政府做好頂層設計，順勢而為，經濟規律和市場力量就會自然推動人民幣國際化進程。樂觀估計，十年後，隨著中國經濟轉型取得實質性進展，隨著上海建成具有全球重要影響力的國際金融中心，隨著越來越多的國家將人民幣作為國際儲備貨幣，人民幣國際化必將水到渠成。

陳雨露
2012年6月

目 錄

圖表索引

第一章

人民幣國際化指數

1.1　人民幣國際化指數及其宗旨

1.1.1　人民幣國際化

貨幣國際化是指某種主權貨幣超越國境，在國際貿易、國際資本流動、外匯儲備中被其他國家廣泛使用，行使貨幣職能的過程。靜態看，貨幣國際化描述的是作為國際貨幣使用的一種狀態和結果；動態看，貨幣國際化涉及的是一國貨幣發展成為國際貨幣的整個過程。

依據上述對貨幣國際化的界定，我們給予人民幣國際化以下定義。人民幣國際化是指人民幣在國際範圍內行使貨幣功能，成為主要的貿易計價結算貨幣、金融交易貨幣以及政府國際儲備貨幣的過程。

從歷史經驗看，一國貨幣要想實現國際化，必須具備一些基本的條件。例如，實體經濟保持穩健發展，在國際經濟和貿易中占有重要的地位；國內金融自由化水準和對外開放程度較高；建立了有利於貨幣國際化的宏觀經濟與市場制度基礎。儘管人民幣已初步具備了國際化的一些條件，但是要實現最終的目標，中國還將面臨一個漫長而艱巨的過程。毋庸置疑，人民幣國際化是一個市場自然形成與政府政策導向相結合的過程，一個充滿國際各方力量博弈的過程，一個中國政治經濟軟實力崛起的過程。

1.1.2 人民幣國際化指數的定義

人民幣國際化指數（Renminbi Internationalization Index, RII）是指從國際貨幣職能角度出發，綜合人民幣各項職能的全球占比，客觀、動態、科學描述人民幣國際化程度的指標資料。

人民幣國際化是我國在這場全球金融危機後維護國家利益的現實選擇。推進人民幣國際化，意味著打破現有不合理的國際貨幣體系格局，分享現行國際貨幣的既得利益，並承受與之相伴而生、前所未有的貨幣管理和外部衝擊風險。在人民幣國際化進程中，如何做到在規避重大危機的前提下加速我國經濟增長模式轉型，無疑是我國政府宏觀經濟管理中亟須解決的難題。編制RII，能夠綜合反映人民幣國際化程度，為政府決策部門準確把握人民幣國際化的動態進程，及時抓住人民幣國際化中出現的來自國內外的新機遇，認清不斷出現的新挑戰，有針對性地調整或制定宏觀經濟政策，提供一個可操作的科學工具和一個高效管理手段。

1.1.3 編制人民幣國際化指數的宗旨

第一，立足貨幣職能，分析人民幣國際化現狀及其重要決定因素，為政府決策機構提供科學評價人民幣國際化進程的綜合指標體系。

第二，客觀、便捷、動態反映人民幣國際化程度，為全球提供一個反映人民幣國際化動態演變的風向標，進而為人民幣國際化研究提供一個全新的、總的測度指標，填補人民幣國際化研究的理論空白。

第三，通過對比分析人民幣與其他主要貨幣的國際化指數，從結構上認識推動或阻礙人民幣國際化的主要因素，了解人民幣國際化與其他主要貨幣國際化之間的差距，發現其中的主要矛盾和突出問題，為政府分析檢討人民幣國際化目標實現情況以及推動措施的有效性提供一個便捷的評價工具，以便我國政府及時抓住人民幣國際化中的機會，制定恰當的、有針對性的對策，扎實、高效地推進人民幣國際化。

第四，為世界各國進行貿易與官方儲備提供幣種選擇的參考依據。儘管人民幣國際化是這場全球金融危機後順應國際經濟形勢變化的自然選擇，但是不少國家因為缺乏對人民幣國際應用的了解而不願將人民幣作為其官方儲備。RII可以增進外國政府和企業對國際範圍內人民幣實際使用情況的了解，認清人民幣國際化的發展趨勢，為其選擇人民幣進行貿易計價結算和儲備提供便捷的決策依據。

1.2　人民幣國際化指數編制原則

根據人民幣國際化指數的定義及編制人民幣國際化指數的宗旨，借鑒各類金融指數編制的經驗，編制RII時將遵循以下原則。

第一，功能定位明確，反映人民幣國際應用實際狀況。任何指數的編制，都是為適應特定的功能需求而進行的。RII的編制，其核心目標就是要客觀反映世界各國使用人民幣的現狀，以便為政府部門制定相關決策、為私人部門使用人民幣相關金融產品、制定相應的金融戰略提供客觀、公正、可靠的依據。

第二，體現鮮明的人民幣國際化引導方向，突出人民幣的實體經濟交易流通手段的功能。指數的編制不僅要反映人民幣國際化應用的現狀，還要突出中國的金融戰略，尤其是要反映金融戰略的頂層目標設計導向。這場全球金融危機的爆發使得人們深刻認識到虛擬經濟過度發達帶來的危害。一旦貨幣脫離實體經濟而內生膨脹，對於整個金融體系的穩健就會產生極大的破壞性。因此，在人民幣國際化過程中，絕不可過於注重虛擬經濟或金融交易功能，而應往實體經濟交易流通功能方面加以引導。這一點也會在RII編制中得到充分體現。

第三，堅持科學性與系統性的設計理念。指數的權威性、引導性，取決於指數設計是否科學。RII的設計，必須從國際化貨幣的本質出發，在充分的國際貨幣和國際金融理論基礎上，科學界定人民幣國際化的內涵與外延，並結合具體的人民幣國際化實踐進行研究，使得RII既要體現國際貨幣的普遍規律與

特徵，又要反映人民幣國際化的戰略目標。在RII體系的設計中，既注重單個指標的內涵準確，也注重指標體系的系統性和全面性。鑑於人民幣國際化是人民幣的各項國際貨幣職能系統發展的集成結果，因此，作為評價體系的RII必須具有廣泛反映人民幣國際化各重要方面的功能。這就決定了人民幣國際化指標體系並非若干單一指標的簡單結構，而應保持完整的系統性，指標間必須相輔相成，從不同層次、不同角度對人民幣國際化做出綜合反映。

第四，綜合考慮可比性與可操作性。RII的編制宗旨之一是為世界各國提供國際交易與儲備貨幣選擇的依據，這就要求設計中必須考慮評價結果在不同貨幣之間的橫向可比性和動態可比性。與此同時，指標體系設計時還要充分顧及資料可得性與可操作性。對於某些特別重要而又無法直接採集資料的指標，應根據盡可能多的資訊進行估計。而且所選擇的指標其內容應易於理解，不能有歧義，以確保所構建的RII能夠準確而方便地計算並應用。

第五，兼顧結構穩定性與靈活性。RII編制所依據的指標、各指標的權重不宜頻繁變化，以使評估結果的解釋具有一定的持續性與動態可比性。然而，不能將指數編制依據的指標及其權重僵化對待，應保持一定的靈活性，因為人民幣國際化的不同階段有不同的戰略目標，而且這些階段性戰略目標還要根據國際政治與經濟形勢的變化進行適當的調整。為了準確、客觀反映人民幣國際化進程，編制RII的指標及各指標的權重，應與人民幣國際化實踐和中國的戰略目標相適應，能夠在不同的階段進行適當的調整。

第六，指數編制方法透明、簡單。RII編制的指標選擇原則、權重確定原則，均在科學性與可操作性的指導下進行。同時，採用比較簡單直觀的計算方法，避免過於複雜、難以理解的方法。此外，指數編制的方法是公開的，以便政府及相關研究部門的工作人員對人民幣國際化問題進行協同研究，為RII的科學發展奠定堅實的基礎。

1.3 人民幣國際化指數編制方法

1.3.1 指標體系

　　根據人民幣國際化的定義，選取能夠反映人民幣行使國際貨幣功能的兩大類指標構建RII指標體系。這兩類指標與國際貨幣基金組織（IMF）頒佈的《國際收支手冊》中定義的兩大類國際經濟交易是一致的。第一類指標反映人民幣國際計價、清算結算功能，具體包括國際貿易中使用人民幣的指標與金融交易中使用人民幣的指標。第二類指標反映人民幣的國際儲備功能（見表1—1和圖1—1）。

表1—1　人民幣國際化指數指標體系

一級指標	二級指標	三級指標
國際計價 支付功能	貿易	世界貿易總額中人民幣結算比重
	金融	全球對外信貸總額中人民幣信貸比重 全球國際債券和票據發行額中人民幣債券和票據比重 全球國際債券和票據餘額中人民幣債券和票據比重 全球直接投資中人民幣直接投資比重
國際儲備功能	官方外匯儲備	全球外匯儲備中人民幣儲備比重

其中：

世界貿易總額中人民幣結算比重＝人民幣跨境貿易金額/世界貿易進出口總額

全球對外信貸總額中人民幣信貸比重＝人民幣境外信貸金額/全球對外信貸總額

全球國際債券和票據發行額中人民幣債券和票據比重＝人民幣國際債券和票據發行額/全球國際債券和票據發行額

全球國際債券和票據餘額中人民幣債券和票據比重＝人民幣國際債券和票據餘額/全球國際債券和票據餘額

全球直接投資中人民幣直接投資比重＝人民幣直接投資額/全球直接投資額

全球外匯儲備中人民幣儲備比重＝人民幣官方儲備餘額/全球外匯儲備餘額

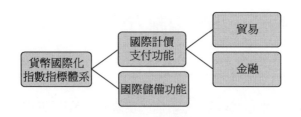

圖1—1　人民幣國際化指數指標體系示意圖

　　理論上講，貨幣具有三種功能——價值尺度、支付手段和價值貯藏。考慮到在國際貿易中，計價貨幣通常就是結算貨幣，編制RII的目的之一是要側重反映人民幣在國際經濟活動中的實際使用情況，因此本報告將價值尺度功能與支付手段功能合二為一。

　　根據RII編制的原則之一，即向實體經濟交易流通功能方面加以引導，人民幣在國際貿易中實現的結算功能是評價人民幣國際化的重要組成部分，具體指標選擇世界貿易總額中人民幣結算比重。

　　根據國際收支平衡表，金融帳戶囊括了居民與非居民之間的金融交易活動。金融交易包括直接投資、國際證券、國際信貸三大類。我們的指標體系中分別針對人民幣在這三大類金融交易中的實際功能設置了相應的指標。其中關於證券交易部分的指標設置做如下說明。

　　國際證券交易包括債券和股票兩部分，由於國際金融存在巨大的資訊不對稱風險，具有固定收益的債券的風險可控性優於股票，因此國際債券市場規模遠遠超過股票市場規模，一直在國際證券市場中占據主導地位，而且主要國家股票市場規模往往以本幣標價，缺乏按照幣種對非居民股票投資的統計，從金融學原理和資料可獲得性兩方面考慮，本報告使用國際清算銀行（BIS）的國際債券和票據指標來反映國際證券交易。按照BIS的統計分類標準，國際債券和票據包括：第一，所有由國內機構和非國內機構發行的非本國貨幣的債券和票據；第二，所有本國市場上由國外機構發行的本國貨幣的債券和票據；第三，所有非居民購買的本國市場上由本國機構發行的本國貨幣債券和票據。由此可見，國際債券和票據指標能夠很好地反映一國貨幣在國際證券市場的國際

化程度。

　　為了更加全面、準確地反映人民幣國際債券和票據交易情況，本報告採用兩個指標：其一是存量指標，即債券和票據餘額；其二是流量指標，即債券和票據發行額。這樣做的理由在於，存量指標可以客觀地體現人民幣在國際債券和票據交易中的現實地位，流量指標則能夠更好地捕捉人民幣國際債券和票據的動態變化。當然，流量的累積形成存量，流量指標與存量指標之間的這種關係決定了存量指標本身含有流量指標的資訊，因此，我們對人民幣國際債券和票據交易的存量指標賦予了較大的權數。

　　國際儲備功能是國際貨幣職能最典型、最集中的體現。通常，一國貨幣在國際儲備中的比重是一個最直接、最明瞭的貨幣國際化衡量指標。目前，IMF只統計了美元、歐元、日圓、英鎊、瑞士法郎等主要貨幣在官方外匯儲備中的比重情況，人民幣因其在官方外匯儲備中的使用規模太小而不在IMF的單獨統計之列。此外，世界上絕大多數政府從自身利益出發，一般不公佈官方外匯儲備中具體的貨幣結構，這就給人民幣國際儲備功能指標的資料收集造成極大困難。事實上，已有近十個國家將人民幣作為本國外匯儲備中的一種貨幣，隨著我國統計制度的不斷完善，以及國際合作的深入，人民幣官方儲備指標的資料可獲得性有望得到改善。

1.3.2　資料來源與資料處理

　　RII的指標資料來源與資料處理詳見表1—2。

　　RII編制中面臨的最大難題來自資料來源方面的限制。由於中國的資本帳戶沒有完全開放，人民幣不是完全可兌換貨幣，人民幣在國際經濟活動中的使用程度較低，各項指標在全球所占的比重微不足道，例如，人民幣官方外匯儲備幣種占比、銀行業國際資產負債的人民幣占比等指標都未超過1%，因此主要國際金融組織（IMF、BIS）在進行指標的國際貨幣結構統計時，都沒有將人民幣進行單列統計，而是歸入了「其他」或「剩餘部分」。本報告對無法獲得幣種結構的指標採取了兩種處理方式。其一，對於某些指標，有較可靠的管

道來估計人民幣比重，依據盡可能詳細的現有資訊與資料進行加總，對這些指標進行估計。雖然這些估計值與真實值有所出入，但是我們相信這些差異並不會對RII造成實質性影響。而且隨著人民幣國際化進程的深化，這些指標的資料來源與資料品質將會得到改善，因此這些指標被保留在指數體系中。其二，部分指標沒有可靠的管道進行估計。本課題組查找了主要國際組織（IMF、WB、WTO等）、主要國家的統計局、中央銀行、貿易部門等網站與資料庫，發現各國在貿易計價結算、直接投資、證券投資、銀行信貸等方面普遍沒有進行幣種結構統計。儘管日本、英國政府也曾在某些報告中發佈了本國貿易中使用不同貨幣規模的報告，但是這些報告不是連續的年度報告，僅是一些專項調查統計，缺乏持續性。考慮到RII的客觀性要求，我們放棄了那些雖然體現貨幣國際化程度，但是數值難以估計的指標，例如本幣股票規模的全球占比。本報告最終選取了具有代表性的、資料來源可靠的6項指標來體現貨幣國際化程度。

隨著國際貨幣體系的改革以及人民幣國際化程度的提高，本報告相信未來國際金融的指標統計會有所改進，不僅統計指標將進一步細化到幣種結構分析，並且人民幣也將單獨統計。因此，展望未來，RII的指標體系有可能隨著國際金融指標統計的改進與細化，進一步納入更多的指標，並且在指標賦權上進行適當的調整。當然，在未來我們將嘗試抽取樣本國家進行調查，從而更好地估計各項指標的幣種結構。例如抽選各國銀行的貿易結算資料，分析各國對外貿易的幣種結構，從而提高貿易幣種結構指標的精確度。

表1—2　人民幣與其他主要貨幣國際化指數的資料來源與處理表

指標	資料來源	資料處理
世界貿易總額中人民幣結算比重	人民幣跨境貿易金額：中國人民銀行；世界貿易進出口總額：國際貨幣基金組織IFS資料庫。	匯率換算採用人民幣兌美元期間平均匯率（IFS）。

續前表

指標	資料來源	資料處理
全球對外信貸總額中人民幣信貸比重	中國人民幣境外貸款：中國人民銀行；香港人民幣存款：香港金融管理局；全球對外信貸總額：國際清算銀行。	人民幣境外信貸＝中國人民幣境外貸款 ＋ 香港人民幣存款。
全球國際債券和票據發行額中各幣種債券和票據比重；全球國際債券和票據餘額中各幣種債券和票據比重	國際清算銀行。	
全球直接投資中人民幣直接投資比重	人民幣外商直接投資與對外直接投資：中國人民銀行貨幣政策執行報告；全球直接投資規模：世界銀行、聯合國貿易和發展組織。	匯率換算採用人民幣兌美元期間平均匯率（IFS）。
全球外匯儲備中主要幣種儲備比重	國際貨幣基金組織COFER。	各幣種儲備規模/可區分儲備規模（allocated reserves）。
世界貿易總額中主要幣種結算比重	各國貿易全球占比：國際貨幣基金組織；各國貿易結算幣種結構：Goldberg and Tille（2005）[a],Kamps（2006）[b]	以美國、歐元區、中國、日本、英國貿易規模構成全球貿易總量，以此貿易比重與國別貿易中幣種結構占比加權估算各幣種全球貿易結算占比。
全球對外信貸總額中主要幣種信貸比重	世界銀行業國際資產負債幣種結構：國際清算銀行。	以世界銀行業國際資產負債幣種結構替代。
全球直接投資中主要幣種直接投資比重	直接投資國別規模占比：國際貨幣基金組織IFS資料庫、聯合國貿易和發展組織。	以直接投資國別規模占比替代。

a.Goldberg,L.S.and G.Tille,2005,Vehicle Currency Use in International Trade,FRB of New York Staff Report No.200.

b.Kamps,A.,2006,The Euro as Invoicing Currency in International Trade,ECB Working Parer Series No.665.

1.3.3 人民幣國際化指數模型

RII的指標體系中每一個指標本身都是比重，不存在數量級差別，因此無須進行無量綱化處理，可以直接進行加權平均並編制RII，即：

$$RII_t = \frac{\sum_{j=1}^{5} X_{jt} w_j}{\sum_{j=1}^{5} w_j} \times 100$$

其中，RII_t表示第 t 期的人民幣國際化指數，X_{jt}表示第 j 個變數在第 t 期的數值，w_j 為第 j 個變數的權數。

由於每個指標都是在全球總量中的占比，因此在此基礎上構造的指數具有完全的橫向可比性和動態可比性，滿足RII的編制原則。

1.3.4 人民幣國際化指數的含義

RII的含義應做如下解讀：如果人民幣是全球唯一的國際貨幣，則RII指標體系中的各項指標的數值就應該等於100%，此時RII為100。反之，如果人民幣在任何國際經濟交易中完全沒有被使用，則其各項指標的數值就等於0，此時RII為0。如果RII的數值不斷變大，表明人民幣在國際經濟中發揮了更大的貨幣職能，其國際化程度就越來越高。

當然，國際貨幣體系日益呈現多元化趨勢，美元的國際貨幣地位在逐漸衰落，除了與美元相互競爭的歐元、日圓、英鎊、瑞士法郎外，一些新興市場國家的貨幣，例如俄羅斯盧布、巴西雷亞爾，也在國際經濟中擴大了使用範圍，因此，按照本報告的指數編制方法及其含義解釋，不可能有哪一種貨幣的國際化指數能夠達到100，目前美元不能，今後人民幣也不能。

1.4 2010年以來人民幣國際化水準

1.4.1 人民幣國際化指數表現

根據上述RII編制方法，我們計算出2011年第4季度的RII為0.45，同比增長

了近1倍。2010年第1季度至2011年第4季度的RII如圖1—2所示。

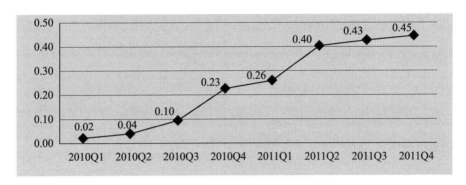

圖1—2 人民幣國際化指數

從2009年人民幣開始跨境貿易計價結算開始，人民幣國際化進程僅有短短的兩年時間。儘管0.45的人民幣國際化水準表明人民幣的國際使用程度還相當低，其國際貨幣功能微不足道，但是這一數值也表明，人民幣國際化已經成功地實現了零的突破。

2010年，RII呈現陡峭上升，意味著人民幣國際化進程發展非常迅速。進入2011年，RII繼續上升，特別是第2季度的環比有較大的增長。在2010年初至2011年底短短8個季度內，RII由0.02提高到0.45，增長了21.5倍，反映出國際社會、國際經濟主體對人民幣發揮國際貨幣功能相當程度的認可。

1.4.2 人民幣國際化指數變動分析

推動RII快速攀升的主要原因在於，人民幣在貿易和金融交易中發揮了越來越重要的計價支付功能。

如圖1—3所示，2010年各季度人民幣在全球貿易結算中的占比的平均增幅達到145%。儘管2011年該比例的絕對值仍然在繼續提高，但是其增幅較2010年有較大的下降，第4季度甚至出現了6.46%的負增長。然而，該指標全年平均仍然有15.62%的增幅。

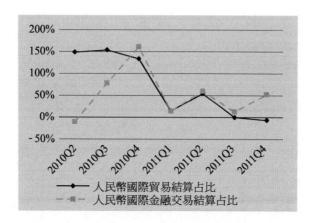

圖1—3　人民幣計價支付功能指標增長率

注：具體指標構成見表1—1。

人民幣國際金融交易貨幣功能相對較弱，主要原因在於人民幣資本帳戶存在較多的管制，人民幣國際債券發行、對外貸款、直接投資需要進行必要的審批。2010年人民幣在國際金融交易中的使用急劇擴張，人民幣金融交易的全球占比增幅在第4季度達到161%的峰值。此後，人民幣在全球金融交易的占比開始下降，表現出一定的季節性波動特徵，2011年第4季度該指標的增幅升至52.27%，全年平均增幅為34.68%。

在人民幣國際金融計價支付功能中，人民幣直接投資的規模太小，幾乎可以忽略不計。對該功能變化具有較大影響的是人民幣國際債券和票據以及人民幣境外信貸。如圖1—4所示，2010年人民幣境外信貸、人民幣國際債券和票據的全球占比都出現了較快增長，在第4季度增幅分別達到104%和202%的峰值。2011年第1季度二者的增速開始回落，第2季度有所回升，第3季度又下滑至10%左右。2011年第4季度，人民幣國際債券和票據的發行額急劇減少，環比下降45%，使得人民幣國際債券和票據的全球占比下降了33%。相比較而言，人民幣對外貸款的全球占比增長比較穩定，2011年各季度的平均增長率達到26%。

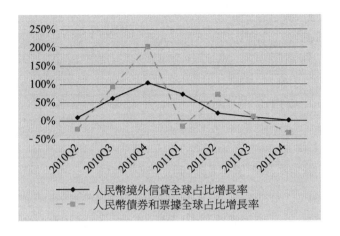

圖1—4　人民幣國際金融指標增長率

　　總之，2009年人民幣國際化開始試點，編制RII的多項指標的基數比較低，因而2010年各季度RII呈現幾何增長，全年增長了10.5倍。2011年人民幣國際化保持了繼續增長的勢頭，不過增幅有所放緩，RII全年增長73%。

1.5　主要貨幣國際化指數比較

　　為了客觀地反映主要貨幣國際化程度及其動態變化，準確評估人民幣與主要貨幣國際化水準之間的差距，本報告還編制了美元、歐元、日圓、英鎊的國際化指數（見表1—3）。與2010年相比，受到歐洲主權債務危機的拖累，歐元和英鎊的國際貨幣功能顯著下降。2011年第4季度，歐元的國際化指數為24.86，同比下降2.89%；英鎊的國際化指數為3.87，同比下降8.73%。從歐洲流出的資金大多選擇美元作為臨時的避風港，增加了對美元的市場需求，結果使得美元的國際化指數提高到54.18，同比上升了1.52%。2011年3月日本發生地震以及海嘯，巨額海外資金調回國內參加災後重建，亦有大量資金流向海外尋找投資機會，日圓在貿易結算與金融交易中的規模都有較大幅度的提升，由此2011年末日圓的國際化指數上升至4.56，同比提高了5.80%。

表1—3 世界主要貨幣國際化指數

國際化指數	2010Q1	2010Q2	2010Q3	2010Q4	2011Q1	2011Q2	2011Q3	2011Q4
美元	52.79	53.02	54.16	53.37	51.81	53.00	53.76	54.18
歐元	26.95	26.57	25.19	25.60	27.27	26.27	24.86	24.86
日圓	3.59	3.80	4.00	4.31	3.86	4.03	4.58	4.56
英鎊	4.64	4.46	4.34	4.24	4.73	4.21	4.34	3.87

　　RII僅有0.45，人民幣國際化程度與美元、歐元、日圓、英鎊相比存在巨大的差距。實際上，目前人民幣與20世紀70年代日圓國際化開始階段的情況有較大的相似性，雖然日圓國際化進程已開展40年，但其國際化水準仍然較低。日圓的國際使用情況並不理想，與日本政府希望達到的15%～20%全球外匯儲備占比目標相差甚遠。日圓國際化的歷史表明，人民幣國際化有可能是一個漫長而曲折的歷程，中國需要長遠的眼光與不懈的努力。

　　充當國際儲備是國際貨幣三大職能之一。一種貨幣在外匯儲備中的地位，是其國際化程度最直截了當的反映。因此，人們往往簡單地用某種貨幣在全球外匯儲備中的占比來描述其國際化水準。在現代信用貨幣體系下，貨幣的價值即為信用價值，只有當某種貨幣被廣泛使用於價值儲備時，才說明該貨幣的信用價值得到了國際社會的廣泛承認，該貨幣實現了「國際化」。如表1—4所示，美元、歐元、日圓與英鎊的外匯儲備全球占比分別為62.12%、25.04%、3.71%與3.88%，其結構與我們計算的這些貨幣的國際化指數大體相近。從某種意義上講，這也為我們編制的貨幣國際化指數的科學性與現實性提供了佐證。

表1—4 世界主要貨幣外匯儲備全球占比

幣種	外匯儲備全球占比（%）
美元	62.12
歐元	25.04
日圓	3.71
英鎊	3.88

資料來源：國際貨幣基金組織COFER。

第二章

人民幣國際化現狀

　　中國是全球第二大貿易國，在推出跨境貿易人民幣結算之前，中國的貿易基本上使用美元、日圓、歐元計價結算。全球金融危機後美國實施了兩輪量化寬鬆政策，並推行弱勢美元政策來刺激出口增長、削減貿易逆差，導致美元幣值一路下行。而日本自20世紀90年代以來一直實行零利率政策，常態化的、大規模的日圓套利操作使得日圓成為波動最劇烈的主要貨幣。歐元區愈演愈烈的主權債務危機沉重打擊了人們對歐元的信心，為了遏制危機的蔓延，歐洲央行也採取了類似美國的量化寬鬆政策，歐元也出現了明顯的貶值趨勢。與此同時，石油主產區的北非和中東政治風雲突變，石油價格劇烈波動。諸多因素交織在一起，使得世界經濟的不確定性和複雜性大大增加，主要貨幣之間的匯率波動幅度加劇，而且難以預測。如果繼續使用上述主要貨幣進行貿易結算，我國進出口企業必然深受其害，匯率風險導致的成本與收益核算的不確定，將嚴重干擾其正常經營，那些為貿易企業服務的國內企業也會受到傳染，不利於我國經濟的穩定發展。

　　全球金融危機以來，美國和歐盟經濟低迷，對華進口需求銳減，2011年美國、歐盟在中國貿易總額中的比重下降到12.6%和16.4%。中國對外貿易格局發生了較大的變化，貿易多元化的趨勢愈發明顯。東盟、金磚國家成為中國越來越重要的交易夥伴，二者在中國貿易中的比重分別上升到10.3%和8%。在這樣的背景下，為了規避美元、歐元等主要貨幣貶值及其匯率大幅波動給貿易帶來

的匯率風險，中國推出了跨境貿易人民幣結算。

　　2011年是國內外宏觀經濟金融形勢複雜多變的一年，也是人民幣國際化進程取得重大發展的一年。隨著人民幣跨境貿易結算推廣至全國，人民幣結算業務總量快速增長。人民幣外匯市場交易日趨活躍，人民幣股票、債券與衍生品市場規模持續擴大，全球占比穩步提高。

　　2008年以來中國已與14個國家和地區貨幣當局簽署貨幣互換協定，總規模達到1.301 2萬億元。奈及利亞、馬來西亞、韓國、柬埔寨、白俄羅斯、俄羅斯和菲律賓等國已經將人民幣作為其外匯儲備的一部分，人民幣的國際認可度進一步提高，國際儲備貨幣職能行使範圍逐漸擴大。人民幣國際化報告

2.1　跨境貿易人民幣結算

　　縱觀英鎊、美元、日圓等主要貨幣的發展歷史，貨幣的國際化進程通常會經歷三個階段：貿易結算貨幣，投資標的貨幣，最終自然而然地成為國際儲備貨幣。提高國際貿易人民幣結算的範圍和比例，是人民幣國際化的基礎性一步，也將為人民幣成為國際投資和儲備貨幣創造良好的環境。這是當前人民幣國際化的核心利益所在——降低或消除本國貿易面臨的匯率波動風險。因此，跨境貿易人民幣結算比例是描繪人民幣國際化進程、衡量人民幣國際化程度的關鍵指標之一。

2.1.1　跨境貿易人民幣結算特點

　　自2009年7月跨境貿易人民幣結算開始試點，到2011年8月擴大至全國以來，跨境人民幣業務進展順利。經常項目使用人民幣結算，促進了貿易和投資的便利化，越來越多的企業選擇人民幣進行進出口貿易結算。截至2011年末，國際貿易人民幣計價和結算的發展進程呈現出以下四大特點：

1. 分階段穩步推進。

跨境貿易人民幣計價結算是我國貿易領域的新生事物，不僅涉及國內的進出口企業、銀行、海關、商務部、外匯管理部門等多個主體，還涉及國外交易夥伴，其業務發展需要政府、企業、金融市場的配合與協調，在摸索中不斷總結經驗，完善制度。跨境貿易人民幣結算業務經過了三個發展階段：

第一階段：小範圍試點。2009年7月，上海市和廣東省廣州市、深圳市、珠海市、東莞市的 365家企業開始跨境貿易人民幣結算試點。由於中國是東盟的最大交易夥伴，東盟是繼歐盟、美國、日本後中國的第四大交易夥伴，而且東盟國家大多深受儒家文化的影響，對中國經濟和文化的認可度較高，因此，首批試點的境外區域確定為港澳和東盟。

第二階段：擴大試點區域。2010 年6月，在總結先期試點的基礎上，跨境貿易人民幣結算試點範圍由上述 4個城市擴大到20個省（自治區、直轄市），同時將境外地域範圍由港澳和東盟擴大到所有國家和地區，人民幣結算的試點業務範圍包括跨境貨物貿易、服務貿易和其他經常專案。

第三階段：全面啟動跨境貿易人民幣計價結算。2011年8月，跨境人民幣業務範圍進一步擴大，跨境貿易人民幣結算境內地域範圍擴大至全國。至此，中國境內任何一個地區、任何一家企業對全球任何一個國家和地區的跨境貿易都可以用人民幣進行結算。

2. 規模迅速擴大。

根據中國人民銀行統計，2011年銀行業累計辦理跨境貿易人民幣結算業務2.09萬億元，相比2010年的5 064.1億元增長了 3.1倍。2011年中國年度貿易總額中以人民幣作為結算貨幣的部分占比達8.9%，較2010年的2.5%有大幅提升（見圖2—1）。

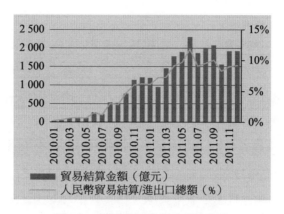

圖2—1　跨境貿易人民幣結算規模

資料來源：中國人民銀行、中國商務部。

3. 以貨物貿易結算為主。

在中國的貿易結構中，貨物貿易占據絕對優勢，與此相對應，跨境貿易人民幣結算也是以貨物貿易為主。在2010—2011年人民幣跨境貿易結算構成中，貨物貿易的占比分別為86.5%和75.1%（見圖2—2）。同期服務貿易和其他經常專案占比為13.5%和24.9%。儘管服務貿易人民幣結算規模不大，但是增長迅猛，呈現穩步上升趨勢。

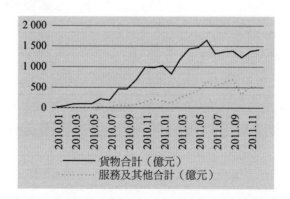

圖2—2　貨物貿易和服務貿易人民幣結算規模變化趨勢

資料來源：中國人民銀行、中國商務部。

4. 收付失衡狀況逐步改善。

當今國際貿易市場的一大特點是以買方市場為主，進口方在大多數的商品貿易中，具有確定計價結算貨幣等貿易條件的相對優勢，可以主導結算貨幣的選擇。因此，在中國的進口貿易中企業更容易選擇人民幣計價結算。在出口貿易中企業如果希望用人民幣結算，就必須說服國外的進口商接受人民幣，這需要更長的時間。要改變企業的貿易結算習慣，難度相對更大。根據中國人民銀行有關資料顯示，2010年跨境人民幣業務貨物貿易總量中，進口人民幣結算比例為92%，出口人民幣結算比例為8%。進出口人民幣結算額之所以嚴重失衡，原因可能有兩個，其一是跨境貿易人民幣結算尚未全面鋪開；其二是中國的交易夥伴對接受人民幣進行貿易結算存在一段時滯。要贏得國外企業對人民幣的信任，還需要時間和不懈的努力。

2011年，進出口人民幣結算量失衡的情況有所改善，進口人民幣結算占比降到78%，出口人民幣結算上升至22%。如圖2—3的月度資料所示，在貨物貿易人民幣結算項目下，出口結算額和進口結算額之間的差距正在不斷收窄。截至2011年12月，二者已基本持平。總體而言，跨境貿易人民幣結算收付失衡狀況已經明顯改善。全年收付比從2010年的1：5.5 上升至1：1.7。[1]

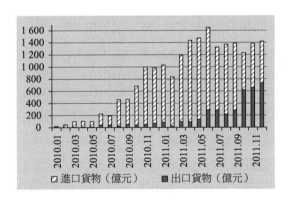

圖2—3 跨境貨物貿易人民幣結算進出口規模

資料來源：中國人民銀行、中國商務部。

---

1 中國人民銀行：《中國貨幣政策執行報告》，2011年第4季度。

深入到進出口貿易內部來考察使用人民幣進行結算的情況，2010年、2011年進口貿易中人民幣結算額分別為4 048.4億元與12 219億元，在進口貿易總額中的占比分別為4.3%和10.9%，2011年同比增長了1.5倍。同期出口貿易中人民幣結算額分別為332.7億元與3 498.6億元，在出口貿易總額中的占比分別為0.3%與2.9%，2011年同比增長了8.7倍。2011年出口貿易人民幣結算額增長速度遠超過進口貿易。

　　值得關注的是，進口貿易人民幣結算的增長勢頭在2011年8月突然逆轉，由上升轉變為下降，從8月的1 154.6億元下降至12月的687.7億元，這與出口貿易人民幣結算額的快速上升形成了鮮明的對比（見圖2—4）。2011年出口貿易人民幣結算規模月均增長率高達51.6%。

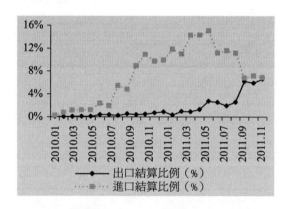

圖2—4　進出口貿易中人民幣結算占比情況

資料來源：中國人民銀行、中國商務部。

　　出現這一變化的主要原因是美元出現反彈，基於人民幣升值的境外人民幣需求降低。2011年6月以來，從華爾街開始，國際社會掀起了一股唱空中國的浪潮。而歐債危機繼續蔓延，市場對歐盟能否達成有效的救助機制表示懷疑，美元重新受到市場追捧，成為避險貨幣。此前建立在人民幣升值預期基礎上的境外持幣動機減弱，離岸市場對人民幣的需求減少，進口商用人民幣結算不如以前受歡迎，造成人民幣結算在進口總額中的占比下降。

2.1.2 國際貿易主要結算貨幣

在當前的國際貨幣體系下，美元、歐元、日圓是排名前三位的國際貨幣，也是國際貿易結算主要使用的貨幣。由於石油、黃金、糧食等大宗商品都以美元計價結算，美國不僅擁有全球最大的貿易份額，美元還是布列敦森林體系以來占主導地位的國際儲備貨幣，因此美元毋庸置疑是最重要的國際貿易結算貨幣，除了歐盟外，美元在各國貿易結算中的使用比例都超過50%。許多發展中國家90%以上的國際貿易結算使用美元。歐盟區域內貿易比較發達，不少成員國區域內貿易占其貿易總額的比重達到60%以上。通常，歐盟區域內各國之間的貿易使用歐元結算，而對歐盟區外的貿易則主要使用美元結算。日本是全球最大的債權國，通過信貸管道日本向東盟、其他亞洲國家以及許多發展中國家提供了大量日圓，使其有條件在出口貿易中大量使用日圓結算。為了得到日圓用於償債，不少債務國在向日本出口時也自願接受日圓結算。在亞洲地區，各國貿易結算中日圓的規模僅次於美元，大大高於歐元。由於目前尚無國際性組織對國際貿易結算貨幣進行系統的統計，本報告借用中國人民銀行的一項研究（見表2—1），對各國貿易結算貨幣的使用情況進行一個粗略的國際比較。

表2—1 部分國家（地區）國際貿易計價（結算）貨幣構成（%）

	年份	出口貿易結算貨幣構成				進口貿易結算貨幣構成			
		美元	歐元	日圓	本幣	美元	歐元	日圓	本幣
美國	2003	95	—	—	95	85	—	—	85
英國	2002	26	21	—	51	37	27	—	33
日本	2003	48	9.6	38.4	38.4	68.7	4.5	24.6	24.6
韓國	2003	84.6	7.6	—	—	78.3	6.1	—	—
馬來西亞	2000	90.0	—	—	—	—	—	—	—
泰國	2003	84.4	2.7	—	5	76	4.3	—	5.6
印尼	2004	93.6	1.2	—	—	82.5	5.7	—	—
澳洲	2003	67.5	1.4	—	27.8	47.9	9.4	—	—
加拿大	2001	70.0	—	—	23.0	—	—	—	—
南非	2003	52	17	25	—	—	—	—	—

續前表

	年份	出口貿易結算貨幣構成				進口貿易結算貨幣構成			
		美元	歐元	日圓	本幣	美元	歐元	日圓	本幣
歐元區均值	2004	31.5	56.7	—	56.7	40.2	50.7	—	50.7
其中：法國	2003	33.6	52.7	—	52.7	46.9	45.3	—	45.3
義大利	2004	—	59.7	—	59.7		44.5	—	44.5
德國	2004	24.1	61.1	—	61.1	35.9	52.8	—	52.8
西班牙	2004	29.1	62.6	—	62.6	35.5	61.1	—	61.1
比利時	2004	29.6	57.7	—	57.7	35.1	55.5	—	55.5
希臘	2004	51.2	44.3	—	44.3	55.3	40.6	—	40.6
荷蘭	2002	35.2	52.0	—	52.0	43.8	48.0	—	48.0
盧森堡	2004	22.1	62.7	—	62.7	36.3	49.4	—	49.4
葡萄牙	2004	27.4	57.6	—	57.6	32.6	58.8	—	58.8

注：1. 德國為貨物貿易結算貨幣構成，其他國家（地區）為貨物和服務貿易結算貨幣構成。
2. 歐元區「均值」為表中所列9個歐元區國家結算貨幣構成的平均數，其中法國為2003年資料，荷蘭為2002年資料，其他7個國家為2004年資料。
資料來源：Goldberg and Tille（2005），Kamps（2006）.

　　美國、歐元區和日本的出口結算的本幣比例均高於進口結算，但美國和歐元區的進出口本幣結算占比高於日本，表明美元和歐元的國際化程度高於日圓。2004年歐元區用本幣結算的進口、出口占比分別為50.7%和56.7%。2003年美國用本幣結算的進口、出口占比分別為85%和95%。同年日本用本幣結算的進口、出口占比分別為24.6%和38.4%。

　　2002年，英國用本幣結算的進口、出口占比分別為33%和51%，其出口結算的本幣比例接近歐元，意味著英鎊仍然具有較高的國際化程度。亞洲國家的貿易結算以美元為主，例如韓國、馬來西亞、印尼、泰國，進出口貿易以美元計價結算占比為80%左右，用日圓和歐元結算的比例很小。東盟內部貿易往往也用本幣計價結算，例如泰國進出口貿易中本幣結算的比例達到5%。

　　與美國、英國、歐元區、日本等主要國家和地區貿易結算中本幣的使用程度相比，中國還有相當大的差距。圖2—5形象地反映了不同貨幣的貿易結算功能之間存在的差異。儘管各國的資料指標分佈在不同年份，使得相互比較不

一定特別準確，但是，國際貿易結算方式有較強的慣性，橫向比較仍能客觀地反映出人民幣貿易結算功能發揮的程度。如圖2—5所示，2011年中國出口貿易本幣結算比例為2.9%，是主要國家中該比例最低的英國的8.7%，最高的美國的3%。中國進口貿易本幣結算比例為10.9%，是主要國家中該比例最低的日本的44%，最高的美國的12.8%。

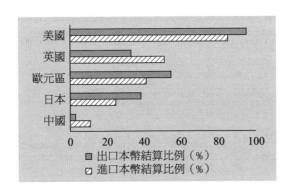

圖2—5　進出口貿易本幣結算比例對比

注：受限於資料的可獲得性，其年份分別是美國（2003）、英國（2002）、日本（2003）、歐元區（2010）、中國（2011）。

資料來源：中國人民銀行；歐洲中央銀行：《歐元的國際角色》，2011-07；其他來源於表2—1。

綜上所述，跨境貿易人民幣結算還處於初級發展階段，其國際化程度與美元、歐元、日圓及英鎊的歷史水準相比仍有不小的差距。只要提高進出口貿易人民幣結算的比例，就可以有力地推動人民幣國際化進程。

2.2　國際金融市場人民幣交易

國際貨幣的使用範圍不僅僅局限於國際貿易，還包含國際金融市場。貨幣在國際金融交易中作為支付手段被廣泛地使用，也是該貨幣國際化程度的重要體現。

2.2.1 外匯市場

外匯市場是國際金融市場的重要組成部分，外匯交易規模與結構可以全面體現一種貨幣的供求狀況，反映該貨幣的國際關注與認可程度。

隨著中國經濟的快速增長、國際地位的進一步提高，人民幣的國際影響力逐漸擴大，外匯市場人民幣交易規模明顯增大。2010年，國際經濟形勢依然嚴峻複雜，在美元、歐元、日圓等世界主要貨幣震盪加劇的形勢下，人民幣匯率的市場化定價機制不斷完善，靈活性和波動性增加。在較強的人民幣升值市場預期帶動下，外匯市場人民幣交易量快速攀升。

據國際清算銀行統計，2010年全球外匯交易中，人民幣交易的全球占比為0.9%。雖然買賣人民幣的規模遠低於美元、歐元、日圓、英鎊、瑞士法郎等世界主要貨幣，但是與2001年相比，2010年人民幣交易規模增長了近10倍（見表2—2），其增長速度超過了主要貨幣。

表2—2　全球外匯市場各幣種日均交易量（%）

幣種	2001年	2004年	2007年	2010年
美元	89.9	88.0	85.6	84.9
歐元	37.9	37.4	37.0	39.1
日圓	23.5	20.8	17.2	19.0
英鎊	13.0	16.5	14.9	12.9
瑞士法郎	6.0	6.0	6.8	6.4
人民幣	0.0	0.1	0.5	0.9

注：雙邊重複計算，總額占比為200%。
資料來源：國際清算銀行：全球外匯市場與衍生品OTC市場交易規模總計表，2010年9月。

據國際清算銀行2010年4月統計，OTC外匯市場中人民幣日均交易規模達342.61億美元，其中即期交易、遠期交易、外匯互換、貨幣互換與外匯期權的占比分別為23.71%、41.59%、19.92%、0.19%與19.50%（見表2—3）。由於人民幣不斷升值，規避匯率風險的遠期、期權交易增長迅速，而且遠期交易成為人民幣外匯市場中最重要的交易品種。2011年中國銀行間人民幣外匯衍生品市場

成交規模達1.99萬億美元，較2010年增長50.9%，在銀行間外匯市場的占比超過三分之一。

表2—3　2010年人民幣OTC日均外匯交易規模

	人民幣外匯交易（百萬美元）	合約種類占比（%）
即期交易	8 122.825	23.71
遠期交易	14 247.66	41.59
外匯互換	6 825.385	19.92
貨幣互換	64.739 4	0.19
賣出期權	3 164.336	9.24
買入期權	3 516.722	10.26

資料來源：國際清算銀行，Report on global foreign exchange market activity in 2010,2010年12月。

除了進行人民幣衍生品種類創新外，中國外匯交易中心還陸續增加了貨幣交易品種，擴大人民幣外匯交易範圍。隨著中國企業與澳洲、加拿大跨境貿易規模的擴大，澳元和加元的結匯需求量不斷上升。2011年11月中國銀行間外匯市場相繼增加澳元、加元對人民幣的直盤交易，交易品種包括現匯、遠期和互換。2011年12月，中國外匯交易中心又推出了人民幣對泰銖的銀行間市場區域交易[1]，使得中國外匯市場的人民幣即期交易貨幣對增至10個，即美元、歐元、日圓、英鎊、澳元、加元、港幣、俄羅斯盧布、林吉特、泰銖，外匯市場貨幣結構進一步優化。

在中國境外，為了滿足各國政府、企業和投資者日益增長的人民幣需求，一些國際金融機構相繼推出人民幣外匯產品。例如，2011年3月，美國銀行上海分行與一家亞洲食品行業跨國公司簽訂4筆人民幣貨幣掉期合約，首開人民幣計價外匯掉期之先河。同年8月，CME集團參照無本金交割遠期合約（NDF），推出全新人民幣計價外匯期貨合約，試圖鎖定美元兌人民幣的匯率

1　2012年12月19日，人民幣對泰銖銀行間區域交易在雲南省啟動，目前參與此項交易業務的辦理機構有中國工商銀行雲南省分行、中國銀行雲南省分行、中國農業銀行雲南省分行、中國建設銀行雲南省分行、交通銀行雲南省分行、富滇銀行股份有限公司、盤古銀行（中國）有限公司。

波動。該合約的推出有利於增加人民幣海外投資管道、促進人民幣資本市場的發展。然而，為了規避外匯管制的人民幣無本金交割遠期合約，容易成為熱錢投機的手段，造成NDF人民幣遠期匯價的較大波動，並從外部對人民幣未來的匯率形成施加影響和壓力。

2.2.2 股票市場

人民幣股票市場在2011年取得了重大進展。2011年4月29日，香港首支人民幣計價房地產投資信託基金——匯賢產業信託正式在香港交易所掛牌交易。作為第一支離岸人民幣IPO，它對香港離岸市場發展及人民幣國際化都具有重要意義，開創了離岸市場人民幣計價股票這一新的資產類別，標誌著人民幣計價股票市場發展進入了新的階段。匯賢信託基金的交易情況如表2—4所示。隨著離岸市場人民幣計價股票的發展，人民幣計價股票交易將在全球股票交易中發揮越來越重要的作用。

2008年的金融危機導致全球股票市場交易規模出現大幅萎縮。2009年後全球股票市場交易量逐漸回升，其中人民幣計價股票交易規模增長十分迅速。儘管2010年以來人民幣股票發行規模增速放緩，目前人民幣計價股票在全球股票交易規模中的占比仍然保持在10%左右，較2005年增長了10倍。人民幣計價股票已經成為世界股票交易中的生力軍，中國股市市值名列全球第二。

表2—4 2011年人民幣計價股票月度交易規模　　　　　　　　　　單位：億元

	匯賢信託基金	A股交易額	創業板交易額	總額
1月	—	34 476.68	5 384.487	39 861.17
2月	—	37 379.67	5 637.356	43 017.03
3月	—	62 966.25	9 367.562	72 333.81
4月	16.636 4	45 636.33	5 911.202	51 564.17
5月	29.114 6	33 805.43	4 223.594	38 058.14
6月	3.824 8	31 154.15	4 408.839	35 566.81
7月	3.230 4	41 927.84	7 454.954	49 386.02
8月	9.723 3	36 739.91	7 233.153	43 982.79

續前表

	匯賢信託基金	A股交易額	創業板交易額	總額
9月	4.895 9	22 192.14	4 148.085	26 345.12
10月	6.688 9	20 566.74	3 838.756	24 412.19
11月	3.840 2	32 281.19	6 872.306	39 157.34
12月	2.485 2	19 826.78	4 194.655	24 023.92

資料來源：上海證券交易所、深圳證券交易所、香港交易所。

2.2.3 衍生產品市場

人民幣衍生品市場的發展與人民幣國際化是一個相輔相成的過程。發展人民幣衍生品市場，人民幣金融產品的利率、匯率風險以及信用風險都能夠得到有效的管理，這會大大增強國際社會持有人民幣資產的信心，滿足其正常的人民幣資產保值增值的需求，因而有助於推動人民幣國際化進程。人民幣國際化程度的不斷提高，境外人民幣存款規模的快速擴張，刺激了市場對人民幣衍生產品的更多需求。

在中國資本專案逐漸開放和人民幣國際化進程中，利率風險與匯率風險加劇，為了規避市場風險，人民幣衍生品的需求大幅增加，推動了人民幣衍生產品市場的較快發展。

2011年人民幣衍生品市場主要呈現以下三個特點：

1. 規模較小，全球市場占比不足1%。

據國際清算銀行（BIS）統計，截至2011年12月，全球利率衍生品OTC市場未清償餘額達504萬億美元，2001—2011年年均增長率高達19.5%。其中，美元、歐元、英鎊、日圓、瑞士法郎的占比分別為32.1%、36.6%、8.6%、13.3%與1.1%，而人民幣占比尚不足1%（見圖2—6）。

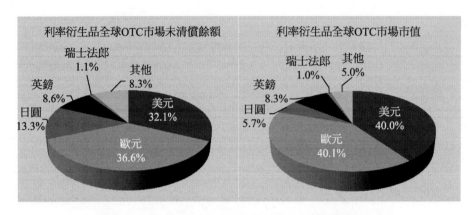

圖2—6 2011年12月利率衍生品全球OTC市場幣種結構

資料來源：國際清算銀行。

在股票相關衍生品全球OTC市場中，歐洲、美國、日本的占比分別為43.49%、32.36%與10.82%，位於全球前三位。中國權益類衍生品歸於其他亞洲國家，占比不足1%（見表2—5）。

表2—5 2011年12月OTC股票相關衍生品市場結構

	市值（十億美元）	全球占比（%）
總合約	678.926	100
美國權益	219.697	32.36
歐洲權益	295.262	43.49
日本權益	73.435	10.82
其他亞洲國家權益	27.808	4.10
拉美權益	7.816	1.15
其他	54.907	8.09

資料來源：國際清算銀行。

2. 發展迅猛，交易活躍。

2011年國內外宏觀經濟不確定性增加，風險管理需求上升，導致人民幣衍生品市場發展迅猛，交易活躍。當前，中國銀行間市場人民幣衍生品主要包括利率互換、遠期利率協議與債券遠期三種（見表2—6）。

表2─6 2011年銀行間市場衍生品成交金額　　　　　　　　　　　　　　　單位：億元

	第1季度	第2季度	第3季度	第4季度
利率互換	5 666.84	6 607.63	9 266.45	5 218.65
遠期利率協議	2	0	1	0
債券遠期	212.59	237.72	431.06	148.73

資料來源：中國外匯交易中心，2011年統計月報。

　　據中國外匯交易中心統計，2011年銀行間人民幣利率衍生品市場共成交2.8萬億元，同比增長52.6%。其中，利率互換市場2011年全年成交2.7萬億元，同比增長78.4%，參與主體增至83家。固定利率與浮動利率互換成為中國利率衍生品市場的主要產品。

　　與此同時，利率互換浮動端參考利率品種增加，呈現出多元化發展趨勢。2011年，人民幣利率互換參照利率除去基礎的FR007（7天回購定盤利率）、Shibor─3M（3個月上海銀行間拆放利率）與一年定存利率以外，還新增了6個月、1年期、5年期以上貸款利率以及7天Shibor等品種。

　　2011年3月中國外匯交易中心以電子化方式推出利率互換交易確認業務，通過本幣交易系統提供電子化確認平臺，並出具統一格式的確認書。高效、標準化、權威的交易確認系統，推動了人民幣利率互換市場的迅速發展。截至2011年底，42家金融機構通過交易系統進行電子化確認，占比超過80%。

　　與人民幣利率互換產品相比，銀行間債券遠期和遠期利率協定市場總體規模較小，2011年全年成交量分別為1 030.1億元與3億元。

　　3.市場監管進一步加強。

　　2011年1月，中國銀監會正式發佈《銀行業金融機構衍生產品交易業務管理暫行辦法》，確定衍生品分層監管框架，對我國衍生產品市場的健康穩定發展、提高銀行業金融機構衍生產品的做市與定價能力，以及規範衍生產品行銷行為具有重要意義。受到風險資本約束強化的影響，短期內人民幣衍生品市場交易活躍度有所下降。

2.2.4 境外信貸市場

人民幣境外信貸市場是人民幣成為金融交易貨幣的基礎。該市場的發展有助於擴大人民幣的國際使用範圍，提升非居民持有人民幣的信心，增加境外企業之間及境外企業與境內企業之間進行貿易時使用人民幣結算的頻率，為實現人民幣國際化創造良好的條件。

2011年，中國境外人民幣信貸以及香港人民幣存款較2010年均出現顯著增長。

如圖2—7所示，2010年中國金融機構對境外發放人民幣貸款在100億～200億元之間波動。國家開發銀行、中國進出口銀行等政策性銀行是發放境外人民幣貸款的主體。2011年1月13日，中國人民銀行發佈《境外直接投資人民幣結算試點管理辦法》，該辦法第十五條規定：銀行可以按照有關規定向境內機構在境外投資的企業或專案發放人民幣貸款。該政策刺激了金融機構對海外投資項目跨境人民幣貸款的業務需求，極大地促進了我國金融機構境外人民幣貸款的發放。2011年1月，對境外發放的人民幣貸款由2010年12月的219億元猛增至1 423億元，規模增長了5倍以上。其後的12個月，中國對境外人民幣貸款規模每月均保持在1 500億元左右（見圖2—7）。

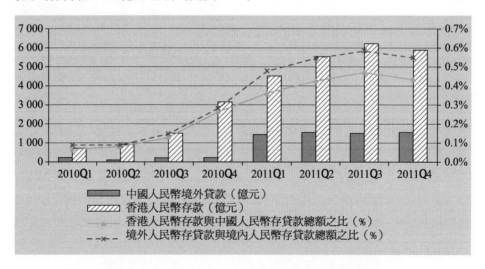

圖2—7 2010—2011年人民幣信貸收支月度變化趨勢

資料來源：中國人民銀行、香港金融管理局。

過去兩年，香港離岸市場人民幣存款總量增速的變動情況主要可以分為三個區間：2010年6月之前，香港離岸市場人民幣存款保持10%以下的較低增速；2010年6月至2011年5月中國政府推出了一系列人民幣業務新政策，金融市場反響積極，香港人民幣業務呈現蓬勃發展勢頭，人民幣存款加速增長，占香港存款總額的比重不斷提升，其增速在2010年10月達到45.4%的最高值；2011年5月之後，香港人民幣存款增速又回落至10%以下，甚至在2011年10月和12月出現了負增長。從總量上看，香港離岸市場人民幣存款從2010年初的639.5億元增長近4倍，達到2010年末的3 149.38億元，到了2011年12月，香港的人民幣存款達5 885億元。

儘管人民幣境外貸款以及香港離岸市場的人民幣存款在絕對量上都有巨大的增長，但截至2011年底，這兩者的規模未及境內人民幣存貸款規模的1%，仍然微不足道。

2.2.5　國際債券和票據市場

2011年，人民幣國際債券和票據發行量增長迅速，人民幣國際債券和票據餘額占國際債券和票據總餘額比例穩步提高。如圖2—8所示，隨著人民幣跨境貿易結算試點擴大以及香港人民幣離岸市場的發展，人民幣國際債券和票據餘額占全球債券和票據規模之比從2010年第4季度開始迅速增長，增長率一度達到40%以上。此後，人民幣國際債券發行規模增長放緩。2011年人民幣國際債券和票據的餘額增速平均保持在25%。

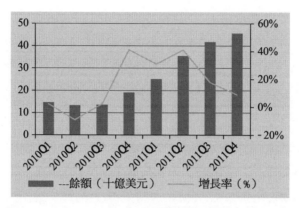

圖2—8 2010—2011年人民幣國際債券和票據餘額及增速

資料來源：國際清算銀行。

人民幣國際債券和票據規模占全球的份額很小，2011年人民幣國際債券和票據餘額全球占比為0.16%，與世界主要貨幣相比存在巨大的差距。同期，在全球國際債券和票據餘額中，美元、歐元的占比超過40%，英鎊的占比為7.44%，日圓的占比為2.73%，國際化程度較低的瑞士法郎的占比也有1.40%（見圖2—9）。

2011年人民幣國際債券和票據發行量的全球占比為0.42%，是人民幣國際債券和票據餘額占比的2倍以上（見圖2—10）。2011年人民幣國際債券和票據發行量的迅速增長，明顯提高了人民幣在國際債券和票據市場的影響力。

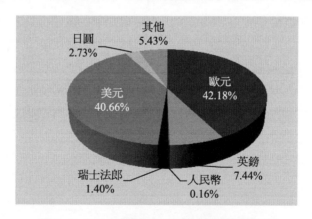

圖2—9 2011年國際債券和票據餘額幣種結構

資料來源：國際清算銀行。

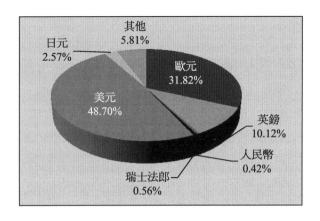

圖2—10 2011年國際債券和票據發行額幣種結構

資料來源：國際清算銀行。

　　與人民幣國內債券市場以政府債和政策性金融債券為主的產品結構大不相同的是，企業債是人民幣國際債券市場的主要產品。如表2—7所示，截至2011年底，香港人民幣債券發行類別構成中以企業債為主，企業債存量占比達63.2%，企業債券數量占比達72%。2011年8月後，內地赴港發行人民幣債券主體進一步擴大到境內企業，境內機構赴香港發行人民幣債券的規模逐步提高。由於與發行在岸人民幣債券存在利差，內地企業發行離岸人民幣債券享有融資成本更低的好處，這也鼓勵了企業赴港發行人民幣債券。

表2—7 2011年香港人民幣債券產品規模與結構

類別	存量總額（億元）	占比（%）	債券數（支）	占比（%）
企業債	997.7	63.2	90.0	72.0
可轉債	62.5	4.0	5.0	4.0
國債	310.0	19.6	11.0	8.8
金融債	208.4	13.2	19.0	15.2
合計	1578.6	100.0	125.0	100.0

2.2.6 離岸金融市場

國際貨幣發展的歷史經驗表明，世界主要貨幣的國際化進程事實上都伴隨著境內外，尤其是境外離岸市場的發展。據國際清算銀行統計，在2010年，美元和歐元80%的外匯交易量（包括即期和遠期、掉期、期權等衍生工具）發生在境外離岸市場。同時，日圓72%的外匯交易量也是在日本境外的離岸市場上發生的。

香港是提供人民幣存款、兌換以及匯款等銀行業務的首個非大陸地區。香港人民幣業務於2004年推出，由專門的清算銀行為香港銀行的人民幣業務提供清算。隨後，香港人民幣業務範圍不斷擴大，包括人民幣跨境貿易結算以及貿易融資銀行業務、財政部及內地金融機構在港發行人民幣債券、RQFII（人民幣合格境外機構投資者）制度等等。香港離岸人民幣市場的建設卓有成效，突出表現在離岸人民幣存款、國際債券發行兩方面。

跨境貿易人民幣結算業務直接推動了香港離岸人民幣存款增加。根據中國人民銀行及香港金融管理局提供的資料，2011年跨境貿易人民幣結算業務累計發生2.08萬億元，月均結算規模由2010年的310億元上升至2011年的1 600億元。直接投資人民幣結算業務累計發生1 109億元，由此，香港離岸人民幣存款規模達到5 885.29億元，約占其存款總額的9%。

2010年7月，中國人民銀行對香港人民幣業務清算協議進行了修改，在企業開戶、跨行轉帳、人民幣兌換等方面都放寬了限制。此後，香港人民幣存款強勁增長（見圖2—11）。人民幣存款從2010年7月的1 036.84億元增長至2011年7月的5 721.77億元，增長了4.5倍。自2010年第4季度開始，經過一段高速增長後，香港人民幣存款增速放緩。2011年上半年香港人民幣存款平均每月增長約10%，受年底前增速放緩影響，全年月均增幅為2%。

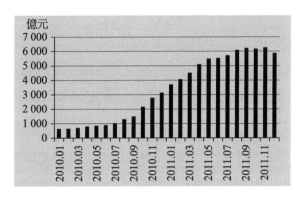

圖2—11　2010—2011年香港市場人民幣存款規模

資料來源：香港金融管理局。

　　為支援全球銀行人民幣離岸交易，香港構建了一個高效可靠的人民幣清算平臺——人民幣結算所自動轉帳系統（人民幣RTGS）。人民幣RTGS是中國現代化支付系統的延伸，實行即時支付結算。截至2011年末，共有187家銀行加入該系統，其中165家為外國銀行與中國銀行海外分支機構，這一網路覆蓋了六大洲的三十多個國家。[1]

　　香港是人民幣國際債券發行的主要場所。2007年1月，中國人民銀行首次規定境內金融機構經批准可在香港發行人民幣債券。同年6月，中國人民銀行與國家發展和改革委員會聯合發佈《境內金融機構赴香港特別行政區發行人民幣債券管理暫行辦法》。同月，國家開發銀行在香港發行了第一筆人民幣債券。此後，香港人民幣債券的發行額逐年上升（見圖2—12）。

　　在香港發行的人民幣債券有「點心債券」和「合成債券」[2]兩類。2011年受人民幣升值預期的影響，越來越多的機構投資者參與配售，香港人民幣債券出現供不應求的情況。

1　資料來源：香港金融管理局：《介紹香港人民幣業務小冊子》（英文版），2012年3月。
2　「點心債券」指的是在香港發行的人民幣計價債券。「合成債券」指的是以人民幣標價，但以美元結算的債券。

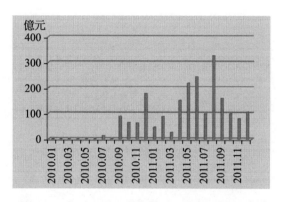

圖2—12 2010—2011年香港人民幣債券發行規模

資料來源：香港交易所。

　　2011年10月，寶鋼集團赴港發行65億元人民幣債券，這是境內企業首次獲批赴香港發行人民幣債券。在此之前，內地企業在海外發行人民幣債券基本都通過境外子公司進行運作。目前，有越來越多的境內企業赴香港發行人民幣債券。香港人民幣債券發行主體由最初的內地金融機構，擴展至財政部、香港銀行在內地的附屬公司、內地紅籌公司、港資企業、跨國公司和國際金融機構等等。

2.3　直接投資與證券投資

2.3.1　人民幣境外直接投資

　　為了配合跨境貿易人民幣結算，便利銀行業金融機構和境內機構開展境外直接投資人民幣結算業務，中國人民銀行頒佈了《境外直接投資人民幣結算試點管理辦法》。該辦法規定，自 2011年8月23日起，銀行和企業在核准的額度內，均可開展人民幣境外直接投資（簡稱人民幣ODI）。

　　據中國商務部統計，2011年我國境內投資者共對全球132個國家和地區的3 391家境外企業進行了非金融類對外直接投資，累計實現直接投資600.7億美

元，同比增長1.8%。其中，人民幣ODI規模為201.5億元。按當年年末匯率[1]換算，約占當年對外直接投資累計總額的5%（見圖2—13）。

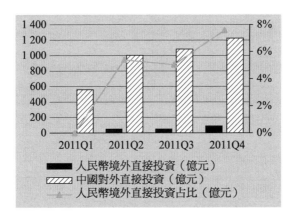

圖2—13　人民幣境外直接投資增長趨勢

注：換算匯率採用人民幣兌美元季度平均匯率（IFS）。

資料來源：中國商務部,中國人民銀行：《中國貨幣政策執行報告》，2011年第二、三、四季度；國際貨幣基金組織IFS資料庫。

　　人民幣境外投資的地域比較集中，投資目的地主要集中在香港、新加坡等華人聚居地區。在短短半年時間中，人民幣境外投資的占比就從試點初期2011年第2季度的5.4%增長到第4季度的7.59%，發展勢頭異常迅猛。

2.3.2　人民幣外商直接投資

　　截至2011年底，外商直接投資實際使用外資金額1 160.11億美元，同比增長9.72%；其中，外商直接投資人民幣結算業務 907.2 億元，按照2011年年末匯率折算，人民幣FDI業務占比為12%（見圖2—14）。

1　2011年12月30日銀行間外匯市場人民幣匯率中間價為6.300 9。

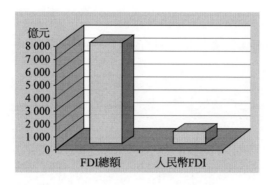

圖2—14 2011年FDI人民幣結算業務

資料來源：中國商務部。

2.3.3 外商投資人民幣金融資產

目前人民幣沒有實現完全自由可兌換，資本項目尚未完全開放，因此採用 QFII（合格境外機構投資者）制度作為過渡性的制度安排。這種制度要求進入我國資本市場的外國投資者，必須符合一定的條件，得到有關部門的審批通過後，匯入一定額度的外匯資金，並轉換為人民幣，通過嚴格監管的專門帳戶投資於我國金融市場。境外投資者對人民幣金融資產的持有量也是反映人民幣國際化程度的一個重要指標。

截至2011年底，國家外匯管理局累計批准QFII機構110家，境內證券投資額度達216億美元，QFII機構累計匯入資金205億美元，匯出資金44億美元，淨匯入資金161億美元。其中，2011年QFII匯入資金22億美元，較2010年的32億美元下降了32%；匯出資金14億美元，較2010年的6億美元上升了142%；淨匯入資金8億美元，較2010年下降70%。從資產配置結構來看，QFII以持有股票為主，股票在其資產中的占比高達70%。[1]

2011年境外對我國證券投資淨流入134億美元，同比下降58%。受美歐主權債務危機的衝擊，在境外做空力量的持續打壓下，2011年境外對我國股票投資

1　資料來源：國家外匯管理局，《2011年中國跨境資金流動監測報告》，2012年2月。

規模為53億美元，較2010年下降了83%。但在債券投資方面，受開放境外人民幣清算行等三類機構運用人民幣投資境內銀行間債券市場的政策效應以及境內機構赴港發行人民幣債券規模增大的影響，2011年境外對我國債券投資增長迅猛，淨流入達81億美元，較2010年上升了24倍。[1]

與QFII相對應的一項制度安排是QDII（合格境內機構投資者），QDII的規模反映了我國居民投資國外金融資產的水準。在世界主要經濟體經濟增速放緩的背景下，QDII項下資金匯出入規模下降。2011年，QDII機構匯出入資金為115億美元和108億美元，分別較2010年降低了9%與23%。截至2011年底，國家外匯管理局累計批准QDII機構96家，審批投資額度達749億美元，QDII項下累計匯出資金915億美元，累計匯入資金624億美元，累計淨匯出資金290億美元。在資產結構中，股票以64%的占比仍居於主體地位，其次是占比20%的基金。[2]

2.4 貨幣當局人民幣互換

貨幣互換協議是指互換雙方以本國貨幣為抵押換取等額對方貨幣，以便必要時向本國金融機構提供短期流動性支援。通過貨幣互換，將得到的對方貨幣注入本國金融體系，方便企業借到對方貨幣，用於進口與償債支付。

自2008年以來，中國先後與14個國家和地區貨幣當局簽署了貨幣互換協議，擴大了人民幣在各國央行這一層面的使用範圍（見表2—8）。2011年，中國人民銀行與其他貨幣當局的人民幣互換總額達到1.3萬億元。各個國家和地區在使用互換的人民幣時，根據自身國際經濟活動的不同需要，發揮人民幣不同的國際貨幣職能。例如，阿根廷、馬來西亞和印尼主要使用人民幣充當貿易結算貨幣；白俄羅斯將人民幣作為儲備貨幣；韓國將人民幣充當金融交易貨幣，為在華投資的韓國企業提供融資；香港則將人民幣作為發展離岸人民幣業務的

1　資料來源：國家外匯管理局，《2011年中國國際收支報告》，2012年3月。
2　資料來源：國家外匯管理局，《2011年中國跨境資金流動監測報告》，2012年2月。

一個資金來源。擴大人民幣雙邊本幣互換規模，不僅有利於解決中國的主要交易夥伴面臨的進口或償債外匯資金缺乏問題，促進雙邊貿易發展，還有助於擴大人民幣跨境貿易結算、流通範圍，提高人民幣的國際影響力。

表2—8　貨幣互換規模

簽訂時間	貨幣當局	規模（億元）
2008年12月9日	韓國	1 800
2009年1月20日	香港	2 000
2009年2月8日	馬來西亞	800
2009年3月11日	白俄羅斯	200
2009年3月23日	印尼	1 000
2009年3月29日	阿根廷	700
2010年6月9日	冰島	35
2010年7月24日	新加坡	1 500
2011年4月19日	紐西蘭	250
2011年4月19日	烏茲別克	7
2011年5月6日	蒙古	50
2011年6月13日	哈薩克	70
2011年10月26日	韓國*	3 600
2011年11月22日	香港*	4 000
2011年12月22日	泰國	700
2011年12月23日	巴基斯坦	100
貨幣互換協議總額		13 012

*2011年韓國央行、香港金融管理局分別與中國人民銀行續簽貨幣互換協議，將原有貨幣互換規模1 800億元與2 000億元擴大至3 600億元與4 000億元。
資料來源：中國人民銀行。

2.5　全球外匯儲備中的人民幣

根據國際貨幣基金組織COFER資料庫統計，全球官方外匯儲備總額由可劃分幣種的外匯儲備（allocated reserves）和不可劃分幣種的外匯儲備（unallocated reserves）構成。截至2011年末，可劃分幣種的外匯儲備是5.65萬

億美元，占全球官方外匯儲備總額的55.37%，不可劃分幣種的外匯儲備是4.55萬億美元，占全球官方外匯儲備總額的44.63%。

　　國際貨幣基金組織對以人民幣計價的債權並未進行單列統計。2011年9月6日，奈及利亞中央銀行宣佈正式將人民幣作為其外匯儲備貨幣，以實現其外匯資產多元化的戰略目標。目前奈及利亞的外匯儲備規模約為330億美元，人民幣在奈及利亞外匯儲備中的比例維持在5%～10%的水準。此外，馬來西亞、韓國、柬埔寨、白俄羅斯、俄羅斯和菲律賓等國的外匯儲備中也包含少量的人民幣資產。2011年可劃分幣種的外匯儲備中，美元是最主要的儲備貨幣。2011年末全球美元儲備3.51萬億美元，占62.12%；其次是歐元，歐元儲備1.41萬億美元，占25.04%。英鎊儲備0.22萬億美元，占3.88%；日圓儲備0.2萬億美元，占3.71%；瑞士法郎儲備70.75億美元，占0.13%。受歐洲主權債務危機的拖累，歐元、英鎊儲備額下降，美元的國際儲備貨幣地位得到加強，在國際儲備貨幣中的份額上升了1.12個百分點（見表2—9）。

表2—9　2011年全球官方外匯儲備的幣種分佈結構（%）

	第1季度	第2季度	第3季度	第4季度
全球外匯儲備	100	100	100	100
可劃分幣種的外匯儲備	55.08	54.62	55.04	55.37
美元	61.00	60.48	61.81	62.12
歐元	26.43	26.70	25.66	25.04
日圓	3.67	3.76	3.68	3.71
英鎊	4.07	4.11	3.89	3.88
瑞士法郎	0.13	0.15	0.14	0.13
其他幣種	4.70	4.80	4.83	5.14
不可劃分幣種的外匯儲備	44.92	45.38	44.96	44.63
發達經濟體	32.59	32.05	32.74	33.33
新興經濟體和發展中國家	67.41	67.95	67.26	66.67

　　注：1.可劃分幣種的外匯儲備來自COFER資料庫；各幣種的外匯儲備結構是相應幣種的外匯儲備額與可劃分幣種的外匯儲備的比值，該演算法與IMF一致。
　　2.　不可劃分幣種的外匯儲備是外匯儲備總額與可劃分幣種的外匯儲備之差。
　　資料來源：IMF COFER資料庫，IMF：《國際金融統計》。

從外匯儲備的持有主體看，新興經濟體和發展中國家擁有全球外匯儲備的2/3，這些國家不是國際貨幣發行國，它們在選擇儲備貨幣時有較大的選擇範圍和貨幣選擇的靈活性，如果它們增加人民幣外匯儲備，可以直接提高人民幣國際化程度。

2.6 人民幣匯率

人民幣匯率是人民幣國際化的影響因素之一。增強人民幣名義匯率彈性，注重維護有效匯率的穩定，最終逐步過渡為市場供求決定的匯率形成機制，對於推動人民幣國際化具有重要意義。

當然，人民幣國際化進程的深入將在總量與結構兩方面改變人民幣市場供求，使得人民幣匯率的形成與波動發生新的變化。

2.6.1 人民幣匯率制度

1994年中國實行外匯體制改革，確立了進出口結售匯制度，並於1996年實現了經常專案人民幣可兌換，建立了以市場供求為基礎，單一的、有管理的浮動匯率制度。此後，中國經歷了亞洲金融危機、加入世界貿易組織等重大事件，為了減輕國際金融危機的外部效應，實現中國經濟有序、漸進地對外開放，人民幣匯率波動幅度比較小，匯率形成機制較為僵化，IMF將人民幣列入盯住匯率制度。

然而，貿易、資本流動雙順差導致了比較嚴重的國際收支失衡問題，並激化了交易夥伴針對中國的貿易摩擦。為了平衡國際收支，2005年中國進行了人民幣匯率形成機制改革，人民幣遠期匯率定價機制逐漸完善，中央銀行外匯公開市場操作方式更加市場化和高效，人民幣匯率的彈性和靈活性進一步提高。現階段，我國實行以市場供求為基礎、參考一籃子貨幣進行調節、有管理的浮動匯率制度。

2008年的國際金融危機給全球和中國經濟帶來了較大的困難和不確定性，我國適當收窄了人民幣波動幅度以應對國際金融危機的不良影響。在國際金融危機最嚴重、許多國家貨幣對美元大幅貶值的時候，人民幣匯率自2008年7月開始實際盯住美元，保持基本穩定。這為我國穩定外需、抵禦國際金融危機衝擊，也為亞洲乃至全球經濟復甦做出了巨大貢獻。

　　2009年，在實施反危機的經濟刺激計畫下，中國經濟取得了舉世矚目的增長，成為當前世界經濟增長的火車頭。基於樂觀的情緒，國際資本大規模湧入中國，強化了人民幣升值預期。2010年第1季度，我國超過日本成為世界第二大經濟體，外匯儲備增長接近3萬億美元，以美國為首的國際社會不斷施壓，要求人民幣升值。

　　根據國內外經濟金融形勢變化，中國人民銀行於2010年6月決定進一步推進人民幣匯率形成機制改革，增強人民幣匯率彈性，實現匯率波動正常化，退出階段性的盯住美元政策。具體而言，人民幣匯率不進行一次性重估調整，重在堅持以市場供求為基礎，參考一籃子貨幣進行調節，繼續按照已公佈的外匯市場匯率浮動區間，對人民幣匯率浮動進行動態管理和調節，保持人民幣對外匯率在合理、均衡水準上的基本穩定，促進國際收支基本平衡，維護宏觀經濟和金融市場的穩定。

　　2011年，人民幣在跨境貿易和投資中的使用規模不斷擴大，資本項下人民幣可兌換範圍也進一步拓寬。外匯市場幣種增加、衍生品交易更加豐富，夯實了人民幣匯率形成機制的市場基礎。新的匯率制度參考一籃子貨幣，弱化均衡匯率概念，不再盯住單一美元，而是根據外匯市場供求變化來定價。在這種更富彈性的匯率制度下，2011年人民幣升值的速度明顯加快。

　　由外匯市場供求關係決定人民幣匯率，是我國匯率制度改革的一大目標。隨著中國外匯市場的發展與完善，人民幣匯率的靈活性得到增強，雙向波動的人民幣匯率在我國貿易和資本流動中的價格槓桿作用越來越明顯。

2.6.2　人民幣匯率水準

1. 名義匯率。

2010年以來，中國的貿易結構發生了變化，新興市場國家的貿易份額有較快上升，國際收支狀況表現出較大的國別差異。受到外匯供求關係變動的影響，中國外匯市場人民幣直接交易的9種主要貨幣當中，人民幣除對日圓、澳元、加拿大元貶值外，對美元、歐元、英鎊等其他6種貨幣均表現出升值的趨勢（見圖2—15）。從2010年1月到2011年12月，人民幣對美元、港幣實現快速升值，升值幅度達7.7%，對歐元和英鎊升值幅度更大，分別達到14.1%和11.8%，對林吉特和盧布升值達9.0%和10.1%。

造成人民幣出現較大幅度升值的原因主要有三個。第一，我國經濟在金融危機後因出臺強有力的經濟刺激計畫而保持快速增長，出口大於進口的局面沒有太大變化，外商投資額仍然高達600多億美元，貿易和資本專案雙順差帶來外匯儲備不斷增加，造成人民幣升值壓力。第二，主要國家對中國政府頻頻施壓，力促人民幣升值。日本將其國內多年的通貨緊縮原因歸結為人民幣低估；美國進入大選年，朝野雙方均將不斷擴大的中美貿易逆差歸結為偏低的人民幣匯率，不斷以操縱匯率調查為藉口，製造多起貿易摩擦，威逼人民幣升值以轉移其國內過多的政治經濟壓力。第三，主要國家主權債務危機使得主要國際貨幣走弱，包括中國在內的新興市場國家的貨幣普遍走強。自2010年5月希臘爆發主權債務危機以來，歐盟陷入債務危機的泥潭，債務危機的解決方案面臨歐元區治理機制缺陷的制約，歐元的市場信心受到沉重打擊，一路走軟。美國更是因為兩黨分裂加深，國會和政府在政府預算和提高債務上限問題上爭執不休，2011年8月美國的主權信用首次被降級，加上美國經濟復甦進程緩慢，失業率還處於8.2%的高水準，美聯儲宣佈將極度寬鬆的零利率政策維持到2014年，這一系列事件使得美元持續走弱，美元走弱與人民幣走強的蹺蹺板效應充分體現。

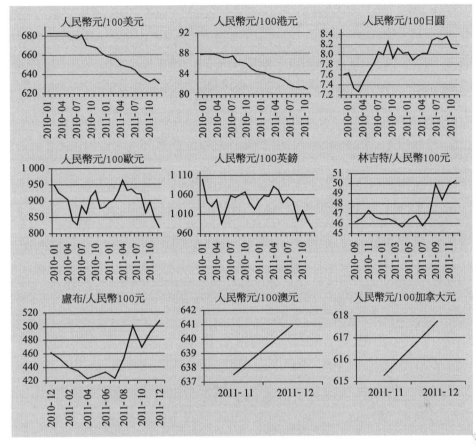

圖2—15 2010—2011年人民幣匯率中間價月度變化走勢

注：國家外匯管理局自2010年8月19日起，公佈人民幣對林吉特匯率中間價；自2010年11月22日起，公佈人民幣對盧布匯率中間價；自2011年11月28日起，公佈人民幣對澳元、加元匯率中間價；人民幣對林吉特、盧布匯率中間價採取間接標價法，即100人民幣折合多少林吉特、盧布，人民幣對其他7種貨幣匯率中間價仍採取直接標價法，即100外幣折合多少人民幣；月度數據均為期末數。

資料來源：國家外匯管理局。

2. 名義有效匯率。

鑒於雙邊匯率無法綜合反映人民幣的對外匯兌水準，因此我們運用貿易加權匯率，即名義有效匯率來測度人民幣的整體對外價值。2010年人民幣名義有效匯率先升後降，上下波動幅度高達6%。2011年7月以來，人民幣進入升值階段，2011年7月至年底名義有效匯率漲幅超過7%（見圖2—16）。

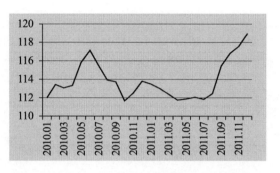

图2—16 2010—2011年人民幣名義有效匯率走勢

注：指數：2005年=100。
資料來源：國際貨幣基金組織國際金融統計資料庫（IFS）。

　　與主要貨幣相比，人民幣名義有效匯率相對波動較小。2011年3月日本發生地震和海嘯後，日圓名義有效匯率漲幅明顯，在絕對值和上升幅度兩方面均超過人民幣。歐元、美元也呈現較大波動，漲跌幅度均超過10%。美元名義有效匯率總體上呈現下降態勢。英鎊名義有效匯率則相對穩定，變化不大（見圖2—17）。

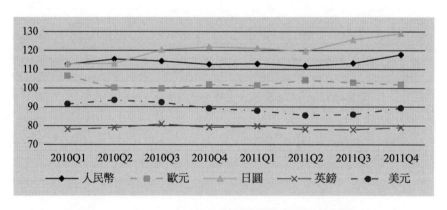

圖2—17　2010—2011年五大經濟體貨幣名義有效匯率走勢

注：指數：2005年=100。
資料來源：國際貨幣基金組織國際金融統計資料庫（IFS）。

3. 實際有效匯率。

由於經濟週期不同步以及宏觀經濟管理水準的差異，金融危機以來各國的通貨膨脹率呈現較大的差別。發達國家的CPI較低，而新興市場國家的CPI較高。儘管2010—2011年中國的CPI漲幅超過3%的預期目標，但同期印度、俄羅斯、巴西等國的通脹率更高。從名義有效匯率中扣除通脹因素後，人民幣實際有效匯率具有明顯上升的趨勢。2011年8月後，升值速度明顯加快，到2011年12月，兩年內人民幣實際有效匯率升值達10.4%（見圖2—18）。

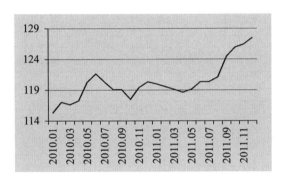

圖2—18　2010—2011年人民幣實際有效匯率走勢

注：指數：2005年=100。

資料來源：國際貨幣基金組織國際金融統計資料庫（IFS）。

4. 人民幣NDF[1]匯率。

在外匯管制國家，貨幣通常不能自由兌換，為了規避匯率波動的風險，20世紀90年代出現了無本金交割的遠期交易，人民幣、越南盾、印度盧比、菲律賓比索等新興市場貨幣都出現了NDF這種衍生工具。2011年，美元兌人民幣NDF價格表現為先升後降的特徵（見圖2—19）。近年來人民幣實現了較快升值，特別是在2010年8月，美國主權信用評級下降，中國海關公佈7月貿易順差創新高，這使得海外市場美元兌人民幣1年期NDF匯率在2011年8月15日報收於

1　人民幣NDF是指人民幣無本金交割的遠期外匯合約，用於人民幣離岸交易。交易雙方根據人民幣即期匯價和交易伊始雙方確定的遠期匯價的差額計算出損益，由虧損方以美元交付給收益方。

歷史新低6.260 5，海外人民幣升值預期強烈。此後歐債危機引發的避險情緒致使美元走強，美元指數攀升，隨之美元兌人民幣NDF價格轉向上升。然而，鑒於2011年第4季度美國對中國貿易逆差繼續擴大以及巨額的財政赤字，美元兌人民幣NDF價格仍然存在下降趨勢。2011年美元兌人民幣2年期NDF於12月30日收於6.453 5，較年初下跌2.5%，短期內人民幣升值預期仍將持續。

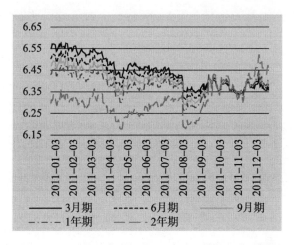

圖2—19 2011年NDF（USD/RMB）每日綜合收盤價

資料來源：Bloomberg.

目前，從中國經濟和外匯儲備狀況看，人民幣具有一定的升值空間；國際環境變化也使得人民幣升值壓力短期內不會消失。人民幣升值增強了投資者對持有人民幣資產的信心，擴大了人民幣成為國際儲備貨幣的可能性，這對人民幣國際化進程的推進具有一定程度的積極意義。

2.7 中國資本帳戶開放現狀

IMF在其發佈的《匯率安排與外匯管制年度報告》（Annual Report on Exchange Arrangements and Exchange Restrictions，通常簡稱為AREAER）中，將資本專案的交易劃分為7大類11項40個子項，並且以這11項為框架對成員國的資本管制狀況進行評估（見表2—10）。

表2—10 IMF對資本項目的劃分

序號	類別		項目
1	資本和貨幣市場工具	(1)	資本市場
		(2)	貨幣市場
		(3)	集體投資類證券
2	衍生工具和其他工具	(4)	衍生工具
3	信貸業務	(5)	商業信貸
		(6)	金融信貸
		(7)	擔保、保險和備用信用支持
4	直接投資	(8)	直接投資
5	直接投資清盤	(9)	直接投資清盤
6	不動產交易	(10)	不動產交易
7	個人資本交易	(11)	個人資本轉移

資料來源：2009年8月28日國家外匯管理局資本司副司長孫魯軍所作的題為《關於資本專案管理必要性和有效性的幾個問題》的演講。

　　Epstein和Schor（1992）最早提出使用AREAER衡量資本管制程度，Cottarelli和Giannini（1997）將AREAER的資本管制資訊量化為二元變量[1]，進行算術平均計算出資本帳戶開放度。由於該方法過於粗略，得到的結論可信度受到不少質疑。本報告使用目前主流的資本開放度測度方法即四檔約束式方法[2]，對我國名義資本帳戶開放程度進行了測量。

　　由表2—11可知，我國資本項目開放十分謹慎，在40個資本帳戶子項目中，完全禁止、完全沒有放開的項目有4項；存在較多限制的專案有10項；存

1　即0/1虛擬變量，若資本帳戶專案存在管制記為0，反之記為1。

2　計算公式為：$open=\sum_{i}^{n}p(i)/n$。

　　open代表資本帳戶開放的程度，取值從0到1，值越小說明資本帳戶管制程度越大，n表示資本項目開放中考慮的資本交易專案總數，在此表示中國11個資本大項交易下的40個資本交易子項，$p(i)$表示第i子項的開放程度，用四檔取值法對各子項進行賦值。$p(i)$=1表示此資本交易專案沒有管制，是指對真實性的資本專案交易或匯兌基本沒有管制；$p(i)$=1/3表示有較多限制，是指對較多交易主體或大部分資本專案進行限制；$p(i)$=2/3表示此資本交易專案有很少管制，是指僅對個別交易主體或少數資本專案交易進行限制；$p(i)$=0表示嚴格管制，是指不允許或禁止進行的交易專案，包括無明確法律規定但實際操作中不允許或禁止的交易專案；另外，在AREAER中也有少數專案表示有管制但是沒有具體資訊，此類情況賦值為1/2。

在較少限制的項目有26項。運用四檔約束式方法進行計算，2010年我國的資本開放度為0.504 5，在國際上處於中等開放水準。

表2—11　IMF定義下的中國資本管制現狀

資本交易專案	2010年
1.對資本市場證券交易的管制	
A.買賣股票或有參股性質的其他證券	
（1）非居民境內購買	QFII可投資國內A股；外國個人投資者的所有權不能超過公司股份的10%；投資總額限制為300億美元；QFII發起的養老基金、保險基金、共同基金等長期資金的鎖定期為3個月；外國投資者可對國內股票進行戰略投資，但必須遵守《外國投資者對上市公司戰略投資管理辦法》，等等。
（2）非居民境內出售或發行	非居民可以出售A股和B股；在當前的政策規則下沒有對非居民發行A股或B股的限制，但目前沒有非居民發行A股或B股。
（3）居民境外購買	在外匯局監管下，國內公司可購買海外發行的股票；保險公司在海外市場的投資額不能超過總資產的15%；QDII在監管下可以進行一定額度的投資組合；等等。
（4）居民境外出售或發行	證監會監管在境外上市的國內公司。
B.證券與其他債務性證券	
（5）非居民境內購買	QFII可投資國內上市債券；可參與可轉換債券發行；截至2010年8月17日，符合資格的外國機構可投資於銀行間債券市場；等等。這些投資都有限制，但是沒有最低限度的持有期。
（6）非居民境內出售或發行	國際機構可發行人民幣計價債券，但須財政部、發改委和人民銀行批准。

續前表

資本交易專案	2010年
（7）居民境外購買	在各自的外匯配額和管理法規限制內，符合資格的銀行、基金管理公司、證券公司和保險公司可以購買海外債券；銀行購買外匯和投資外國債券不能夠超過已批准的額度，等等。
（8）居民境外出售或發行	須發改委和外匯局同意，允許離岸人民幣債券發行。
2.對貨幣市場工具的管制	
（9）非居民境內購買	QFII在最小鎖定期的限制下可購買貨幣市場基金；銀行間外匯市場不能直接參與；QFII發起的養老基金、保險資金、共同基金等長期資金的鎖定期為3個月。
（10）非居民境內出售或發行	禁止：非本地居民不允許出售和發行貨幣市場工具。
（11）居民境外購買	在各自的外匯配額和管理法規限制內，QDII可購買海外貨幣市場工具；保險公司海外投資額不能超過總資產的15%。
（12）居民境外出售或發行	須外匯局批准，本地居民可以在國外發行貨幣市場工具，且這些債券和商業票據期限不少於一年。
3.對集體投資類證券的管制	
（13）非居民境內購買	QFII可投資於國內的封閉式和開放式基金。
（14）非居民境內出售或發行	禁止：這些交易不允許。
（15）居民境外購買	在各自的外匯配額和管理法規限制內，QDII可購買海外集體投資性證券；保險公司海外投資額不能超過總資產的15%。

續前表

資本交易專案	2010年
（16）居民境外出售或發行	須外匯局批准，本地居民可在國外發行集體投資類證券。
4.對衍生工具與其他工具的管制	
（17）非居民境內購買	禁止：這些交易不允許。
（18）非居民境內出售或發行	禁止：這些交易不允許。
（19）居民境外購買	在銀監會監管下，金融機構可購買和銷售國外衍生工具，但必須滿足一些規定。
（20）居民境外出售或發行	銀監會監管，規則管制購買申請。
5.對商業信貸的管制	
（21）居民向非居民提供	須外匯局批准，跨國公司的駐本地公司可直接借款給境外關聯的公司。
（22）非居民向居民提供	所有外國借款必須在外匯局註冊；在外國投資的國內銀行不可以從使用人民幣在境外承包的債務轉換收益，等等。
6.對金融信貸的管制	
（23）居民向非居民提供	須外匯局批准，跨國公司的駐本地公司可直接借款給境外關聯的公司。
（24）非居民向居民提供	一年期的國際商業信貸須發改委批准，金融機構對外借款須外匯局同意。
7.對擔保、保證和備用融資便利的管制	
（25）居民向非居民提供	國內銀行提供的外國擔保須外匯局核准。
（26）非居民向居民提供	非居民向國內金融機構借款須商務部同意。
8.對直接投資的管制	
（27）對外直接投資	須外匯局批准，國內機構可匯寄海外投資總額的一定比例；截至2011年1月6日內地20省市的本地公司可用人民幣對外直接投資。

續前表

資本交易專案	2010年
（28）對內直接投資	在法律和規章下，非居民可在中國投資；投資必須滿足諸多條件。
9.（29）對直接投資清盤的管制	須外匯局審批。
10.對不動產交易的管制	
（30）居民在境外購買	國內機構購買國外的房地產須按照對外直接投資的規則；保險公司的投資額不能超過總資產的10%。
（31）非居民在境內購買	外國居民購買國內商品住宅必須遵守一定規則；須在指定銀行直接轉換外匯資金。
（32）非居民在境內出售	須外匯局審批，非居民可轉移銷售房地產獲得的外匯收入。
11.對個人資本流動的管制	
貸款	
（33）居民向非居民提供	有一定限制。
（34）非居民向居民提供	有一定限制。
禮品、捐贈、遺贈和遺產	
（35）居民向非居民提供	設定最高配額，一年不超過50 000美元。
（36）非居民向居民提供	設定最高配額，一年不超過50 000美元。
（37）外國移民在境內的債務結算	
資產的轉移	
（38）移民向國外的轉移	退休和養老金可匯向國外，如果一次性申請匯向國外的總金額超過200 000元，資金須分階段匯出。
（39）移民向國內的轉移	
（40）博彩和中獎收入的轉移	

續前表

資本交易專案	2010年
資本開放程度	0.504 5
禁止　　　較多限制　　　較少限制　　　沒有限制	

第三章

重大事件及其影響

3.1 全面實現跨境貿易人民幣結算

3.1.1 跨境貿易人民幣結算範圍不斷擴大

1997年，國家外匯管理局發佈《邊境貿易外匯管理暫行辦法》，允許以人民幣結算，但是要求境外貿易機構在境內銀行開設人民幣結算專用帳戶，並規定帳戶資金只能用於邊境貿易的支付。這是跨境貿易人民幣結算的萌芽階段，此時的結算範圍限於特定地區的邊貿企業，並且結算規模很小，主要目的在於培育人民幣的使用基礎，以此來擴大人民幣在周邊國家的流通量和使用範圍，逐步提高人民幣的影響力。

近年來，隨著中國經濟持續健康發展和對外開放程度不斷提高，中國與周邊國家和地區的貿易規模不斷擴大。與此同時，國際金融危機和世界經濟放緩使得國際貿易中最主要的結算貨幣——美元和歐元的匯率經歷了劇烈波動。為了規避匯率風險，貿易企業普遍希望使用幣值相對穩定的人民幣進行計價和結算，人民幣結算從邊貿擴展到一般國際貿易的需求不斷增加。

2009年4月8日，我國首先在上海等5個城市試點開展跨境貿易人民幣結算。此後分兩階段逐步擴大跨境貿易人民幣結算的試點地區，最終在2011年8月實現了全國範圍內的跨境貿易人民幣結算（見表3—1和圖3—1）。

3.1.2 跨境貿易人民幣結算業務內容和金額持續增加

目前，跨境貿易人民幣結算業務包括跨境貨物貿易、服務貿易和其他經常專案交易。政策上不再限制境外地域，企業可按市場原則選擇使用人民幣結算。進口貨物貿易、跨境服務貿易和其他經常專案結算已不再限於試點企業。

人民幣跨境貿易結算試點於2009年啟動。8月25日國家稅務總局下發通知，明確了跨境貿易人民幣結算試點企業的出口退稅手續，並於9月初開始正式辦理跨境貿易人民幣結算出口退稅業務，完善了配套措施。此後，銀行辦理人民幣跨境貿易業務總額不斷升高，直到2011年第3季度出現首次回降（見圖3—2）。

表3—1 跨境貿易人民幣結算的政策推進

	時間	政策要點
第一階段	2009.04.08	國務院會議決定在上海市和廣東省的廣州、深圳、珠海、東莞等5個城市開展跨境貿易人民幣結算試點，境外地域範圍暫定為港澳地區和東盟國家。2009年7月2日，中國人民銀行、財政部、商務部、海關總署、稅務總局、銀監會六部門聯合共同發佈《跨境貿易人民幣結算試點管理辦法》，確定業務實施細節，試點正式啟動。
第二階段	2010.06.22	中國人民銀行、財政部、商務部、海關總署、稅務總局和銀監會聯合發佈《關於擴大跨境貿易人民幣結算試點有關問題的通知》，跨境貿易人民幣結算試點地區擴大到北京、天津20個省（自治區、直轄市）。同時，跨境貿易人民幣結算的境外地域由港澳、東盟地區擴展到所有國家和地區。
第三階段	2011.08.23	中國人民銀行、財政部、商務部、海關總署、稅務總局和銀監會聯合發佈《關於擴大跨境貿易人民幣結算地區的通知》，跨境貿易人民幣結算境內地域範圍擴大至中國大陸全境。

資料來源：中國人民銀行、財政部。

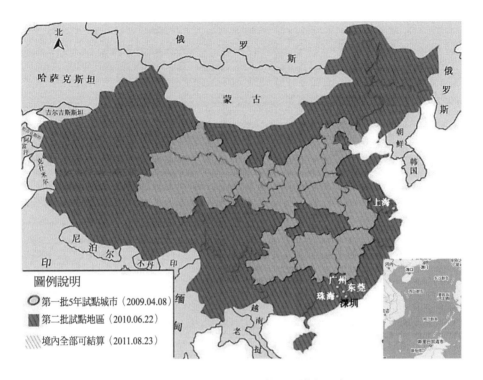

圖例說明
◎ 第一批5年試點城市（2009.04.08）
▨ 第二批試點地區（2010.06.22）
▨ 境內全部可結算（2011.08.23）

圖3—1　跨境貿易人民幣結算發展進程示意圖

　　人民幣跨境貿易結算總額回落，可能並不意味著人民幣跨境貿易結算的真實規模萎縮，也不能簡單得出人民幣國際化步伐倒退或者停滯的結論。應當看到，跨境貿易人民幣結算額的增長主要是基於人民幣升值的預期：進口商採用人民幣結算，海外供應商接受程度較高；相反，國外進口商對於人民幣結算的認同度則較低。然而這樣的業務增長是不可持續的。一旦人民幣升值預期消失，結算業務就會迅速回落。2011年第3季度，中國外匯交易中心的人民幣對美元盤中價格不再維持人民幣單邊升值走勢。同期海外市場一度湧現大量人民幣做空盤，嚴重拋壓致使人民幣貶值預期不斷強化。正是在此背景下，跨境貿易人民幣結算金額出現了回落。

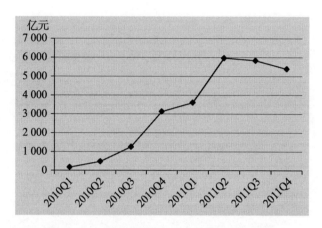

圖3—2　銀行辦理跨境人民幣結算累計業務額

資料來源：中國人民銀行。

3.1.3　影響分析

1. 主要影響。

就短期而言，跨境貿易人民幣結算範圍的擴大使進出口企業的發展前景更加被看好。首先，進口企業的成本和出口企業的收益能夠較為固定，不受匯率波動的影響，因此有利於企業進行財務核算，使得運營成果更加清晰可測。其次，相對於以往「本幣—協力廠商貨幣—本幣」的結算方式，為企業節省了至少兩次匯兌成本，簡化了支付結算的程序。第三，為境內企業節約了通過外幣衍生交易規避匯率風險的有關費用。

對於中資銀行來說，可以借此契機提高自身的國際影響力。一方面，隨著人民幣結算業務量的增加，結算網路會逐步延伸到全球，這在客觀上要求中資銀行加快海外分支機構建設，有利於中資銀行尋求更大的盈利空間，增加業務收入。另一方面，中資銀行承擔起人民幣清算業務，有利於提高其在國際金融市場上的形象和知名度。

對於國家來說，隨著跨境貿易人民幣結算金額的持續擴大，將有利於緩解官方外匯儲備激增帶來的經濟和政策壓力。當然，這對於人民幣充分發揮國際

貨幣職能也是重大利好。從長期來看，在全國範圍實現跨境貿易人民幣結算為人民幣國際化創造了更為有利的條件。一般來說，貨幣國際化都要經歷從結算貨幣到投資貨幣再到儲備貨幣的三階段演變過程。發展跨境貿易人民幣結算，可以減少我國對外貿易活動對美元等協力廠商貨幣結算的依賴性，也有利於提升人民幣的國際地位，從而為將來人民幣在區域內扮演投資和儲備貨幣職能打下基礎。而且，人民幣在區域範圍內用於國際結算之後，在幣值確定上有了更大範圍和更新角度的參照標準。這有利於完善人民幣匯率形成機制，對爭奪全球範圍內人民幣資產的定價權具有重大意義。

2. 存在的問題及前景展望。

不可否認，在人民幣跨境貿易結算推進過程中的瓶頸與阻礙是客觀存在的。

第一，境外接受程度仍然有限。政策層面上實現的內地無障礙使用人民幣結算，使得2011年跨境貿易人民幣結算規模相比2009年有了飛速發展。但是境外以人民幣結算貿易活動的地理分佈具有極大的非均衡性，主要集中在香港、新加坡等中國大陸周邊地區。根據環球金融電訊協會（SWIFT）統計，內地與香港地區之間的人民幣貿易結算占比高達90%以上。雖然中國已經成為全球第二大出口國，但是在全部對外貿易活動中，使用人民幣結算的比例還不足一成（見圖3—3）。這表明人民幣在國際範圍內的真實被接受程度仍然很低。

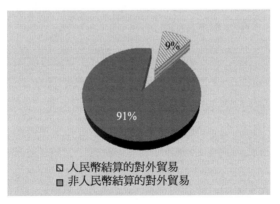

圖3—3　對外貿易中人民幣結算占比

資料來源：作者根據中經網統計資料庫、中國人民銀行網站、SWIFT資料估算。

第二，金融服務尚不能有效跟進，實現全球範圍的人民幣結算面臨技術約束。在實務操作過程中，除香港、新加坡、東盟等地區外，即使中國企業的境外客戶願意接受人民幣，但是對方的銀行系統多數還不知道該怎樣操作該業務。而中國商業銀行在海外的分支機構發展緩慢，使得人民幣結算的規模和地域受到了很大限制。

第三，境外人民幣的流通管道不暢，使人民幣持有者缺乏風險對沖和收益實現的管道。儘管在香港已經陸續出現了離岸人民幣債券等投資品種，但是相對於境外人民幣持有規模來說，回流機制尚不健全。國際金融市場上人民幣金融產品過少，這在一定程度上會阻礙跨境貿易人民幣結算額的繼續擴大。

最後，雖然理論上對外貿易選擇人民幣計價結算已經沒有了政策限制，但是最終採取哪一種貨幣進行計價結算還是要取決於市場選擇，而最重要的影響因素則在於究竟哪一方交易主體擁有結算貨幣的實際決定權。中國的出口主要集中於低技術和低附加值產品，在生產分工和收益分配上處於弱勢地位，缺乏在國際貿易計價結算貨幣上的選擇權和話語權。這在很大程度上制約了人民幣在國際貿易計價結算中的使用。與此同時，中國的進口貿易品中，國際大宗商品比例較高。按照慣例，國際大宗產品基本都是以美元計價的。在這方面，以人民幣現有實力是完全不可能撼動美元地位的。[1]

基於以上存在的問題，中國政府應當著力疏通人民幣回流管道，使得國際社會持有人民幣的意願不斷提高。中資銀行應該穩步推進境外業務發展，同時積極開發滿足客戶跨境金融需求的創新性產品和服務。國內貿易企業也應該主動進行技術革新和產品升級，在產品設計、品牌創造和市場行銷等環節不斷提升產品價值，提高在國際經濟交往中的話語權，尤其是掌握結算貨幣的選擇權。這樣才能穩步提高人民幣在國際舞臺上的接受度和影響力。

1　曾有學者對中國石化集團內部的跨境貿易人民幣結算情況進行調研，其描述如下：「涉及人民幣結算時，集團內部的交易雙方首先簽訂以美元計價的貿易合同，支付時按照集團公司提供的匯率，國內企業換成等值人民幣匯至香港，存入對方在集團公司的人民幣帳戶；境外企業收到人民幣貨款後，常常按照當日匯率折算兌換成美元，持有美元以便支付給不接受人民幣的其他境外客戶。」參見李婧：《從跨境貿易人民幣結算看人民幣國際化戰略》，載《世界經濟研究》，2011（2）。

3.2 開始試點跨境人民幣資本流動

1996年12月，人民幣實現經常項目完全可兌換。根據IMF的研究，從經常項目可兌換到資本專案可兌換，平均需要經歷7～10年。中國的情況是，在經常專案完全可兌換15年後，資本專案仍然處於部分可兌換階段。

所謂資本項目下可兌換，可以理解為國際收支的資本與金融帳戶的完全自由兌換，也意味著一國對於跨國資本流入和流出所引起的貨幣兌換均無限制。經過多年發展，中國的資本專案管制程度逐步降低，開放程度明顯提高，但尚未實現完全放開。事實上，資本專案中部分可兌換和不可兌換的交易內容正是外界關注的焦點，也是人民幣國際化道路上不容回避的熱點議題。

值得注意的是，2010年以來，在資本項目尚未實現完全可兌換的背景下，中國政府開始嘗試開闢多元化的人民幣跨境流通管道。與人民幣外國直接投資、人民幣境外直接投資、人民幣合格境外機構投資者等有關的各項政策相繼出臺，標誌著中國的資本專案管理正在發生微妙變化，人民幣國際化的政策推進節奏似乎正在加快。

3.2.1 資本市場證券交易

1. 主要內容。

（1）境外三類機構運用人民幣投資內地銀行間債券市場試點。

2010年8月16日，中國人民銀行發佈《關於境外人民幣清算行等三類機構運用人民幣投資銀行間債券市場試點有關事宜的通知》。其中主要就試點的交易主體、資金來源及交易方式等做出了具體規定。

交易主體：包括境外中央銀行、港澳人民幣清算行和跨境貿易人民幣結算的境外參加行等三類境外機構。

資金來源：包括通過開展中央銀行間的貨幣合作（如貨幣互換工具等）、通過人民幣跨境交易從「海外參與行」獲得的人民幣現金，以及投資人民幣業

務所獲得的人民幣收益。

交易方式：三類機構可以委託具備國際結算業務能力的銀行間債券市場[1]結算代理人進行債券交易和結算。境外央行和港澳人民幣清算行還可以直接向中央國債登記結算有限責任公司申請開立債券帳戶，向全國銀行間同業拆借中心申請辦理債券交易聯網手續。

目前的情況是，參與銀行間債券市場的境外機構要通過代理行交易終端進行交易。代理行可以接受境外行的交易意向進行代理報價，也可以直接接受交易指令從事代理交易。但後臺的清算、帳戶管理等都由境外機構通過託管帳戶自己進行。所以這些境外機構已經進入了中央國債登記結算公司的託管量統計之中。

另外，境外銀行以參與銀行間債券市場的現券買賣業務為主。僅有少數境外銀行可以從事資金拆借業務，但其目的只限於為跨境人民幣結算提供短期的資金融通。

這項政策尚處於試點階段，雖然短期內債券市場[2]會擴容，但整體市場格局並沒有受到衝擊。這是因為三類境外機構人民幣投資受到的限制頗多。

首先，債券投資需獲得中國人民銀行的批准。來自中國人民銀行的消息顯示，截至2011年4月末，有20家境外機構在銀行間債券市場從事現券買賣，包括部分中央銀行。據粗略估計，買入銀行間債券的實際資金規模可能超過100億元。

第二，有配額限制。香港金融管理局披露，其獲得進入銀行間債券市場的額度為150億元。相對於銀行間市場日均8 000億元的交易量，試點規模確實不算大。

（2）人民幣合格境外投資者境內證券投資試點。

2011年12月16日，中國證監會和國家外匯管理局聯合公佈《關於實施〈基

1　目前中國銀行間債券市場上可投資債券包括國債、政策性銀行債券、金融債券等10多個品種，是機構投資者進行人民幣流動性管理和資產負債管理的重要平臺。

2　與股市相比，債券市場並不是一個適於炒作的市場。率先開放債券市場也體現了政府穩定市場的意圖。

金管理公司、證券公司人民幣合格境外機構投資者境內證券投資試點辦法〉的規定》。

這就是所謂的人民幣QFII制度（RQFII），又稱小QFII。與2002年開始實施的、針對外幣資金的QFII制度不同的是，RQFII是允許境外合格機構投資者募集離岸市場的人民幣，投資於境內證券市場。這裡的境外合格機構投資者主要是指在港中資證券和基金公司。

目前，RQFII試點項目允許經批准的境外機構投資者在內地資本市場購買至多人民幣200億元（約合31億美元）的債券和股票。辦法規定，香港募集的RQFII產品投資於股票及股票類基金的資金不超過募集規模的20%，投資於固定收益證券的資金不少於募集規模的80%。試點機構可以在託管及結算代理銀行開立三類專用存款帳戶，分別用於銀行間債券市場交易、交易所債券市場交易和股票市場交易的資金結算。

截至2011年12月30日，國家外匯管理局已批准10家完整提交相關申請材料並由託管銀行轉報的RQFII機構，投資額度達到107億元人民幣。

應當看到，中國人民銀行對人民幣回流的政策立場總體上是採取溫和的、循序漸進的方法。200億元人民幣的RQFII配額，相對於香港市場上大約5 540億元的人民幣存款來說，規模很小，也不會對國內市場產生明顯的增量資金壓力。

隨著內地不斷深化債券市場制度建設，2012年債券市場有望迎來一個新的發展階段。各種固定收益類金融產品創新將層出不窮，定價機制更加完善，為RQFII產品提供更多投資機會。

2. 影響分析。

建立境外人民幣回流機制，助推人民幣跨境貿易結算。跨境貿易人民幣結算試點地區至今已擴展至全國範圍，持有人民幣的境外機構逐步增多，存在購買人民幣金融資產的需求。這兩項政策的出臺有助於境外人民幣回流，標誌著人民幣回流內地的投資機制正式形成，滿足了離岸人民幣資金回流境內投資的需求。這將增強境外機構和個人持有人民幣資產的意願，有利於促進跨境貿易

人民幣結算業務的開展。

引入新的市場力量，改變境內市場需求同質化的格局。近年來，作為我國債券市場主體的銀行間市場的深度和廣度進一步延伸。資料顯示，截至2011年12月末，銀行間市場債券託管餘額達21.36萬億元，首次突破21萬億元大關；市場參與者數量超過9 000家。但是由於起步晚，發展時間短，市場發展不平衡，交易產品種類與層次還不夠豐富，與國外成熟債券市場相比仍然存在著較大差距。不同市場投資主體定價方式和投資方式的差異化有助於提高市場定價的準確性和市場效率，推動銀行間債券市場的發展。引入新的市場力量，不僅有利於債券市場的資金供給，也促使債券市場開發更多的投資產品，促進了其定價機制以及市場微觀結構的完善。引入RQFII也對交易所債券市場和A股市場有同樣的作用。

改善人民幣在內地與海外市場間的流通。局部地連起境外人民幣債券市場和境內債券市場，這將對境外人民幣利率曲線的形成產生影響，增強國內市場對人民幣資產定價的主導權。

需要注意的是，人民幣證券市場的開放將會吸引境外投機資金，這會給國內宏觀調控帶來難度。未來在貨幣政策制定上不僅要考慮國內因素，還要考慮國際因素。

3.2.2 人民幣直接投資

1.主要內容。

（1）境外直接投資人民幣結算試點。

中國人民銀行2011年1月13日發佈公告制定《境外直接投資人民幣結算試點管理辦法》。該辦法規定，自2011年8月23日起，全國的銀行和企業均可開展人民幣境外直接投資（簡稱人民幣ODI）。

從政策實施效果來看，2011年全年的人民幣ODI規模為201.5億元。資金規

模不大，而且投資目的地主要集中在香港、新加坡等華人聚居地區。[1]

（2）外商直接投資人民幣結算辦法出臺。

2011年6月21日，中國人民銀行公佈了《關於明確跨境人民幣業務相關問題的通知》，首次公開明確了外商直接投資人民幣結算業務（簡稱人民幣FDI）的試點辦法。

2011年10月14日，商務部發佈《關於跨境人民幣直接投資有關問題的通知》。《通知》規定，境外投資者可以運用合法獲得的境外人民幣[2]依法開展直接投資活動。隨後，中國人民銀行制定了《外商直接投資人民幣結算業務管理辦法》，明確了境外企業和經濟組織或個人以人民幣來華投資在遵守相關法律規定的前提下，可以直接向銀行申請辦理人民幣結算業務，銀行可以按照相關規定直接為外商投資企業辦理人民幣資金結算業務。這一規定使相關的金融服務手續更加簡便。

在投資方向上，跨境人民幣直接投資在中國境內不得直接或間接用於投資有價證券和金融衍生品，不得用於委託貸款或償還國內外貸款。而對於跨境人民幣直接投資房地產業，則應該按照現行外商投資房地產審批、備案管理規定來執行。

2. 影響分析。

人民幣ODI可促進中國對外投資，提高內地企業的國際化水準。中國的對外直接投資最近幾年增長顯著，其中近九成的資金流向了新興市場經濟體。在人民幣繼續保持升值預期而主要國際貨幣受金融危機影響匯率劇烈波動的背景下，大部分新興經濟體實際上是樂於接受中國企業的人民幣直接投資的。採用人民幣結算可以幫助「走出去」的中國企業減少匯兌損失、降低成本、提高現金管理能力，從而增強企業應對國際經濟變化的能力。

1　香港地區2011年1—11月人民幣ODI金額為110億元。

2　根據規定，合法獲得的境外人民幣主要包括：其一，外國投資者通過跨境貿易人民幣結算取得的人民幣，以及從中國境內依法取得並匯出境外的人民幣利潤和轉股、減資、清算、先行回收投資所得人民幣；其二，外國投資者在境外通過合法管道取得的人民幣，包括但不限於通過境外發行人民幣債券、發行人民幣股票等方式取得的人民幣。

人民幣ODI促進人民幣境外流通和境外自由兌換。通過人民幣ODI，不僅可以迅速擴大人民幣在境外的流通規模和流通範圍，而且也為人民幣在境外自由兌換創造了條件，使國外企業和居民能夠分享中國經濟發展的成果，推動人民幣成為國際儲備貨幣。

　　客觀上，人民幣ODI的推出，最大受益者是香港地區。因為香港一直是國內企業對外投資的平臺和跳板。香港銀行可以從內地銀行獲取人民幣資金，通過香港的金融平臺為有關直接投資專案提供服務和融資，創造更多的金融產品和服務使資金留在香港，這將會進一步加強人民幣在內地和香港的貿易和投資交易中的使用和融通循環。

　　人民幣FDI以直接投資方式吸引境外人民幣資金回流，可以促進國內實體經濟繁榮。在保證外國直接投資真實性的前提下，以人民幣FDI流入替代外幣FDI流入，只是增加了境外人民幣回流管道，不會給中國的巨額外匯儲備和國內的流動性增添壓力。

　　人民幣FDI相關政策的出臺，增加了香港離岸人民幣的資金出路。但是從目前看，外商用人民幣進行直接投資的數量不大；而且海外人民幣融資成本較高，加上人民幣FDI在用途上也受到限制，所以對該政策的實際效果不宜估計過高。

　　另外，對於跨境人民幣業務可能引發的套利投機活動也應予以特別關注。2012年初外匯管理局發佈的《2011年中國跨境資金流動監測報告》中估計2011年全年熱錢流入規模達到366億美元，中國仍面臨著熱錢持續流入的較大壓力。雖然現行政策中對FDI人民幣資金來源和投資方向都作了相應的規定，但是實際監管中如何進行區分難度較大，監管不到位很可能引發套利投機活動和熱錢流入。這就需要中國人民銀行等相關政府部門推出進一步的風險防範措施，包括強化銀行審查職責，加強監管機構之間資訊互享，以及加大事後監管力度等。

3.3 人民幣準備發揮儲備貨幣職能

中國正在逐步增加貨幣互換的對手國家，建立常態化的貨幣互持機制。與更多國家和地區簽署貨幣互換協定，有助於人民幣境外結算業務的發展，可促進人民幣在國際經濟活動中發揮結算貨幣和投資貨幣的職能。

值得特別關注的是，通過直接或間接的方式，一些國外官方機構已經將人民幣納入其國際儲備之中。雖然涉及的機構數量有限，國外的人民幣儲備規模也還微不足道，但這一事件的象徵意義極為重要。它標誌著人民幣開始逐漸發揮國際貨幣功能，在貨幣國際化道路上更進一步。

3.3.1 與多國簽署雙邊本幣互換協議

1.貨幣互換規模穩步增長。

2000年5月，東盟與中日韓「10＋3」[1]財長共同簽署了《清邁協定》（Chiang Mai Initiative）。該協定主要內容是建立區域性貨幣互換網路，以期讓亞洲各國外匯儲備形成相互支援的網路關係。

根據財政部國際司的統計，在《清邁協議》框架下，中國與日本、韓國、泰國、菲律賓、馬來西亞、印尼等六國簽訂了總額為235億美元的雙邊貨幣互換協定，其中中國承諾出資165億美元。

事實上這一框架協議也成為中國簽署雙邊本幣互換協議的起點。

2008年全球性金融危機爆發後，中國超越「清邁框架」，開始在更大範圍內與更廣泛的國家和地區簽訂雙邊本幣互換協定（見圖3—4）。2008年至2011年底，中國人民銀行已經先後與韓國、馬來西亞、白俄羅斯、印尼、阿根廷、冰島、新加坡、紐西蘭、烏茲別克、蒙古、哈薩克、香港、泰國、巴基斯坦等國家和地區的貨幣當局共簽署了14個雙邊本幣互換協定。此外，還有多家外國央行和貨幣當局向中國表達了簽署貨幣互換協議的意願。

1　「10＋3」表示東盟十國和中、日、韓三國。東盟十國包括：汶萊、柬埔寨、印尼、寮國、馬來西亞、緬甸、菲律賓、新加坡、泰國、越南。

中國簽署的貨幣互換協定規模越來越大。貨幣互換對手國也已經從周邊的「東盟＋日韓」等國擴大到拉美、中亞、南亞、中東等地區。

　　中國簽訂貨幣互換協定主要出於以下幾個方面的綜合考慮：

　　（1）促進雙邊貿易和投資。例如部分協定是在《清邁協定》框架下簽訂的，對手國為《清邁協議》合作國。其中的日本、韓國、馬來西亞、印尼、新加坡、泰國等都與中國有著日益頻繁的經濟往來。另一部分協議則突破了「清邁框架」合作國的範圍。雖然這類貨幣互換規模總體上不大，但是影響深遠。比如，與阿根廷的貨幣互換是中國與拉美國家簽訂的最大金額協定，與烏茲別克的貨幣互換是中國在中亞地區的第一個貨幣互換協議，等等。

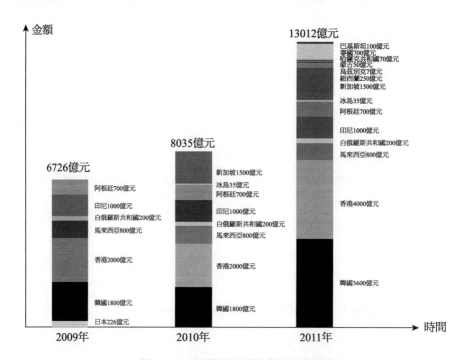

圖3—4　中國簽署的雙邊貨幣互換餘額

資料來源：中國人民銀行。

（2）出於外交戰略考慮。與哈薩克和巴基斯坦簽訂互換協議主要是基於中國援建當地工業的背景，協議有利於深化中國在該國的影響力，促進兩國建立戰略夥伴關係；與冰島簽訂的互換協議主要是為了幫助冰島早日渡過危機，對於貿易、投資的積極影響甚微。此類貨幣互換協定雖然主要不是從經濟目的出發，但是對於提高人民幣的國際聲譽和國際影響力大有裨益。

（3）其他因素。與白俄羅斯簽訂的貨幣互換協議，是中國首次與亞洲以外的國家簽訂此類協議，這對於人民幣國際化具有一定程度上「開疆闢土」的意義。

特別地，與香港簽訂貨幣互換協議，是建設香港離岸人民幣市場的一項配套政策。其除了以上方面的綜合考慮外，另一目的是滿足香港市場的人民幣資金供給，以鞏固香港離岸人民幣金融中心的地位。

2. 影響分析。

（1）主要影響。

短期內，一旦啟動貨幣互換，協議雙方貨幣當局可將對方貨幣注入本國金融體系，這樣兩國企業都可以借入對方貨幣用於支付進口。於是對兩個國家的雙邊貿易來說，出口企業收到的是本幣，可以有效規避匯率風險，降低匯兌費用，從而可以大大促進雙邊貿易的發展。

從長期看，互換協議的簽署意味著雙方承諾一定的互換額度，可在必要時隨時相互提供短期流動性支援。這在一定程度上能夠降低人民幣匯率波動性。穩定的匯率也進一步消除了因投機性資本流動而產生的外匯儲備需求，對投機者產生威懾作用，從而節約了外匯儲備。

當前，人民幣正處於區域化發展階段。這一階段的主要任務，是要推動人民幣在周邊更大區域內貿易和金融交易中充當計價結算貨幣，擴大人民幣與相關幣種之間的穩定互換。貨幣互換在某種意義上可以看作是中國謹慎地向其他國家提供流動性的一種策略，必將有利於人民幣在區域內發揮國際貿易結算貨幣和金融交易貨幣的功能。

（2）存在的問題及前景展望。

截至目前，中國簽訂的貨幣互換協定仍然是一種雙邊協定。當一方需要流動性支援時，對於對方是否按協議規定履行義務缺乏有效的監督和約束機制。換言之，雙邊貨幣互換協定的簽訂只是為人民幣增加了類似於國際儲備貨幣的某種屬性，但並不意味著人民幣已經可以真正履行儲備貨幣職能。另外，國與國雙邊貨幣互換協議的有效期較短，大多為3年，期滿後可再續簽；但總體上談判成本較高，很難認為其是一種可靠的長效機制。

中國在貨幣互換協議的對手國範圍和貨幣互換規模等方面都需進一步發展，從量變到質變，最終實現人民幣得到大部分國家認可的目標。此外，也應當致力於將貨幣互換協定由雙邊性質過渡到多邊性質，嘗試簽訂「一對多」的貨幣互換協議。通過制度化安排形成合力，使人民幣能夠更好地發揮貿易結算、投資計價和儲備貨幣的職能，提高其國際地位。

3.3.2 人民幣開始被國外官方機構關注

1. 人民幣進入官方儲備貨幣行列。

隨著中國對外貿易規模不斷增大，加之一些貿易對手國的國際清償能力受國際金融危機牽累出現顯著下降，一些境外貨幣當局或國際金融組織逐漸將人民幣納入其官方外匯儲備行列（見圖3—5）。雖然是發生在少數國家的個別案例，實現的人民幣儲備規模也非常有限，甚至一些國家政府只是開始考慮人民幣儲備的可行性，但是畢竟要承認，人民幣在國際儲備貨幣職能上實現了從無到有的突破。這無疑是人民幣國際化進程中具有重大影響的事件之一。

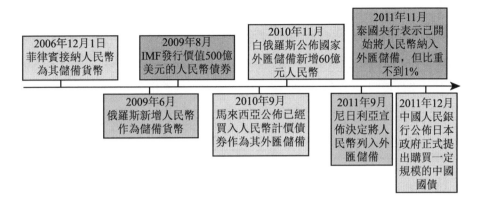

圖3—5　人民幣進入國外官方儲備貨幣行列

資料來源：中國人民銀行。

（1）部分國家和地區將人民幣列入儲備貨幣。

2006年12月1日，菲律賓中央銀行首次將人民幣納入官方儲備貨幣。此後，又有俄羅斯、馬來西亞、白俄羅斯、奈及利亞、泰國、日本等國陸續宣佈正在考慮或已經實現在其儲備貨幣籃子中增加人民幣。其中，奈及利亞是首個將人民幣列入官方儲備貨幣的非洲國家，意味著人民幣國際化在非洲取得突破性進展。

2010年8月16日開始試點的允許境外中央銀行投資境內銀行間債券市場，為人民幣進入官方儲備貨幣開闢了新的管道。此外，在香港離岸人民幣市場上，也有一些境外中央銀行參與人民幣債券交易。

2011年12月中國人民銀行公告指出，日本政府已經正式提出購買一定規模的中國國債。雖然尚未公佈時間表和具體金額，但這一事件的象徵意義遠遠大於其實際影響。因為一旦交易成功，日本將成為G7工業化國家中第一個持有人民幣儲備的國家，人民幣將首次成為發達經濟體的儲備貨幣。

（2）IMF發行人民幣債券。

尚未實現完全自由可兌換，普遍被認為是人民幣加入IMF特別提款權（SDR）改革的「攔路虎」，也是人民幣成為國際儲備貨幣的重大障礙。

然而，2009年8月，IMF成功發行以人民幣為支付貨幣、價值約500億美

元的債券。按照IMF規定，按比例繳納份額時，其中25%必須是SDR份額或者美元、日圓、歐元等可兌換貨幣，其餘75%則繳納本幣。而此次中國購買債券時，儘管計價單位仍然為美元，但是全部由人民幣注資。

這一事件既是國際金融組織對人民幣國際化的高度肯定，也在一定程度上回應了對於人民幣國際化的各種懷疑和不確定態度。

2. 影響分析。

（1）主要影響。

國外貨幣當局將人民幣列入儲備貨幣這一舉措具有重大影響。從短期來看，一旦將人民幣列為儲備貨幣，人民幣在該國的可兌換程度大大提高，就會為企業和金融機構提供更大的便利。這有利於雙邊貿易和投資合作，減小進出口企業和海外投資公司面臨的外匯風險和匯兌損失；同時，有利於增強雙方銀行的境外分支行業務發展，增強其國際影響力和國際競爭力。從長期來看，儲備幣種的分散化可以避免對世界發達經濟體貨幣的過分依賴，對當事國家以及整個國際貨幣體系都是有利的選擇。

IMF發行的人民幣債券儘管規模並不大，但是同樣具有深遠的影響。首先，中國購買違約率很低的IMF債券可以有效分散投資風險。其次，2009年發行的IMF債券全部由人民幣支付，意味著人民幣作為支付手段得到了IMF的承認，有利於人民幣發揮國際支付功能，提高各國對人民幣的信心和支持。第三，中國購買IMF債券，表現出中國政府勇於承擔大國責任，與國際金融組織攜手一起穩定全球金融市場、幫助IMF成員國應對全球金融危機的政策立場，對於中國國際社會地位和影響力的提升都十分重要。

（2）存在的問題及前景展望。

目前將人民幣列入儲備貨幣的國家和地區均為中國周邊以及與中國經濟來往緊密的國家或地區。國家數量較少，且涉及的人民幣儲備規模較小。當事國家持有人民幣儲備的意願，主要與中國政府在貿易和投融資領域積極推動境內外人民幣計價結算的措施付諸實施有關。這些具體措施在全球範圍為人民幣帶來了很高的關注度，讓更多國家開始有此意向。但人民幣儲備貨幣職能的發揮

仍然才剛剛起步，不過是實現了從無到有的變化，不能過度渲染，對其未來發展前景也不應過分樂觀。

另外，通過購買IMF債券，人民幣究竟能在國際社會中發揮什麼作用？這取決於IMF及其成員國對人民幣資金後續的操作和使用。金融危機爆發後，IMF資金短缺，發債的目的是為了快速補充資金，而IMF是否適合長期作為發債人還有待觀察。中國政府購買IMF債券，使人民幣資金以IMF援助貸款的形式走出去，走向國際社會。IMF貸款指向那些國際收支出現困難或本幣貶值壓力嚴重的成員國。這些受援國家獲得人民幣資金後，主要用途可能包括：用於支付結算，以平衡國際收支；兌換其他主要國際貨幣如美元、歐元等，以穩定本國外匯市場和匯率；用作本國外匯儲備的補充。由於目前階段人民幣尚不能實現完全可自由兌換，這些國家在使用人民幣資金時不可避免地有一定的局限。而這種不方便自然會影響到國際社會對人民幣的接受程度和持有意願。

可以想像，當人民幣「走出去」的規模逐漸增大後，其他國家的人民幣儲備資產會不斷增加。這部分資產必然要尋求合適的投資場所，那麼中國金融市場的對外開放程度必須大大提高，同時人民幣離岸金融市場也需要快速發展。如此才能形成人民幣資金在國內外商品市場、金融市場上連續不斷的良性環流，從而為人民幣成為一種重要的國際貨幣創造必要的物質條件。

3.4 建設香港離岸人民幣（CNH）市場

香港銀行體系的離岸人民幣業務可以追溯到2004年，至今已有多年歷史。特別是在2009年跨境貿易人民幣結算政策出臺之後，香港的離岸人民幣業務更是發展迅速。目前，香港因其人民幣離岸金融中心的身份而備受各方關注（見表3—2）。

表3—2 香港人民幣業務發展大事件

序號	時間	主要內容
1	2004.01	開展個人人民幣業務，包括接受存款、兌換及匯款業務
2	2005	准許包括零售、飲食及運輸在內的7個行業開設人民幣存款戶口
3	2006	准許香港居民開設人民幣支票戶口
4	2007.07	首筆人民幣債券發行
5	2009.07	開始跨境貿易人民幣結算試點
6	2009.09	財政部首次在香港發行人民幣國債
7	2010.02	金融管理局發出通知，簡化跨境貿易人民幣結算的運作安排，放寬人民幣多項業務限制
8	2010.06	跨境貿易人民幣結算試點的地域範圍擴大
9	2010.07	人民幣業務清算協議修訂
10	2010.08	允許人民幣業務清算行等境外機構進入內地銀行間債券市場投資試點
11	2010.11	人民幣國債通過CMU（債務工具中央結算系統）發行
12	2011.01	內地企業可以使用人民幣進行境外直接投資，香港銀行可為這些投資活動提供人民幣資金
13	2011.08.17	中央明確支援香港建成「人民幣離岸金融中心」；頒佈具體支援政策

資料來源：作者整理。

3.4.1 《清算協議》的簽署及修訂

2003年12月，中國人民銀行與香港金融管理局共同授權中國銀行（香港）有限公司（以下簡稱「中銀香港」）作為香港銀行個人人民幣業務的清算行。隨後，中銀香港與人民銀行深圳中心支行簽訂「人民幣在港清算協定」，並吸

收中銀香港為中國銀行間外匯市場和拆借市場的新成員，使中國銀行間外匯市場實際延伸到香港。從2004年2月25日開始，中銀香港為40家參與辦理個人人民幣業務的香港銀行提供存款、兌換和匯款清算服務。

2006年3月6日，中銀香港推出了香港人民幣交收系統及人民幣支票清算服務。2007年6月18日，推出了人民幣債券清算服務。2009年，中銀香港與中國人民銀行簽署的《關於人民幣業務的清算協議》使得中銀香港的人民幣清算業務擴展至貿易結算領域。中銀香港也由此成為香港地區首家可以提供跨境貿易人民幣結算和清算服務的銀行。

跨境貿易人民幣結算業務自2009年7月開展後，客戶對人民幣金融服務需求逐漸增加。2010年2月12日，金融管理局總裁陳德霖向金融機構發出的通函中指出，「人民幣流進香港後，只要不涉及資金回流內地，香港銀行可以從市場角度考慮，仿效其他貨幣一致的方法，優化現行的人民幣業務」。香港金融管理局宣佈放寬人民幣業務的多項限制，包括放寬在港發行人民幣債券限制，允許香港及海外企業、金融機構在香港發行人民幣債券；香港銀行可以向企業客戶提供人民幣貿易融資和貸款，等等。至此，香港企業已經可以使用人民幣進行服務貿易結算，而不再局限於實物商品。

2010年7月19日，中國人民銀行與中銀香港簽署新修訂的《香港銀行人民幣業務的清算協定》，並就擴大人民幣貿易結算安排簽訂了補充合作備忘錄。主要內容是，香港人民幣存款可於銀行間往來轉帳，取消企業兌換人民幣的上限。新修訂加速了香港人民幣投資產品的推出，並逐步構建人民幣現貨及遠期市場。證券和基金公司開設人民幣帳戶不再受限制，使在港發行人民幣基金成為可能，RQFII也由此進入實質性發展階段。協議重新修訂後不到一個月的時間，香港的商業銀行、證券公司已紛紛推出各類人民幣產品。

3.4.2 中央政府支持香港成為人民幣離岸金融中心

2011年8月17日，李克強副總理在香港舉辦的國家「十二五」規劃與兩地經貿金融合作發展論壇上，正式宣佈了中央支持香港進一步發展、深化內地和香港在經貿金融等方面合作的六大政策措施。其核心就是支持香港成為人民幣離岸中心。也就是說，通過香港在境外發行人民幣，讓人民幣在境外通過存款、貸款、股票、債券等業務，實現自我循環。

具體措施包括：（1）把跨境人民幣結算範圍擴大到全國。（2）支持香港使用人民幣在境內直接投資。（3）允許人民幣境外合格投資者投資境內證券市場，起步金額為200億元。（4）增加在香港發行人民幣債券的境內金融機構，允許境內企業在香港發行人民幣債券，擴大境內機構在香港發行人民幣債券的規模。中央政府在香港發行人民幣國債將作為一種長期制度安排，逐步擴大發行規模。

在這一攬子政策中，最大的亮點是以香港的市場化機構為載體，有限度地打通了香港金融服務與內地實體經濟之間的通道。在「離岸中心」的運營模式下，這一開放政策能否既推動人民幣跨境流通的規模與深度，又能保持相對獨立性，不至於對內地金融市場和宏觀經濟帶來重大衝擊，將是未來一段時間內政策效應的觀察焦點。

3.4.3 金融服務與市場創新

經過數十年的成長與積澱，香港已經發展成為全球最大的人民幣離岸金融中心。通過對香港離岸市場發展現狀的分析，可以觀察到人民幣在國際範圍內作為交易媒介、投資工具的使用情況。圖3—6反映了近些年來香港人民幣存款餘額及獲准經營人民幣業務機構數的增長情況。

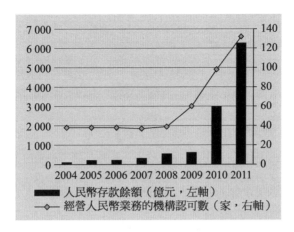

圖3─6 香港人民幣存款餘額及經營人民幣業務的機構認可數

資料來源：香港金融管理局。

　　2010年新的《清算協議》的簽訂成為香港人民幣業務發展的分水嶺，突破了各項人民幣業務發展的限制，顯著地拓寬了潛在人民幣持有者的來源和可以開展的人民幣金融產品種類。香港金融機構相繼推出了多種人民幣計價的投資產品，包括掛鉤貨幣、利率、股票的投資產品，以及外匯衍生合約等，債券市場的發行主體也逐漸擴大（見表3─3、表3─4、圖3─7），為香港人民幣的離岸中心奠定了物質基礎。

表3─3　CNH（離岸人民幣）市場產品概覽

CNH產品	市場發展情況
存款	2004年起，香港的銀行開始開展個人人民幣存款業務。2005年，包括零售、飲食及運輸在內的7個行業獲准開設人民幣存款戶口。
貿易融資及貸款	2010年2月，香港的銀行獲准可以開展人民幣貿易融資及貸款。渣打、滙豐、恒生相繼宣佈推出人民幣貿易融資最優利率。2011年銀行向客戶提供人民幣貸款餘額已由年初的不足20億元人民幣增長到6月底的110億元人民幣。
債券	2007年7月，國家開發銀行在香港發行了首支人民幣債券。目前人民幣債券市場規模總量不斷擴大，發行主體也不斷擴展。

續前表

CNH產品	市場發展情況
公募基金	2010年8月，海通資產管理（香港）公司獲准在港發行首支以人民幣計價的基金。目前海通國際、中銀香港、滙豐、恒生、平安、建銀國際、工銀國際、Income Partners、施羅德等金融機構已在香港成立約10支離岸人民幣基金。
股票（房地產投資信託基金）	2011年4月29日，香港首支人民幣計價房地產投資信託基金——匯賢產業信託正式在港交所掛牌交易。第一支人民幣IPO對香港及人民幣國際化都有重要意義，開創了離岸市場人民幣計價股票這一新的資產類別。
外匯即期	於2010年8月開始交易，目前銀行間交易市場規模達3 000萬～4 000萬美元；2011年6月27日，香港推出美元兌人民幣即期匯率定盤價。
外匯遠期	目前有無本金遠期交割（NDF）[b]和CNH遠期（DF）。NDF已有多年活躍的歷史，而DF大致與外匯即期同一時間開始交易。
外匯期權	目前香港市場上有無本金交割期權和可交割的人民幣期權。無本金交割期權已經交易多年，而可交割的人民幣期權開始的時間較晚，可考證的最早交易是由滙豐銀行在2010年10月進行的1個月澳元對人民幣以及1年期美元對人民幣的普通期權。
結構性存款產品	2006年渣打銀行向企業客戶推出人民幣結構性存款產品。《清算協定》修訂後，香港市場上結構性存款產品品種愈加豐富。
存款證	2010年7月，中信銀行國際有限公司（簡稱「信銀國際」）在香港發行了首宗離岸人民幣存款證，總額為5億元人民幣。2010年9月1日，國家開發銀行在香港發行了1億元人民幣存款證，為內地銀行首次在香港發行人民幣存款證。截至2011年8月5日，已有12家銀行在港發行69筆人民幣存款證，募集資金372.7億元人民幣。

　　a. 在港發行的點心債券大部分以離岸人民幣計價，但也有一些與在岸人民幣掛鈎（以美元支付）。
　　b. 2006年8月，美國芝加哥商品交易所（Chicago Mercantile Exchange, CME）參照NDF模式首次以無本金交割的標準化合約推出人民幣對美元、人民幣對歐元以及人民幣對日圓三個品種的人民幣期貨和期權合約。在CME交易的期貨期權屬於美式期權，從2006年8月開市後期權成交量曾逐月提高，但在當年11月後成交量就逐漸萎縮。平均每日僅有40多張合約成交。無論在市場活躍度，還是成交量上，CME的場內交易市場都要遠低於香港、新加坡等NDF場外市場。2011年CME集團計畫推出一系列人民幣新合約。7月份宣佈推出全新的人民幣計價外匯期貨合約，遵守場外無本金交割遠期合約的規範，同時可降低交易所衍生品交易的對手風險。該合約計畫於8月份在CME國際貨幣市場掛牌上市，9月份實現交割。但截至2011年底，新人民幣期貨合約仍未正式上市交易。
　　資料來源：作者整理。

表3—4 香港發行人民幣債券情況匯總

時間	事件
2007年6月27日	允許內地政策性銀行和商業銀行在港發行人民幣債券。
2007年7月	首支人民幣債券亮相香港，國家開發銀行在港發售人民幣債券50億元。
2009年9月28日	中國財政部在港發行總計60億元人民幣國債。這是中國國債首次在中國內地以外地區發行，也是首次在內地以外地區發行以人民幣計價的主權債券。
2010年2月	放寬在港發行人民幣債券限制，允許香港及海外企業、金融機構在香港發行人民幣債券。
2010年8月19日	美資企業麥當勞在港發行2億元人民幣企業債券，成為首家在港發行人民幣債券的跨國公司。
2010年10月22日	亞洲開發銀行發行12億元人民幣債券，為首個在港上市的人民幣計價產品。此次10年期債券也是首次在港發行的人民幣長期債券。
2010年11月30日	中國財政部在香港發行第二批總額80億元人民幣國債。
2010年12月	瑞安房地產發行了首支合成式人民幣債券。
2011年1月	世界銀行首次在香港發行5億元人民幣債券。以其全球影響力和國際地位，世界銀行在香港發行人民幣債券具有里程碑式的意義。
2011年8月	允許境內企業在香港發行人民幣債券。
2011年10月21日	寶鋼集團有限公司發行65億元人民幣的點心債，成為大陸首家獲准發行此類債券的非金融類公司。

資料來源：作者整理。

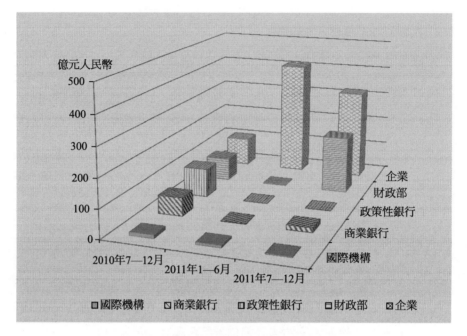

圖3—7　香港人民幣債券發行規模統計圖

資料來源：Wind資料庫。

　　能否勝任人民幣離岸金融中心的稱號，關鍵在於香港市場能否實現豐富、規範的人民幣產品交易。而實現這一目標，不僅需要政策推進，更要依靠市場的創新和服務能力。香港金融監管環境寬鬆[1]，發達的金融市場具有很強的創新能力和活力，不斷有新產品、新業務出現，不斷吸引新的交易主體，形成「倒逼機制」，推動了政策變革，也使CNH市場的廣度與深度顯著提高。

3.4.4　存在的問題及前景展望

　　目前，香港離岸人民幣市場發展過程中遇到的瓶頸問題是市場深度不夠、廣度不夠、缺乏流動性。與中國貿易出口總額相比，香港的跨境貿易結算量依舊太小，當人民幣不能成為國際貿易中較為重要的貨幣時，香港人民幣離岸業

1　香港金融管理局對於CNH市場人民幣計價金融工具的發展秉持大力支持的立場。它對新的金融交易產品沒有普遍禁令，只需在交易前獲得批准，經認定合格的金融機構提交產品與風險管理規劃方案即可。

務是無法深化的。另外，人民幣一旦出現貶值趨勢，就會降低投資者持有人民幣計價資產的意願和金融機構積極拓展人民幣離岸業務的動力。

再者，如何把衍生產品新品種的開發更好地與人民幣國際化進程相融合，在推進品種創新的同時加強市場風險管理、提高市場效率，應對國際定價權爭奪現狀，成為發展中必然要面臨的問題。一方面，在香港要努力開發和完善人民幣期貨交易品種，爭取在人民幣債券和外匯期貨市場有所突破，為人民幣國際化搭建廣闊的交易平臺；另一方面，在衍生品的開發中要致力於服務實體經濟，以簡單規則的基礎性衍生產品為主，將產品的槓桿率控制在合適的範圍內，防止過度虛擬化、高度槓桿化所帶來的金融風險。

當市場自身已經產生多品種人民幣計價的投資產品和融資工具時，人民幣將成為國際投資資產，是企業和居民投資組合的一部分，意味著人民幣離岸市場的真正確立。同時，無論是中國人民銀行還是香港金融管理局，都應當在這個過程中逐步完善對人民幣離岸業務的監管，以市場為原則，減少政府擔保（含隱性擔保），消除制度和人為壟斷；而從事離岸金融業務的金融機構應該在市場環境中提高自身經營能力和競爭力。建設香港人民幣離岸市場不可能制定明確的時間表，也沒有唯一的明確發展模式，每一階段的進入都需要視市場的發展，都需要等待客觀條件成熟後才可以。當市場發展到一定程度，內外宏觀經濟運行穩健時，市場會客觀地要求人民幣業務對外開放，這時離岸金融市場的發展才能真正促進中國內地經濟的發展，同時給香港帶來繁榮。

此外，討論香港人民幣市場發展，不可避免要提到的是人民幣債券市場。在港發行和交易人民幣債券是一個里程碑，是人民幣離岸金融業務的真正起步。債券應該是人民幣離岸市場的核心，也應該是其中規模最大、流動性最強的產品。

統計資料顯示，2011年共有84個機構在港發行點心債券，總額達到1 176.93億元人民幣。在發行規模上，與2009年的160億元、2010年的357億元相比有了顯著增長。而從發行機構來看，除了中資背景的企業、金融機構和政府部門之外，還包括了麥當勞、大眾汽車、英國石油等28家跨國企業和海外金融

機構。

但是，對於人民幣債券發行者來說，人民幣債券融資成本在逐漸升高。近年來，西方國家不斷爆發的債務和經濟問題造成全球金融市場形勢動盪。中國也出現了經濟增長放緩和房地產市場下滑的跡象，從2011年9月起，離岸人民幣出現貶值趨勢。投資者選擇沽售離岸人民幣債券以增加流動性，離岸人民幣債券二級市場價格下跌。發行成本大幅提高，令人民幣債券發行者失去動力。更為緊迫的是，香港市場上約85%的人民幣債券都將在三年內到期。這意味著，2014年以前陸續會有大批債券發行主體需要進行再融資。如果香港市場上人民幣流動性吃緊，再融資形勢就會越來越有挑戰性。

而對於投資點心債券的機構投資者來說，更多是期待人民幣升值會帶來額外收益。隨著人民幣升值預期的放緩，投資者持有點心債的意願就會減弱。此外，市場信用監管機制缺失，債券流通性不足，離岸市場與在岸市場的債券收益率變動不同步等問題，也是阻礙投資者選擇離岸人民幣債券的原因。

專欄3—1

香港和上海：競爭與合作

從歷史來看，正是隨著歐洲美元市場的發展、美國銀行海外業務的擴展而逐步實現了美元的國際化，並在相當長的時期內形成了美元獨霸國際貨幣市場的局面。日圓等幾種主要國際貨幣也都走過類似的發展道路。在某種程度上，今天的香港成為境外人民幣存貸結算中心，與當年倫敦成為境外美元離岸中心的貨幣國際化進程其實是非常接近的。

香港是著名的國際金融中心（見表3—5）。它具有優越的地理位置、良好的宏觀環境和金融環境、優惠的制度安排、完善的法律和監管

體系，在開展離岸金融業務方面積累了大量經驗（見表3—6）。推出人民幣金融產品可以直接借鑒其他貨幣離岸業務的經驗和客戶基礎。

表3—5　全球金融中心指數（GFCI）排行榜[a]

	2007.3	2008.3	2008.9	2009.9	2010.9
倫敦	1	1	1	1	1
紐約	2	2	2	2	2
香港	3	3	4	3	3
新加坡	4	4	3	4	4
東京	9	9	7	7	5
上海	24	31	34	10	6
芝加哥	8	8	8	8	7
蘇黎世	5	5	5	6	8
日內瓦	10	7	6	9	9
雪梨	7	10	10	11	10
法蘭克福	6	6	9	12	11
深圳	n.a	n.a	n.a	5	14

a.自2007年起，倫敦金融城公司（the City of London Corporation）和Z/Yen集團每年兩度發佈全球國際金融中心排名。
資料來源：http://www.zyen.com/Activities/On.line_surveys/GFCI.htm，2012年1月10日。

就國際金融中心的資歷和經驗來說，上海與香港相比處於明顯劣勢。香港金融市場在人才聚集、法制健全、制度安排和監管方面都遠遠優於上海，是上海學習的榜樣。但學習的同時也意味著趕超的可能。近年來，上海市金融對外開放取得重要進展，外資金融機構加速聚集，國際化程度穩步提高，證券市場QFII數量和投資額度進一步增加；貨幣、外匯、黃金等市場穩步有序地向外資金融機構開放；境內金融機構穩步拓展海外業務……這些都為上海國際金融中心提供了更加廣闊的發展空間。「十二五」時期，上海提出建設人民幣跨境支付清算中心和人民幣跨境投融資中心，力爭到2015年基本確立上海的全球性人民幣產品創

新、交易、定價和清算中心地位。顯然,在構建人民幣國際清算中心方面,上海具有的資源優勢和心理優勢都是香港望塵莫及的。[1]

表3—6　全球主要離岸金融中心比較

類型	代表性國家和地區	經濟發展水準	金融基礎設施[a]	經濟市場化程度和金融自由化程度	監管環境
內外一體型	倫敦、香港[b]	發達經濟體	完善	很高	監管手段完善,監管環境寬鬆
內外分離型	紐約、東京(JOM)、新加坡(ACU)	發達經濟體	完善	很高	監管手段完善,監管環境嚴格
	泰國、馬來西亞	發展中國家	比較薄弱,處於不斷完善中	金融自由化程度較低,處於不斷完善中	監管水準相對薄弱,監管環境比較嚴格
避稅港型	加勒比海島國	經濟規模小,沒有完整的工業體系	由於不發生實際業務,因此對金融基礎設施要求很低		對監管要求不高,監管環境寬鬆

　　a.金融基礎設施是指處理金融機構之間交易的支付、結算系統以及這些系統之間的聯網。發展安全及有效率的金融基礎設施建設對像倫敦、香港這樣的國際金融中心來說尤其重要。
　　b.香港金融市場上沒有離岸帳戶和在岸帳戶的嚴格區別,不考慮是本地區居民還是非本地區居民,是本地貨幣還是外國貨幣,都可自由進行交易;對離岸業務也沒特殊的優惠,本地和外地企業利率平等。

　　應當看到,隨著人民幣國際化程度的不斷提高,離岸市場和在岸市場的差異將會進一步縮小。未來香港和上海可能形成良性的競爭與合作互動關係,各自探索適合自身的國際金融中心發展模式。香港人民幣離

1　上海的優勢可以概括為以下三個方面:首先,上海建立了門類齊全的各金融要素市場及其內部清算體系,為其構建全球人民幣清算中心奠定了堅實的市場基礎。二是人民銀行上海總部、大部分外資銀行及基金公司、國內各大銀行資金運作中心都落戶上海,為上海構建國內功能性清算次中心和人民幣國際清算中心創造了基礎性機構集聚條件。三是代理行制度下的上海跨境人民幣結算業務的先行先試及其進一步發展,可能逐步形成具有影響力的慣性發展格局。

岸市場發展，需要上海在岸市場為人民幣回流提供暢通管道。如果上海在岸市場建設滯後，深度、廣度不足，對境外人民幣回流投資可能會造成一定衝擊。一旦人民幣回流受限，在香港人民幣市場規模還相對較小的情況下，必然會降低人民幣對境外主體的吸引力，影響香港人民幣離岸市場的發展。打造上海成為全球人民幣定價中心是人民幣國際化的自然產物。未來上海可以利用在岸金融中心的資源和體制優勢，為香港物色合作夥伴，提供多樣化的人民幣金融產品及投資方向，香港則利用離岸金融中心的資金、管理和人才優勢，為內地提供發展平臺。事實上，新加坡、倫敦等國際金融中心近年來也都對發展人民幣離岸金融中心表現出濃厚興趣。這一方面是對中國經濟成長和人民幣未來國際地位的充分肯定，另一方面也為人民幣國際化道路增添了新的變數。但無論如何，香港和上海都應當留下自己的歷史印記。

専欄3—2

CNH與CNY背離

自2011年6月27日起，香港金融管理局開始對外公佈美元兌人民幣即期匯率定盤價（CNHFIX）。該價格成為香港離岸市場的美元兌人民幣即期匯率。

圖3—8為香港市場CNHFIX與中國外匯交易中心美元兌人民幣即期匯率的對比分析圖。從圖中可以看出，離岸和在岸人民幣在整體上都呈現逐漸升值的趨勢。2011年9月，因美元轉強及市場憂慮中國經濟硬著陸，觸發了CNH大幅貶值，無論是人民幣即期匯率還是NDF遠期匯率都開始下滑，CNH與CNY出現倒掛情況，即CNH比CNY便宜。例如，2011年9月26日，中國外匯交易中心公佈人民幣匯率中間價（CNY）為

6.373 5，而香港人民幣即期匯率定盤價（CNHFIX）為6.495 5，CNH與CNY匯率倒掛，二者相差1 220點。香港離岸市場與內地人民幣市場之間人民幣匯率存在如此大的價差，必然引發大規模的套利活動。

圖3—8 CNH與CNY走勢圖

資料來源：中國人民銀行、香港金融管理局。

境內金融機構與其海外分行合作，推出跨境結售匯業務，為企業的離岸市場套利提供了實現的管道。在CNH低於CNY時，通過跨境結售匯，出口商選擇美元結算，通過國內銀行的香港分行將出口得到的美元收入在離岸市場出售，可獲得比直接用人民幣結算更多的人民幣收入，套利使得用美元結算的出口商能夠得到更高的收益。而進口商也樂意選擇美元結算，因為進口商委託銀行在離岸市場購買更便宜的美元，可以比直接用人民幣結算花費更少的資金，跨境套利使得進口商可以節約一定的進口成本。

2011年12月，歐美一些銀行或企業需要將更多資金調回母國減輕其負債總額，以表現出更好的資產負債狀況，促使美元對人民幣持續升

值，中國外匯交易中心人民幣即期匯率一連12天觸及交易下限。香港離岸人民幣市場又出現幾十點的匯率倒掛，並加劇了套利活動。正是這些套利活動使得我國跨境貿易人民幣結算的增長勢頭明顯放緩，進口人民幣結算的占比出現大幅下降。

離岸市場與在岸市場的匯率形成機制不同，市場參與主體及其交易動機存在明顯差異，所以兩個市場的價格發生背離是很自然的事情。但是由於涉及人民幣在全球市場的定價權問題，所以這種背離現象以及兩個價格之間是否存在因果聯繫，就成為值得特別關注與思考的問題。

3.5 與小幣種外匯交易不斷發展

3.5.1 櫃檯掛牌交易的小幣種不斷增多

隨著中國經濟的迅速增長，中國與周邊國家的經濟聯繫日益頻繁。2011年中國與小幣種國家邊境貿易進出口額達到進出口總值的近7%（見圖3—9）。

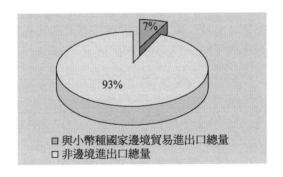

圖3—9　與小幣種國家邊境貿易進出口總值占比

資料來源：中經網統計資料庫。

另外，跨境人民幣結算政策推進的影響之一，是使人民幣與周邊國家小幣種之間的兌換需求急劇上升，多地零售市場出現了小幣種掛牌交易。但是除了

中國銀行、中國工商銀行、中國農業銀行、中國建設銀行等大型國有商業銀行
掛牌幣種較多外，其他銀行的掛牌幣種有限（見表3—7）。

表3—7 五大銀行外匯零售市場小幣種掛牌交易情況（截至2011年12月31日）

幣種	中國銀行	中國工商銀行	中國農業銀行	中國建設銀行	招商銀行
瑞士法郎（CHF）	✓	✓	✓	✓	✓
丹麥克朗（DKK）	✓	✓	✓	✓	✗
挪威克朗（NOK）	✓	✓	✓	✓	✗
瑞典克朗（SEK）	✓	✓	✓	✓	✗
澳門元（MOP）	✓	✓	✓	✗	✗
紐西蘭元（NZD）	✓	✓	✗	✗	✗
韓元（KRW）	✓	✗	✗	✓	✗
菲律賓比索（PHP）	✓	✗	✗	✗	✗
泰銖（THB）	✓	✗	✗	✗	✗

資料來源：中國銀行、中國工商銀行、中國農業銀行、中國建設銀行、招商銀行。

　　2011年在零售外匯交易市場上，人民幣陸續實現了對韓元、泰銖、越南
盾、寮國基普、哈薩克堅戈等多種貨幣的櫃檯掛牌交易（見表3—8）。

表3—8 2011年零售市場小幣種掛牌交易大事記

序號	省份	幣種	事件描述	在當地掛牌交易的背景
1	雲南	寮國基普	2011年6月9日,雲南省富滇銀行正式啟動中老本幣跨境結算,並對寮國基普兌人民幣匯率進行掛牌。	雲南省位於我國西南邊陲,具有發展邊境貿易的良好區位優勢,邊境貿易的發展產生了人民幣匯兌的市場需求,周邊國家和地區政府一般對人民幣在邊境區域內使用持默許態度。
		泰銖	2011年12月19日,人民幣對泰銖銀行間區域交易在雲南省正式啟動。同時,在零售市場上實現人民幣對泰銖的直接掛牌。	
2	廣西	越南盾	2011年6月28日,中國工商銀行中國—東盟人民幣跨境清算(結算)中心(南寧)在廣西掛牌成立,人民幣對越南盾櫃檯掛牌交易正式啟動;2011年12月29日,廣西北部灣銀行中國—東盟跨境貨幣業務中心成立,人民幣對越南盾匯率櫃檯掛牌交易正式啟動。廣西的越南盾掛牌交易業務以一日多價的形式提供人民幣對越南盾的即時直接匯價。	在此之前,中國與越南之間貨幣匯率沒有正式的直接掛牌報價機制,依賴民間交易市場報價,但是該市場所報價格波動幅度較大。近年來,由於兩國經貿往來日益密切,對人民幣兌越南盾直接報價的需求也迅速升溫。
3	新疆	哈薩克堅戈	2011年6月28日,中國銀行新疆區分行正式推出人民幣對哈薩克堅戈直接匯率下的堅戈現匯業務。實行一日多價的形式提供人民幣對堅戈的直接匯價。	哈薩克是新疆第一大貿易合作夥伴,在全國對哈貿易額中,新疆對哈貿易占到七成以上。

續前表

序號	省份	幣種	事件描述	在當地掛牌交易的背景
4	山東	韓元	2011年7月5日，青島成為首個韓元掛牌交易試點城市，在區域內實現人民幣對韓元匯率掛牌和人民幣對韓元的直接兌換。每日由具備韓元櫃檯掛牌交易資格的銀行機構向人民銀行青島市中心支行報送人民幣對韓元匯率中間價，人民銀行據以計算出當日人民幣對韓元掛牌中間價，並於上午10：00前予以公佈，供查詢參考。	青島市對韓貿易和投資較為發達，韓國也是青島市第一大外資來源國。中韓貿易和投資的快速發展客觀上需要兩國貨幣能夠直接兌換。

資料來源：作者整理。

3.5.2 對小幣種銀行間區域市場開始試點

2011年12月19日，人民幣對泰銖銀行間區域交易在雲南省正式啟動。[1]該市場屬於地方性銀行間外匯市場，採用即期交易模式：每天上午開盤前15分鐘進行銀行詢價，將詢價平均後得出一個當天人民幣兌換泰銖的匯率參考價向市場公佈；匯率波動幅度為參考價上下10%。參與交易的物件必須同時滿足以下兩個條件：第一，是在全國銀行間外匯市場上符合相應條件的境內銀行；第二，需經中國人民銀行昆明中心支行批准備案，並獲得銀行間市場區域交易參與行和（或）報價行資格。

在雲南省建立區域交易試點，是為了在毗鄰東南亞的邊貿口岸率先培育市場。隨著兌換需求的不斷增大，人民幣對泰銖的匯率報價將會更加活躍，這將為人民幣對泰銖交易向全國推廣奠定基礎。

1　在此之前，人民幣與小幣種的外匯交易多在中國人民銀行規定限額之內授權指定銀行機構完成。例如，授權內蒙古的商業銀行在規定限額內與蒙古商業銀行辦理圖格裡克兌換人民幣的業務；授權廣西的商業銀行在規定限額內與越南商業銀行辦理越南盾兌換人民幣的業務。

3.5.3 影響分析

1.主要影響。

短期內，對微觀經濟主體而言，人民幣與小幣種外匯交易減少了通過協力廠商貨幣的中間兌換環節，提高了效率。同時也降低了由於協力廠商貨幣匯率波動給雙邊貿易帶來的匯率風險，有利於加強雙邊貿易和投資往來。

長期內，與小幣種外匯交易有助於逐步實現人民幣對周邊國家貨幣直接形成匯率報價，不必再根據基礎匯率和外匯市場行情進行套算，是完善人民幣匯率形成的重要一步。其次，可以便利企業在對外經貿活動中使用人民幣結算，有利於擴大人民幣的使用範圍和影響範圍，加快人民幣國際化進程。

2.前景展望。

人民幣與小幣種外匯交易的發展現狀表明，在人民幣國際化進程中，可以首先鼓勵更多商業銀行與東盟、南亞等周邊國家的銀行機構建立起匯率掛牌交易和跨境結算業務，同時實現與非洲南部等貿易往來密切國家和地區使用的小幣種直接兌換。具體地，包括開展人民幣兌換柬埔寨瑞爾、印尼盧比等小幣種以及人民幣兌換南非蘭特等小幣種的掛牌交易。

隨著中國邊境地區經濟的逐步開放和人民幣結算工作的推進，與小幣種國家間雙邊本幣結算在外貿中占比越來越大，貨幣兌換需求會不斷增加。人民幣與小幣種的外匯交易可遵循如圖3—10所示的發展路徑。

圖3—10 人民幣與小幣種交易發展模式

最初，各銀行根據客戶的兌換需求決定交易方式。若需求較大則進行櫃檯掛牌交易，而交易採用的匯率由人民幣對美元的基礎匯率與當時的市場行情套算得到，銀行通過境外代理行清算或參與離岸外匯市場交易來軋平頭寸。

隨後，根據銀行間兌換需求和流動性供需狀況，把銀行客戶範圍擴大到有兌換需求的企業和銀行機構；在此基礎上，建立銀行間區域市場以便利銀行軋平頭寸，規避匯率風險。

在此基礎上，若對小幣種的需求呈現全國範圍內的擴大趨勢，則考慮進入全國銀行間外匯市場——中國外匯交易中心[1]實現銀行間頭寸調撥的大額批發業務，使得銀行軋平頭寸更為便利。

中國外匯交易中心現有職能是報出人民幣對美元的匯率中間價，形成基準匯率。在此基礎上，根據基準匯率和國際外匯市場行情套算出人民幣對其他主要貨幣的即期匯率中間價。除了即期外匯交易之外，中國外匯交易中心陸續推出了外匯遠期（2005.8.15）、外匯掉期（2006.4.24）、人民幣外匯期權（2011.4.1）等人民幣外匯衍生產品。這些交易工具都為銀行軋平頭寸、降低匯率風險提供了很大的便利。

但是，值得注意的是，儘管全國銀行間外匯市場優勢顯著，櫃檯掛牌交易和銀行間區域市場在發展過程當中並不一定要消失，有其存在的必要性，可以作為全國銀行間外匯市場的有力補充。這將有利於進一步完善零售和批發市場，完善匯率形成機制。與此同時，並非所有小幣種都在全國範圍內有大量的需求，因此並不是全部小幣種都要遵循上述發展路徑而最終走進全國銀行間外匯市場。

1　中國外匯交易中心於1994年4月18日成立，是全國統一的銀行間外匯市場。

第四章

人民幣國際化年度熱點問題

4.1　人民幣國際化是否需要持續的人民幣升值預期

自2010年以來，人民幣出現了較大幅度的升值，與此同時，人民幣國際化指數也急速上升。國內外一些學者於是認為，持續的升值預期是人民幣國際化的必要條件，進而對人民幣匯率穩定政策持批評態度。在推動人民幣國際化過程中，人民幣一定要單向、持續地升值嗎？換言之，離開人民幣升值的市場預期，人民幣國際化是否就會停滯或者倒退？在回答這個問題之前，需要對人民幣國際化、美元貶值和人民幣持續的升值壓力進行全面評估，需要綜合分析其利弊關係。中央銀行需要權衡好人民幣升值、人民幣國際化與金融安全之間的關係。

4.1.1　人民幣升值壓力是多種因素疊加的結果

1.短期資本流入和升值預期。

中國加入WTO以來，中國的外匯儲備額一次次被刷新。2009年外匯儲備增速進一步加快，截至2009年9月底，中國外匯儲備增至2.27萬億美元，其中第三季度外匯儲備環比增加超過了1 400億美元，而同期外貿順差不足410億美元。外匯儲備的明顯增加與長期資本和貿易的流入相關性減弱，主要是短期資

本持續流入的結果。這些國際「熱錢」的流入對人民幣升值起到了推波助瀾的作用，其主要原因是在全球金融危機爆發後，中國經濟從2009年第二季度開始率先強勁反彈，而世界其他主要經濟體宏觀經濟指標的改善速度則表現得相對遲鈍，形成了巨大反差。市場對於中國經濟運行將處在相對高增長和低通脹的展望大幅度增長，從而導致套利資本大規模流入，人民幣升值壓力不可避免。人民幣資本項目下的逐漸開放，有可能在中短期內促使人民幣進一步升值。不穩定的幣值無疑會對中國的實體經濟和金融市場造成一定衝擊。當然，持續的短期資本流入也並非一件壞事，如果對短期資本利用得當，則源源不斷的資本流入會使中國資本市場流動性更加寬裕，在一定程度上助推投資、消費熱點。只要監管到位，「熱錢」的流入反而將會對中國資本市場的發展起到強大的推動作用。

2.美元匯率長期走低。

美國政府推行的低利率、量化寬鬆政策，使得美元持續疲軟，這是人民幣長期面臨升值壓力的直接原因。自中國2005年7月推動匯率改革以來，人民幣對美元匯率升值已接近30%。美元貶值直接導致人民幣升值壓力增大。這雖然從一個側面表明人民幣的國際信譽在不斷提升，有利於推動人民幣國際化進程，但是一旦美元幣值重歸升值通道，則人民幣很可能出現較大的雙向波動，匯率風險不可預測。

3.人民幣國際化需求。

中國已成為世界第二大經濟體，經濟層面的國際地位上升會使人民幣的國際信譽大幅度改善，加之目前中國政府財政狀況良好、負債率低和龐大的外匯儲備，人民幣基於如此雄厚的基礎，具備巨大的升值空間。人民幣國際化是中國金融戰略在中短期內的最優選擇。人民幣國際化不僅是中國經濟開放的現實需要，也是國際貨幣體系改革的根本需要。中國要在國際貨幣體系改革中發揮更多的作用，不受西方發達國家不公正的牽制，則適時適度地加快人民幣國際化進程是必要條件，進而最終擇機實現人民幣資本項下完全的可自由兌換。同時，在國際貨幣體系改革的過程中，以中國為代表的新興經濟體國家不僅需要

增加發言權，而且需要最終打破現有國際貨幣體系，減輕各國外匯儲備資產對美元的依賴性，調整儲備資產結構。中國推出跨境貿易人民幣計價結算，無疑增加了國外對人民幣的需求，並在一定程度上加強了人民幣升值預期。

4.1.2 人民幣持續升值對人民幣國際化的危害

隨著中國外匯儲備的增長和中美貿易順差的擴大，人民幣始終沒有擺脫來自外部的升值壓力。美國頻頻在人民幣匯率問題上向中國施壓，在中美貿易爭端和貿易談判中，人民幣匯率一直是雙方爭論的熱點問題。特別是進入2011年，美國大選拉開序幕，共和黨和民主黨不約而同地再次就人民幣匯率問題大做文章，開始了新一輪對人民幣升值施加壓力的攻勢。

人民幣升值對於人民幣國際化而言是一把雙刃劍。一方面，人民幣不斷升值擴大了國際社會使用人民幣作為交易貨幣的結算需求和儲備需求，使得人民幣越來越成為一定範圍內的「搶手貨幣」，甚至被部分國家和地區視為中央銀行的儲備貨幣和主要貿易結算貨幣。另一方面，人民幣能否最終成為國際性儲備貨幣和雙邊貿易的計價結算貨幣，關鍵依賴於其穩定的幣值和合理的波動性水準，從而使得使用人民幣的各國用於國際收支結算和防範金融風險的能力進一步提高。如果人民幣在長期升值預期的推動下達到合理價位或心理極限，造成人民幣升值預期突然結束，必然出現嚴重的人民幣匯率波動，可能的結果是他國持有的人民幣儲備價值得不到保證，而且在國際收支結算中的損失亦難以估量，那麼他國金融安全就會相應降低。各國基於上述經濟利益考量之後，人民幣升值誘發的需求則不再具備優勢，一旦這些國家集中拋售人民幣，肯定會帶給中國製造難以估量的風險。

在單邊人民幣升值預期的背景下，境外居民與企業願意持有人民幣資產而非負債，人民幣國際化不僅不會導致外匯儲備積累速度的下降，反而在短期內可能導致外匯儲備積累速度的上升，加重中國過多持有外匯儲備的問題，難以擺脫美元陷阱。

4.1.3 人民幣幣值應在均衡水準保持長期穩定

中國繁榮的實體經濟和高額的外匯儲備，決定了持有人民幣的安全性，人民幣如果作為儲備貨幣，不僅風險相對小於美元，而且還有一定的升值空間，所以從安全性考慮和保值出發，許多國家和地區支援人民幣成為國際儲備貨幣的願意越來越強烈。此外，隨著中國對外經貿地位的不斷提高和區域合作的加強，中國在一些國家和地區主動推進人民幣作為貿易結算和投資貨幣，將進一步擴大人民幣在這些國家和地區的廣泛流通。而且，中國不斷開拓海外投資市場，亦為人民幣的境外流通打下了良好基礎，從而為人民幣國際化創造了有利的條件。

從長期來看，人民幣幣值在平緩上升的均衡價格通道內維持正常波動，且非理性的人民幣升值預期消失才是最為理想的狀況，這有利於貿易便利和投資便利的實現，也有利於人民幣信譽和需求水準的實質性提高。事實上，由於完全彈性下的均衡匯率水準才是外匯市場上貨幣供求的內在反映，因此，從價格發現的角度講，具有真實貨幣價值的人民幣才能滿足非居民的交易和投資需求。也正是基於此，人民幣匯率形成機制改革的成功與否將直接關係到人民幣國際化的成敗。

減少行政干預等市場擾動因素，增加匯率彈性是實現人民幣匯率長期穩定的關鍵。在2005年匯率改革以來，我國匯率彈性逐漸增大，伴隨著2010年6月新一輪的匯率形成機制改革，人民幣的匯率彈性進一步增加。從人民幣在岸遠期匯率和離岸遠期匯率的關係上，我們不難看出，在人民幣匯率形成機制中，行政干預等非市場擾動因素正在逐漸消除。進入2009年特別是在2010年5月之後，人民幣在岸遠期匯率和離岸遠期匯率的變化趨勢逐漸趨於一致，呈現出協同變動的趨勢。由於離岸市場的市場化程度相對較高，因此，離岸匯率和在岸匯率的趨同在有效減少貨幣投機衝擊的同時，也在一定程度上反映了在岸市場非市場擾動因素的逐漸弱化。市場扭曲因素的減少在促進人民幣匯率向均衡水準進行調整的同時，也為人民幣國際化奠定了市場基礎。香港人民幣美元即期

匯率定盤價的推出，成為人民幣匯率形成機制進一步完善的重要標誌。

　　從總體上看，人民幣面臨升值壓力將是未來一段時間內的發展趨勢，但這並不一定是壞事。市場化的人民幣幣值隨供求波動最終會趨於均衡價位，而這個均衡價位很有可能高於現階段的人民幣幣值。人民幣幣值向該市場均衡價格靠攏或收斂，可緩衝資本流動的衝擊，促進跨境貿易和投資，緩解通脹預期。人民幣最終成為強勢貨幣，必然導致市場對人民幣國際化的願望強烈上升，使得人民幣成為國際儲備貨幣的可能性增大。一旦人民幣國際化達到了一定程度，或成為國際儲備貨幣，國際貨幣格局將發生重大變化。長期內實現幣值穩定，達到均衡水準是人民幣國際化的一個重要階段性目標。

4.2　人民幣國際化是否要以開放資本帳戶為前提條件

4.2.1　資本帳戶開放是漸進的過程

　　資本帳戶開放過程，是一個逐漸放鬆資本管制，允許居民與非居民持有跨境資產及從事跨境資產交易，實現貨幣自由兌換的過程。國際上，資本帳戶開放的標準本身也在不斷地放寬。由於國際貨幣基金組織在這方面的研究最早、最深入，其界定的資本帳戶開放標準基本得到各國的認可，可以用其標準來評價中國的資本帳戶開放情況。

　　在1996年之前，按照國際貨幣基金組織《匯兌安排與匯率限制年報》的定義標準，只要沒有「對資本交易施加支付約束」，就表示該國基本實現了資本帳戶開放。1997年亞洲金融危機爆發後，國際貨幣基金組織將原先對成員國資本帳戶開放的單項認定，細分為11項（即業界常說的7類11項40子項）。如果一國開放信貸市場交易，而且資本帳戶開放專案達到6項以上，則被認定為基本實現資本帳戶開放。2008年國際金融危機爆發後，IMF進一步放寬了資本帳戶開放的標準。可見，國際社會認同的資本帳戶開放，並不是完全放任各類跨境資本的自由兌換與流動，而是一種有管理的資本兌換與流動。

資本流動具有迅速、巨額、衝擊力強、不易管理等特徵，因此世界上絕大多數國家的資本帳戶開放都是一個漸進過程。例如，德國早在1958年即開始放鬆對資本流出的限制，但對資本流入的限制直到1981年才完全取消。英國、日本等發達國家大多在20世紀70年代初開始資本帳戶改革，幾乎遲至80年代甚至90年代才完全開放。1978年中國推行改革開放的宏觀經濟政策，開始打破封閉，融入國際經濟。1993年，儘管中國面臨通脹高企、金融秩序不穩、外匯儲備不足等不利因素，中國政府仍堅定實施外匯體制改革，從1994年起實行以市場供求為基礎的、單一的、有管理的人民幣匯率制度，取消貿易用匯限制，推行進出口貿易結售匯制度。1996年中國宣佈接受IMF第八款義務，實現經常帳戶可兌換，歷經了17年。經常帳戶可兌換清除了自由貿易的一大障礙，大大促進了中國經濟的穩定和發展。對於資本帳戶開放，中國一直比較審慎。中國政府大力鼓勵來華直接投資，在相當長一段時間內對此幾乎沒有任何限制。但是在2003年中國企業「走出去」戰略實施之前，企業的對外直接投資有一定的限制，需要得到政府批准。債務和證券專案下的交易通常受到嚴格的管制。正如我們在本報告第2章中所述，中國的資本帳戶開放程度不足60%，管制程度還比較高。

然而，資本帳戶開放的審慎操作，並不意味著持續等待或無所作為。中國已經是世界第二大經濟體和第二大貿易國，經濟發展客觀上要求中國運用資本市場來配置國內外兩種資源，以鞏固改革三十多年來之不易的貿易地位和經濟優勢。若要等待利率市場化、匯率自由化或者人民幣國際化等條件完全成熟，資本帳戶開放可能永遠也找不到合適的時機。過分強調前提條件，容易使漸進模式異化為消極、靜止的模式，從而延誤中國經濟轉型和金融危機賦予的難得的發展機遇。所以人民幣國際化與其「資本帳戶開放的前提條件」並不是簡單的先後關係，在很大程度上二者是可以互相促進的。

4.2.2 人民幣國際化與資本帳戶開放相輔相成

基於以上對於資本帳目可自由兌換的界定，短期內的人民幣國際化與最終

實現資本帳戶開放並不衝突，二者是相輔相成、共同發展的過程。所以，人民幣國際化的穩步邁進並不要求資本帳戶開放一步到位。

1. 保持資本項目管制的必要性。

儘管長期看，人民幣國際化的最終目標必然要求中國資本帳戶完全開放，實現資本項下的可自由兌換，需要合理統籌協調國內金融市場發展與資本帳戶開放的關係，實現人民幣國際化進程中貿易收益向金融收益的逐漸轉換，然而，在現階段以及可預見的未來，保持一定程度的資本項目外匯管制仍然是十分重要的。2008年全球金融危機對於中國的衝擊相對較小，這與我國實行資本項目外匯管制有密切的關係。鑒於歐洲主權債務危機還在蔓延，國際經濟環境存在很大的不確定性，因此在可預見的未來，保持經常項目和資本項目外匯管制的分割還是十分必要的，資本項目特別是短期資本流動還要維持相當嚴格的管制。人民幣充當國際貨幣的使用範圍應主要集中在經常項目下，至少在早期階段應該如此。

中國人民銀行的研究認為，推進離岸人民幣市場發展意味著中國必須加快開放資本帳戶，而這會使得中國面臨更大規模的「熱錢」的衝擊。如果香港離岸人民幣市場發展得足夠大，離岸人民幣市場上所形成的價格（包括利率與匯率）就會對在岸人民幣利率與匯率形成衝擊，大規模的套利活動可能會削弱中國政府貨幣政策的效力。

2. 貨幣國際化中本幣的流動。

貨幣國際化必然伴隨著本國貨幣的流出和回流。流出的管道主要在於經常項目逆差和資本專案逆差，回流的目的則是商品交易需求和資本投資需求。從美國的歷史經驗看，20世紀80 年代之前，美元不但是國際貨幣體系中的中心貨幣，其國內生產還擔負著為世界其他國家提供商品的職能，因此美元輸出管道是資本項目逆差，即主要通過對外援助和對外貸款的方式向其他國家提供美元。而在20世紀80年代之後，伴隨著國際資本流動程度的提高，美元的輸出管道發生了巨大的變化，轉變為經常專案逆差方式，國外居民對美元的需要則主要體現在對美元資產的持有上。

美元輸出方式的差異既是世界經濟環境以及美國國內經濟結構不斷調整的外在反映，也在一定程度上決定了美國的利益實現水準和方式。通常，在貨幣國際化過程中，採用資本專案逆差方式輸出貨幣，貨幣發行國主要是強調出口擴張下的貿易收益；而採用經常專案逆差方式輸出貨幣，貨幣發行國除了獲得單純的貿易利益之外，伴隨著國際資本的跨國流動，貨幣發行國的利益實現還會繼續向金融領域進行滲透和延伸。能否實現貿易利益向金融利益的轉換，貨幣發行國的金融市場的發育程度至關重要。

　　在人民幣國際化的進程中，由於現階段的金融市場無論從規模還是從效率上都與美國相去甚遠，在國內金融市場不發達的背景下，短期內人民幣國際化的利益基礎仍然在於出口貿易的擴張，資本帳戶專案的開放進程仍需謹慎。換言之，在國內金融發展水準滯後的情況下，我國應通過對資本交易的有限管制，減少資本流動的負面衝擊，最大限度地降低金融領域的收益損失。與此同時，依賴製造業發展的比較優勢，推動其他國家對人民幣的商品交易需求。

　　3. 人民幣國際化與資本帳戶開放平行作業。

　　從長期來看，人民幣價值儲備和國際借貸功能的實現仍然離不開人民幣的可自由兌換。在資本流動的背景下，貿易收益向金融收益的轉換將不可避免，國內金融發展水準的進一步提高才是人民幣國際化的基石所在。

　　如果人民幣始終是一種資本項下不可自由兌換的貨幣，那麼人民幣就難以吸引國際投資，也不可能成為其他國家的外匯儲備。即使非居民在經常項下樂意使用人民幣，也會因為手中的頭寸無法處理而削弱其使用人民幣的積極性。當然，這樣的結果意味著我國也將喪失國際金融危機給人民幣國際化提供的歷史機遇。因此，人民幣國際化的最終目標必然要求人民幣實現資本項下的可自由兌換。

　　人民幣資本項目可兌換固然重要，但在經常項目可兌換、資本項目不完全兌換的前提下，人民幣結算功能可以部分實現，尤其是中國與其他國家之間的貿易結算。實際上，按照IMF的定義，資本項下共有43個科目，不僅科目之間有遞進關係，而且每一個科目也有細化操作的餘地。我國的「十二五」規劃

中提及，要在「十二五」期間逐步實現資本帳戶開放。目前已有30項左右資本帳戶是完全開放或者是局部開放，還有10項是沒有開放的，這些涉及利率、匯率等問題。在這種狀況下，資本專案全面可兌換性與人民幣國際化存在著某種程度的分離。利用這種分離，人民幣資本帳戶逐漸開放和實現人民幣國際化可以平行作業。例如，一些國家的央行和主權儲備基金已經通過QFII持有了人民幣的債券和股票。只要QFII繼續擴大規模，人民幣國際化就會深化。這就意味著，人民幣國際化的程度或人民幣非居民可兌換性不是黑白分明的兩極，而是一個從緊到鬆的「譜」。類似QFII和QDII這樣的概念可以讓人民幣國際化的程度逐漸做大。換言之，只要在操作上做到充分細化，就有可能使人民幣資本項目全面可兌換與人民幣國際化的關聯相對疏遠，從而將資本項目管制的不利影響降到最低。

總之，從終極目標看，人民幣資本帳戶開放構成人民幣國際化的前提，但是在現實推進中，這一前提不具有絕對的約束性。通過充分細化，可以使兩者平行作業，而且相輔相成，相互創造進一步深化的條件，形成互動式的滾動發展。人民幣國際化為人民幣資本項下可兌換創造條件和環境，人民幣資本項下可兌換的逐步實施又為人民幣更廣泛、更深入的國際使用創造契機。因此，可以以人民幣國際化為目標，將該「譜」重新編排來規劃人民幣資本項下可兌換的路線圖及時間表。

4.2.3 資本帳戶開放進程

優化資本帳戶各子項目的開放次序，是資本帳戶開放成功的基本條件。從以往的國際經驗看，資本帳戶開放的一般原則是，「先流入後流出、先長期後短期、先直接後間接、先機構後個人」。具體到我國，應該根據國情把握資本帳戶開放的進度。

1. 基本原則。

最近二十年來，國際金融危機頻發，資本帳戶開放無疑是一大推手，無管理的資本流動加劇了金融危機的跨境傳染性。我國未來十年將要實現經濟增

長模式的轉型，各種深層次的矛盾可能因此激化，亟須防止外部衝擊的不利影響。基於這一目的，資本帳戶開放的具體步驟應該是：先推行預期收益最大的改革，後推行最具風險的改革；先推進增量改革，後推進存量改革。必須堅持一項基本原則，即成熟一項開放一項，不能為了開放而開放，不搞運動式批量開放。

2. 短期安排（1～3年）。

放鬆有真實交易背景的直接投資管制，鼓勵企業「走出去」。直接投資本身較為穩定，受經濟波動的影響較小。實踐表明，放鬆直接投資管制的風險最小。當前中國的海外直接投資已進入戰略機遇期，具體表現在四個方面：一是過剩的產能對海外直接投資產生了巨大的要求；二是雄厚的外匯儲備為海外直接投資提供了充足的外匯資金；三是人民幣升值為海外直接投資提供了成本的優勢；四是西方金融機構和企業的收縮為中國投資騰出了空間。

3. 中期安排（3～5年）。

放鬆有真實貿易背景的商業信貸管制，助推人民幣國際化。有真實貿易背景的商業信貸與經常帳戶密切相關，穩定性較強，風險相對較小。隨著中國企業在國際貿易、投資、生產和金融活動中逐步取得主導權，商業信貸管制也應逐步放開。目前，中國進出口貿易占全球貿易量約10%，貸款占全球的四分之一以上。放寬商業信貸管制，有助於進出口貿易發展，也能為人民幣跨境結算和香港離岸市場建設拓寬人民幣回流管道。同時，適度放鬆商業信貸管制，允許居民對外借款，有利於促進國內銀行業競爭，改善企業特別是中小企業融資狀況。

4. 長期安排（5～10年）。

加強金融市場建設，先開放流入後開放流出，依次審慎開放不動產、股票及債券交易，逐步以價格型管理替代數量型管制。不動產、股票及債券交易與真實經濟需求有一定聯繫，但往往難以區分投資性需求和投機性需求。一般開放原則是，按照市場完善程度「先高後低」開放各類金融市場，以降低開放風險。當前，房地產市場價格易漲難跌，向合理價格水準回歸尚需時日。境內股

市「重融資輕投資」，價格發現機制還有待完善。債券類市場發育受到利率非市場化的不利影響，市場規模不大，且企業債券沒有形成統一規範的市場（銀行間的債券市場與交易所的債券市場相互分割），政府債券市場還有待發展。總體看，市場完善程度從高到低依次為房地產市場、股票市場和債券市場。

在開放的過程中，一是要加強金融市場建設，增強市場活力，夯實不動產、股票及債券市場開放的基礎。二是要按照「先一級市場後二級市場」、「先非居民的國內交易後居民的國外交易」的開放原則，降低開放風險。三是謹慎推進，相機決策，遇險即收，逐步以價格型管理替代數量型管制。

至此，以不影響國家間合理資本交易需求原則來衡量，中國已經基本實現資本帳戶開放。剩下的專案按照風險程度依次為個人資本交易、與資本交易無關的金融機構信貸、貨幣市場工具、集合投資類證券、擔保保證等融資便利、衍生工具等資本帳戶子項，可以擇機開放。與資本交易無關的外匯兌換交易自由化應放在最後。投機性很強的短期外債項目可以長期不開放。

4.3　為什麼要建設香港離岸人民幣市場

4.3.1　香港離岸人民幣市場產生的背景

2008年11月，時值金融危機最為嚴重的時刻，在當時舉行的G20峰會上，國家主席胡錦濤呼籲國際社會各方建立一個「公平、公正、包容和有序」的國際金融新秩序。隨後不久，中國便開始試點採用人民幣進行跨境貿易計價結算，同時籌畫同其他央行間的貨幣互換協議，並在香港允許人民幣存款和發行人民幣債券。2011年，人民幣國際化取得突破性進展。作為支付和結算貨幣，人民幣已被蒙古、巴基斯坦、泰國和越南所接受。根據國際貨幣基金組織的改革計畫，2015年人民幣很可能與其他主要貨幣一同被納入國際貨幣基金組織（IMF）的准貨幣「特別提款權」（SDRs）籃子。而中國政府也鄭重宣告，上海將在2020年之前，建設成為全球性的國際金融中心。

不可否認，美元的脆弱性導致了人民幣國際化。各國中央銀行一般都會持有一定的外匯儲備來保證其對進口商品、債務償還的支付能力，而美元是最重要的儲備貨幣。目前，美國通過貿易逆差來輸出美元，世界上越來越多的進口貨物來源於中國而非美國，使得美元源源不斷地單向流往中國，中國積累了巨額的美元外匯儲備。為了保值，中國不得不使用美元對外發放貸款。通常，占優勢地位的債權人總是傾向於使用本國貨幣來貸出資金，因此，中國使用人民幣對外貸款以替代美元不足為奇。尤其值得擔憂的是，美元正在貶值，有失於其作為儲備貨幣應有的價值。根據對美國主要的貨幣交易夥伴的調查判斷，自1973年浮動匯率制度實施以來，美元已經喪失了四分之一的價值。在過去的40年裡，以一籃子消費品為參照，美元幾乎喪失了五分之四的購買力。這樣的衰落令新興經濟體國家的中央銀行對持有的美元儲備憂心忡忡，有使用其他替代儲備貨幣的動機。

儘管美元處於弱勢，人民幣國際化獲得了契機，但是理性地看待人民幣的國際化問題是至關重要的。中短期內，試圖讓人民幣迅速取代美元的策略並不明智。人民幣的國際化進程應當放穩腳步，循序漸進，切不可急於求成。需要認清：人民幣在今後相當長的時期之內並不能取代美元成為最高級的儲備貨幣。相反，人民幣中長期的目標應當使其成為與歐元、英鎊、瑞士法郎、日圓相似的次一級的國際儲備貨幣，或者成為地區性的儲備貨幣。

人民幣國際化是一個長期戰略，現階段的人民幣國際化步驟，是政策制定者不斷推進金融改革的範圍和速度的演變過程，反映出中國政府為人民幣國際化所做的努力和對推進經濟模式轉變的決心。在這些步驟中，最重要的就是循序漸進地建立一個成熟的人民幣離岸中心。

一般地，離岸金融中心包含四種基本形式（見表4—1）。香港是當前人民幣唯一的離岸金融中心，其特點是內外一體。香港對離岸業務在法律上沒有特殊的監管檔，居民與非居民地位平等，公平參與，皆可參與本地和海外的各種金融活動，對離岸和在岸業務不作嚴格劃分。所有香港境內的金融機構吸收的各種存貸款和提供的各種金融服務都接受相同的嚴格監管標準。

表4—1　離岸金融中心的四種主要類型

類型	代表地區	交易主體	特點
內外融合型	倫敦、香港	非居民、居民、離岸金融機構	不區別設置離岸帳戶和在岸帳戶，資金相互融通，運用無限制，在統一監管體系下，提供全面金融服務，像融資投資、外匯及衍生品交易、支付清算、財富管理等。
內外分離型	美國IBFs、日本JOM	非居民、離岸金融機構	只有合格機構才能設立離岸帳戶並報監管當局備案，離岸交易帳戶與在岸交易帳戶嚴格分開，不允許離岸與在岸資金之間互相滲透。存在部分稅收優惠，主要用於吸收資金。
內外滲透型	新加坡ACU、雅加達、曼谷	非居民、居民、離岸金融機構	三種情況：OUT→IN型、IN→OUT型、IN↔OUT型。存在相對嚴格的監管體系，可以提供全面金融服務。
避稅港型	開曼、巴哈馬、百慕達	非居民、離岸金融機構	僅提供簿記業務，零或者低稅率，基本無金融管制，往往有客戶保密和允許匿名的傳統。

資料來源：曹遠征：《人民幣國際化：緣起與發展》，載《國際金融》，2011（8）。

4.3.2　走出「美元陷阱」的嘗試

　　從歷史經驗來看，推動自身貨幣國際化通常不是上升期經濟體的最優選擇。然而，全球金融危機迫使中國不得不面對美元霸權所帶來的風險。過去三十年裡，中國經濟增長高度依賴出口，為了穩定匯率，中國人民銀行不斷地購買大量的美元資產，積累了大約3萬億美元的外匯儲備。中國持有巨額美元儲備，在大大鞏固了美元的國際儲備貨幣地位的同時，卻令自己深陷「美元陷阱」。如果中國拋售貶值的美元，一方面會導致人民幣急劇升值，打擊自身的出口，另一方面，巨額外匯儲備的資產價值也會縮水得更厲害。如果中國繼續目前的經濟增長模式，只能繼續增持美元儲備，咽下美元貶值帶來的苦果。明知持有美元有損失，卻欲罷不能，這就是中國面臨的「美元陷阱」。

這次金融危機明明白白地揭示出一個道理：中國這種經濟增長模式難以為繼，「美元陷阱」的成本很可能大於收益。

第一，經濟衰退的風險。過分強調出口的經濟增長模式依賴於國外市場，根據本國宏觀經濟狀況自主調控的人民幣匯率在一定程度上雖然有利於出口，但金融危機導致的歐美國家需求銳減卻使得這個推動中國經濟發展的主要引擎難以強勁運行。在2009年的第1季度，因為歐美國家需求不足，中國經濟在保持了近10個季度10%或以上的年增長率之後，回落至6.2%。

第二，潛在的投資損失。中國的外匯儲備以美元為主，截止到雷曼兄弟破產時，中國總共持有了價值1.5萬億美元的美國金融資產，當中包括持有大約7%的美國「機構債券」，其中就有財務槓桿過高的房利美（Fannie Mae）和房地美（Freddie Mac）。「兩房」的失敗以及被美國政府接管，使得中國的投資蒙受了重大損失的風險。此外，自2008年金融危機以來，美聯儲推行弱勢美元政策來促進出口、改善貿易逆差，美元對人民幣貶值達到30%，中國持有的美元資產不得不承受嚴重的匯率風險。

其實，中國的經濟增長模式並非讓中國落入「美元陷阱」的唯一原因，現行的、不合理的國際貨幣體系也是一個重要的原因。2009年3月，中國人民銀行行長周小川在央行網站上發表《關於改革國際貨幣體系的思考》的署名文章，指出必須創造一種與主權國家脫鉤並能保持幣值長期穩定的國際儲備貨幣，發揮特別提款權（SDRs）的計價和清算作用，以代替美元，從而避免美國濫發美元對國際金融穩定性的損害。這一觀點得到國際社會特別是新興市場國家的熱烈回應。按照當初特別提款權設定時的標準，人民幣完全有資格被納入特別提款權。

美元作為主要國際儲備貨幣，美國借此擁有「貨幣特權」，一直以低成本借入資金，並且絲毫不用考慮貨幣數量的限制。早在20世紀60年代，擁有大量外匯儲備的西歐國家深受「美元災」的禍害，法國總統戴高樂就曾對此進行過尖銳的批評。今天，中國面臨類似的困境，同樣也指責美國濫用其貨幣特權，通過貨幣貶值和金融體系的動盪將危機的成本轉嫁給其他國家。美聯儲的量化

寬鬆政策以及美國國會提高美國國家債務上限的決議都加劇了這種擔憂，並使中國遭受損失。

全球金融危機促使中國政府意識到了降低對美元依賴的迫切性，並開始推動跨境貿易人民幣計價結算。人民幣國際化雖在短期內可能對出口不利，卻有利於通過市場淘汰那些低生產率和低附加值的產業，從長期來看有利於提升出口部門的國際競爭力。同時，推動人民幣成為主要國際貨幣，也有利於調整中國的外匯儲備結構，幫助中國早日走出「美元陷阱」。

實際上，對於如何擺脫「美元陷阱」，中國政府在採取行動之前需要兼顧兩個方面：一是既要保持出口的高速增長，又必須要減少美元的積累；二是既希望企業可以得到廉價的貸款，又希望刺激國內消費。而人民幣國際化恰好可以在這兩個方面達成一致，作為兩方調解的方案，並成為政府的目標。

4.3.3　人民幣離岸金融市場的風險

經濟學家伊藤隆敏（Takatoshi Ito）認為，開放壓制的金融體系最好是從國內金融改革著手，貨幣國際化應該是金融改革的最後一步，而非起點。他強調，只有當本國的銀行資本充足，監管規範，銀行市場有足夠的深度和廣度可以吸收外資而不會受到劇烈的價格衝擊的影響時，才可以允許大量的外資自由地進出本國市場。一國政府必須允許有不同投資期限、投資目標和投資觀念的投資者進入市場，通過多樣化的方式減少「羊群效應」的破壞性。只有當一國的金融體系達到這樣的程度時，對外開放市場，允許外資流動、匯率浮動和國家貨幣的離岸流通才是安全的。

國際上的貨幣國際化一般始於對國內金融系統的改革，而中國政府推動人民幣國際化的策略卻與此不同。在尚未完全開放國內金融市場和人民幣匯率的情況下，人民幣的國際化進程就開始了。自2008年以來，中國央行已與韓國、馬來西亞、印尼、白俄羅斯、阿根廷等14個國家和地區的央行及貨幣當局簽署了貨幣互換協定。2011年9月份，奈及利亞中央銀行表示，將把5%～10%的外匯儲備轉換成人民幣。此外，最具影響力的改革應該是2009年4月份，中國允

許東莞、廣州、上海、深圳和珠海這5個試點城市用人民幣在香港市場進行結算。2010年6月份，試點範圍拓展到20個省、市、自治區，並於2011年拓展到了全國。有人認為，這是人民幣國際化的一個巨大成功。但德意志銀行分析師——彼得·加伯（Peter Garber）教授指出，這樣的增長並不平衡，存在潛在的風險，會引發意想不到的嚴重後果。

1. 誘發離岸市場套利，干擾央行的貨幣政策效力。

預期人民幣升值的外國資金，勢必會竭力購買香港市場上的人民幣。其結果導致香港市場上的離岸人民幣（CNH）的實際匯率高於內地在岸人民幣（CNY）的官方匯率。匯率溢價的存在，會刺激中國的進口商使用香港離岸人民幣購買美元進行貿易結算，而不再從中國人民銀行兌換美元進行交易，同時，進口商將會不斷把人民幣從內地轉移到香港，用香港市場上的人民幣進行對外貿易。另一方面，外國機構和民眾也將持有香港的人民幣，或將其賣給對人民幣有升值預期的投資者。久而久之，香港市場的人民幣越來越多。一些市場分析師預測，香港市場的人民幣存款在2012年底將會達到年初的4倍之多，估計高達3 400億美元，巨大的離岸市場人民幣存款可能對內地的貨幣市場供求產生影響，助長投機，形成一些難以預料的經濟泡沫。

2. 增加外匯儲備擴大的壓力。

推動跨境貿易人民幣支付結算，同時適用於中國的進口商和出口商。與進口商相反，出口商更傾向於用美元進行交易，然後將海外市場獲得的美元以官方匯率賣給中國人民銀行。而對於進口商而言，在香港離岸人民幣市場開放之前，它們從中國人民銀行購買外匯，從而減少央行的外匯儲備。然而現在，進口商可以直接從香港市場上的外國投資者那裡取得外匯，國內購匯金額下降，導致人民銀行資產帳面上有更多外匯不能被消化。換言之，允許中國進口商在香港離岸市場用人民幣購買美元進行結算，減少了其向商業銀行購匯的動機。因此，目前推動人民幣國際化的措施部分地有違初衷，不僅沒有減少美元儲備，反而會使中國的美元儲備越來越多，有點事與願違。

3. 人民幣國際化還存在潛在的風險和巨大成本。

假設有一天，中國停止或減少對人民幣匯率的干預，放任外匯市場供求關係來決定匯率水準，人民幣對美元肯定會升值。一旦出現這樣的情況，中國人民銀行持有的美元越多，將來蒙受的相關損失也就越大。再者，中國人民銀行購買美元時支付了人民幣對價。為了避免通貨膨脹，由此導致的貨幣擴張效果必須通過發行央票或者提高銀行準備金率等措施加以沖銷。然而，香港離岸人民幣市場積累了大量的人民幣資金，而且有一定的回流機制和管道，例如，企業在香港發行人民幣債券，所獲得的離岸人民幣回流至內地，必然會影響到央行上述沖銷操作的效果，給央行的流動性管理帶來新的、巨大的挑戰。

對於上述潛在風險和成本，當香港人民幣離岸市場規模較小的時候，中國人民銀行還能輕鬆地承擔。而隨著人民幣國際化的不斷推進，這樣的成本會迅速地增大，由此帶來的風險和後果在缺乏國內金融體系改革的背景下，將越發難以調控。

4.3.4 危機還是機遇

儘管漸進推動人民幣國際化可能導致離岸市場匯率和國內官方匯率互相背離，帶來異常的投機和風險，但人民幣國際化的進程將不會因此而停滯，中國政府已經明確地向市場表明了推行人民幣國際化的勇氣和決心。高度自由化的香港離岸人民幣市場與尚未完全開放的內地金融市場將攜手共同發展。這雖然在一定程度上增加了政策協調的難度，但二者之間分工合作，既分離又有管道相互溝通。事實上，漸進式地推動人民幣國際化大有裨益，這樣的人民幣國際化制度安排是非常有效的。

1. 香港離岸人民幣市場是必要的試驗田，對人民幣國際化的順利推動具有重大的意義。

第一，提供了一個緩衝地帶，一旦人民幣國際化的副作用超出容忍的底線，中國選擇退出不會對國內經濟、金融造成太大的震盪。第二，建設香港離岸人民幣市場，人民幣國際化進程所需要的機構可以在這個市場得以發展。第

三，隨著越來越多的機構在香港市場發行人民幣債券，市場驅動利率變化，中國的交易商可以在這個自由市場上學會如何進行套利，同時中國的企業可以進一步了解債券資產管理。第四，在推進內地的人民幣國際化策略之前，可以在香港離岸市場的「實驗」中了解這一進程中可能出現的問題，掌握價值規律和價格信號。如果香港市場的人民幣對美元突然升值，這可以告誡當局需要對投機炒作帶來的升值壓力保持警惕。如果短期利率相較於長期利率上升的話，這也許意味著投資者對經濟前景感到悲觀。雖然目前香港和內地金融市場在自由化程度方面差別較大，但隨著資本管制的逐步放鬆，兩個資本市場具有進一步融合的趨勢。

2. 應對離岸人民幣回流帶來的巨大挑戰。

隨著人民幣國際化進程的深入，香港離岸市場的國外機構將不斷增持並累積人民幣，導致人民幣面臨更大的升值壓力。中國政府需要花費巨大的成本購入美元資產，以維持人民幣匯率穩定。而這會讓國外的投機者更加堅信，中國人民銀行必然通過加速人民幣升值來遏制人民幣需求，並形成人民幣升值預期，其結果將導致對CNH購買量的進一步增加，從而陷入惡性循環。同時人民幣資本從香港市場回流至內地，也會加劇內地的通貨膨脹。經濟學家羅伯特·邁克對20世紀70年代美國的研究表明，面對美元離岸市場的不斷發展，美國試圖維護美元與黃金的官價，堅持資本管控，就曾遭受過這樣的命運，最終是美元不斷貶值，美元回流帶來高通貨膨脹，與石油危機的衝擊一起，使得整個經濟陷入滯脹。然而，如果人民幣國際化能夠順利地按照貿易結算貨幣→投資載體貨幣→國際儲備貨幣的進程發展，上述的挑戰都可以迎刃而解。通過拓寬人民幣的海外用途，增加人民幣標的資產的種類和供給，在海外保持一個相當規模的離岸人民幣「池子」，可以有效地解決上述矛盾，調和自由的離岸金融市場和管制的在岸金融市場之間的緊張關係。

總之，即便目前漸進式人民幣國際化取得了突破性重大進展，我們也必須對人民幣國際化保持頭腦冷靜，那種認為「人民幣在短期內可以取代美元」的說法顯然是過於盲目樂觀的。美元具有英鎊從未有過的優勢地位，以美元為核

心、遍佈全球、發達的資本市場為美元充當主導的國際貨幣奠定了無與倫比的微觀基礎。我們要對人民幣國際化的長期性有一個充分的認識。作為我國金融體系全面改革的終極目標之一，人民幣通過國際化將成為新的國際貨幣體系當中的一種儲備貨幣，而這不可能一蹴而就。現階段，大力推動人民幣貿易結算的範圍並不斷地在政策上進行鼓勵；對資本管制體系不斷地進行局部的放鬆和試點，增加金融開放程度；加快國內多層次金融市場的建設和制度完善，這些都對最終實現這一目標起著關鍵的作用。

第五章

人民幣國際化的歷史機遇

5.1　中國經濟總量和外貿規模持續增長奠定良好經濟基礎

中國經濟的高速增長和持續發展加速了中國經濟的國際化進程和國際影響力，為人民幣走出國門奠定了良好的經濟基礎，是實現人民幣國際化最為重要和根本的歷史機遇。

5.1.1　經濟實力是一國貨幣國際化的首要前提

現代貨幣是信用貨幣。信用貨幣在一國國內以及國際範圍內的流通、使用完全取決於人們對該貨幣的信心，也就是對該種貨幣償付能力的信心。而貨幣發行國的經濟實力就成為信用貨幣持有者最強大的信心保證。

歷史上，英鎊、美元、德國馬克、日圓乃至歐元等能夠成為主要國際貨幣，在背後都有其整體經濟實力作為支撐。這一特徵在美元國際化進程中表現得最為突出。美國的國民生產總值在1872年超過了英國；到第二次世界大戰結束後其GDP規模已經達到了全球的60%。伴隨著美國經濟的持續強勁，美元成為全球市場上最重要的貿易計價貨幣、投資交易貨幣，同時也是世界各國官方儲備資產的主要構成幣種。

進入新世紀以來，美國經濟實力有所削弱，但在全球所占比重至今仍然遙遙領先於其他國家和地區（見表5—1）。另根據IMF官方統計，2011年全球儲備資產中，美元所占比重超過60%，歐元占比為25%，英鎊和日圓占比分別為4%和3%。由此可見，儘管一國貨幣在國際範圍內的實際使用程度總要受到各種各樣因素的影響，但都離不開經濟實力這樣一個根本性的前提。

迄今為止，人民幣還沒有在國際金融市場上實現自由流通，甚至在貿易、投資、儲備等跨國經濟往來活動中作為國際貨幣使用的機會也很有限。然而2010年中國實際GDP在全球經濟中所占比重已經達到9.27%（見表5—1），位列世界第二大經濟體。也就是說，中國經濟目前在總量上與日本大體相當，這構成了人民幣國際化必不可少的前提條件。

表5—1　中國與美國、歐元區、日本和英國的實際GDP占世界份額比較（%）

	1990年	2000年	2005年	2006年	2007年	2008年	2009年	2010年
中國	1.64	3.75	4.94	5.43	6.16	7.14	8.00	9.27
美國	26.39	30.51	27.36	26.83	25.05	23.44	22.06	23.60
歐元區（16國）	26.07	19.52	22.40	21.89	22.37	22.39	19.40	21.30
英國	4.57	4.53	4.97	4.91	5.05	4.37	3.40	3.64
日本	13.84	14.58	10.06	8.94	7.99	8.10	7.85	8.70

資料來源：世界銀行世界發展指數資料庫。

5.1.2　貨幣國際化是國際貿易發展的客觀要求

在全球化的世界經濟格局下，貿易規模是衡量一個經濟體對外開放程度的指標，同時也反映出該國在國際經濟貿易體系中的地位。對外開放程度越小的經濟體，越是傾向於自給自足，該國貨幣完成國際化的必要性和可能性也越低。相反，對外貿易規模越大，說明一國參與國際經濟活動的程度越高——用該國貨幣進行結算，則能更大程度地節約交易成本，繁榮國際貿易。

本質上，貨幣國際化其實就是本國貨幣的對外供給，是與國際貿易相對

應的貨幣轉移過程。從這個角度看，對外貿易不斷發展必然會提出本國貨幣國際化的要求。例如，英鎊國際化的時候，英國國際貿易約占世界貿易總額的25%。美元、德國馬克、日圓國際化之初，各國貿易占世界貿易總額的比例也分別達到15%、10%和10%。

值得注意的是，國際貿易對於一國貨幣國際化的意義甚至遠遠超過經濟實力的影響。例如：美國國民生產總值在1872年就超過了英國，但是1915年其貿易規模才升至世界第一位——而美元國際化進程也直到這時才真正奠定了基礎。此後，美國在接近一個世紀的漫長時間裡一直保持了世界最大貿易國的顯赫地位（見圖5—1），同時也成就了美元自布列敦森林體系以來在全球經濟金融領域的國際貨幣霸權。

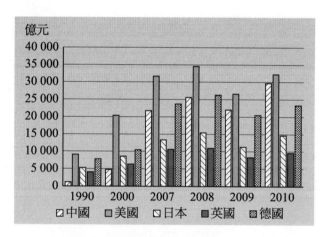

圖5—1　主要國家貿易規模比較

資料來源：《國際統計年鑒》（2011），北京，中國統計出版社，2011。

由圖5—1不難看出，自20世紀90年代以來，我國對外貿易規模表現出持續快速增長的勢頭。2009年，中國取代德國，成為僅次於美國的世界第二大貿易國。2011年，我國全年貨物出口額接近1.9萬億美元，約占全球出口總量的12%，成為世界上最大的出口國。從貿易規模看，人民幣國際化已經具備了比

較充分的客觀條件。

　　不過，除了對外貿易規模外，貿易活動中計價貨幣的選擇也直接影響到一國貨幣國際化的水準。簡言之，國際貿易以哪一種貨幣計價結算，便相應形成了對該種貨幣的需求；而與之相對應的貨幣供給，其實就是本國貨幣向國際範圍的轉移和使用。

　　目前，發達國家之間的製成品貿易，尤其是對於製造週期比較長的差異化製成品貿易，通常是以出口國貨幣計價。而發達國家與發展中國家之間的貿易，大多都使用發達國家貨幣計價結算。此外，國際市場的初級產品和石油一般採用美元計價。[1]

　　這表明，在國際貨幣競爭中，任何以挑戰者姿態加入其中的新生力量是絕無任何「後發優勢」可言的。所以，為突破貿易貨幣選擇上對現行規則的路徑依賴，不妨考慮由政府主動推進對外貿易的本幣結算，以免錯失了人民幣參與國際貨幣競爭與合作的良機。

5.2　西方發達國家因經濟不景氣而使貨幣信用受損

5.2.1　美國兩度量化寬鬆仍難擋經濟頹勢

　　2007年次貸危機不僅重創了美國投資銀行業，席捲了全球金融市場，而且沉重打擊了美國實體經濟，使之至今未能徹底擺脫衰退勢頭。為挽救經濟，美國政府開展了大規模危機救助計畫。救助物件既有金融機構也有大型實體企業，救助措施既包括財政手段也涉及金融政策。然而，經濟復甦的過程漫長而且艱難，發展前景更是晦暗不清。無論是流動性陷阱問題，還是美國國債風波，在一定程度上都成為動搖美國經濟以及美元地位的不確定性因素。

　　在國內經濟蕭條而且大規模減稅的情況下，美國只能是繼續一手由政府

1　參見劉仁伍、劉華：《人民幣國際化：風險評估與控制》，127頁，北京，社會科學文獻出版社，2009。

擴大國債規模、一手由聯儲擴大貨幣發行買入國債為政府提供資金，以透支應對總需求的萎縮。早在2008年9月，美聯儲就新發行貨幣1萬億美元，作為可供金融系統使用的準備金。到2009年3月，在大規模經濟救助開始後不久，美聯儲又宣稱要在未來6個月內購入3 000億美元美國國債，利用已儲備的準備金買入7 500億美元抵押貸款相關證券，全面開啟了第一輪量化寬鬆貨幣政策（QE1），並維持聯邦基準利率於0.25%的最低水準。

之所以強調「量化」（quantitative）的概念，是因為按照凱恩斯主義理論，美國利率已經陷入流動性陷阱，無法繼續通過降息來刺激經濟，即價格型貨幣政策工具失效。不過，按照貨幣主義的理論，數量型工具依然會發揮作用，以貨幣擴張直接刺激社會支出即總需求的增長，避免通貨緊縮，甚至製造通脹預期以圖壓低實際利率；並且維持事實上的零利率水準，降低企業貸款成本，促進消費和經濟復甦；給資金困難、信貸萎縮的金融機構注入流動性，鼓勵金融機構特別是商業銀行放貸。經過美聯儲幾個月的買入操作後，到2009年7月美聯儲資產負債規模同比增長了113.82%，基礎貨幣同比增長了98.75%。

儘管第一輪量化寬鬆過後，美國的金融業獲得了資金支援而暫時穩住了陣腳，出現好轉的跡象，但是美國實體經濟並沒有因此而完全走出危機。在2009年第4季度，美國經濟實現了5.6%的復甦增長，但2010年第1季度為3.7%，第2季度則降至了3.0%。最令人悲觀的是美國失業率資料始終居高不下（見圖5—2）。而美國的基礎貨幣規模已經在2010年初膨脹到了2.3萬億美元，貨幣擴張的短期績效並不十分明顯。

2010年11月，美國繼續實行量化寬鬆的貨幣政策，目的更加明確地指向降低失業率。美聯儲開始第二輪量化寬鬆（QE2）之後，繼續維持不高於0.25%的低聯邦基準利率政策，並持續向經濟體中注入6 000億美元流動性。但是僅僅從貨幣政策入手，美聯儲很難有能力使美國經濟得到實質性的恢復。在QE2實施後的近一年時間裡，美國經濟疲軟的勢頭有增無減（見圖5—3）。

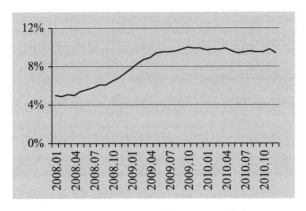

圖5—2 美國失業率（2008—2010年）

資料來源：美國勞工統計局（Bureau of Labor Statistics）。

由於美元的核心國際貨幣地位，量化寬鬆帶來的貨幣擴張導致美元大舉外流，促使美元對其他主要國際貨幣貶值。這給其他經濟體特別是發展中國家帶來了極大的不確定性。美國新的貨幣擴張計畫引起了世界其他經濟體的廣泛質疑和反對，要求改革由美元主導的國際貨幣體系的呼聲也十分強烈。

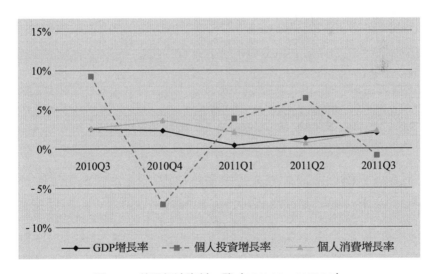

圖5—3 美國經濟資料一覽（2010Q3—2011Q3）

資料來源：Survey of Current Business（December 2011）。

美國：從次貸危機到經濟危機

1. 三大因素導致次貸危機

首先是網路經濟泡沫的破滅。美國在20世紀90年代經歷了新一輪穩健的經濟增長和迅猛的技術革新。最有代表性的是美國柯林頓政府時期的「新經濟」。資訊技術突飛猛進，政府財政赤字大為減少。美國經濟連續八年正增長，且四年增速在3%以上（見圖5—4）。但臨近21世紀，西方經濟的發展前景逐漸走向惡化。美國一直引以為傲、作為經濟新增長點的網路資訊技術產業最先出現了危機。

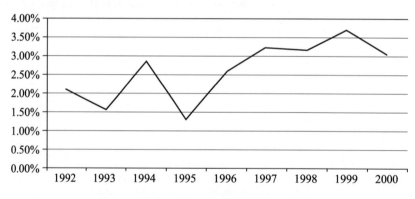

圖5—4　美國GDP增長率（1992—2000年）

資料來源：世界發展指數資料庫。

2000年3月10日，以高科技為主的NASDAQ指數（納斯達克綜合指數）攀升到5 048點，網路經濟泡沫達到頂峰。3月13日，因對高科技企業的前景看淡，出現了對高科技股的領頭羊如思科、微軟、戴爾等數十億美元的賣單，引發了拋售的連鎖反應：投資者、基金和機構紛紛開始清盤。僅僅6天時間，NASDAQ就損失將近900點。在2000年3月到2002年10月期間，網路經濟泡沫的崩潰抹去了技術公司約5萬億美元的

市值。但是網路經濟泡沫的破滅並不是一個結束。相反，它卻刺激了本已處於產出過剩狀態的美國經濟將冗餘的貨幣資本轉投向房地產市場，製造了一個比網路經濟泡沫更大的房地產泡沫。

其次是美國金融體系的自由化。進入20世紀90年代以來，美國政府為了尋求新的經濟增長支撐，逐步放棄了自羅斯福新政時期起堅持的金融分業經營、嚴格監管的原則。1999年美國通過《格蘭姆－里奇－布雷利法案》，打破了1933年《格拉斯－斯蒂格爾法案》所一貫堅持的金融業內銀行、證券分業經營的原則，為金融混業經營打開了方便之門。貝爾斯登、雷曼等華爾街投行，憑藉較高的財務槓桿和CDO（擔保債務憑證）、CDS（信用違約互換）等創新產品，將巨額資金直接投入房地產信貸二級市場，為次級債市場的泡沫膨脹提供了技術支援和便利。

第三是美聯儲低利率政策造成的流動性過剩。聯邦基準利率由2000年底的6%，連續降至了2001年底1%的水準，目的是刺激經濟。同期，西方另外兩大經濟體歐盟與日本也推出降息政策。於是，由發達經濟體開始出現了全球範圍內的流動性過剩。

流動性的過剩刺激了金融投機行業的發展，資金大量湧入了投機市場。各行業的融資成本持續降低，信貸充裕、銀根放寬，刺激了虛假需求的膨脹。在美國，房地產業作為高槓桿、高風險和高收益的產業，成為吸收過剩流動性的重要領域，房地產業一時成為拉動美國經濟繁榮的主力。

2. 次貸危機引發經濟危機

房價的不斷攀升刺激了美國人的住房投機，導致房貸資信標準較低的「次級貸款」規模迅速膨脹。到2007年初，美國房地產市場房屋價值總計約21萬億美元，其中8萬億美元是投機炒作的增值，資產泡沫占房屋總價值的38%。可是隨著房價漲速放緩，加上聯邦基準利率提高到4%的高位，眾多低收入借款人無力還貸，違約嚴重，引起了抵押貸款公司的破產。2007年3月新世紀金融公司宣佈破產，揭開了美國次貸危機的

序幕。

2008年4月，美國第五大投行貝爾斯登被摩根大通收購。9月，美國第四大投行雷曼兄弟由於虧損嚴重而申請破產保護。此外，美林證券被美國銀行收購，退出投資銀行業務；摩根士丹利宣佈轉型為「銀行控股公司」，退出投資銀行業務。華爾街所驕傲的投資銀行業務陷入深度危機，這也標誌著更為洶湧的一輪金融風暴開始。

美國次貸危機迅速演變為全球性金融海嘯，嚴重拖累了實體經濟增長。全球金融業泡沫破滅，嚴重緊縮，金融資產縮水了50萬億美元，影響了超過半數的發達國家金融市場。全球經濟增長速度由2006年的3.9%、2007年的3.7%驟降至了2008年的2.5%。2008年美國經濟名義增長率為－0.48%，美國自1991年以來首次出現了經濟的負增長，國內金融體系遭受了重創，面臨空前嚴峻的形勢（見圖5—5）。全球經濟形勢就此急轉直下。

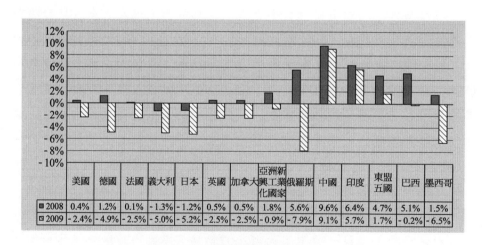

圖5—5 世界主要國家經濟增長速度（2008—2009年）

資料來源：國際貨幣基金組織：《世界經濟展望最新預測》，2010年7月。

3. 危機後美國展開緊急救助

美國面臨經濟危機的蔓延和深化，最先拿出的方案還是開動財政部和中央銀行兩大引擎，努力在短期內穩定內需。2008年10月美國國會通過了《2008經濟緊急穩定法案》，由財政部提供7 000億美元開展大規模救助計畫，救助範圍不限於金融機構，還包括眾多由於參與金融投機而虧損嚴重的大型實體或金融企業。與此同時，美聯儲的利率工具已經用到了盡頭，2007年9月次貸危機導致銀根趨緊後，美聯儲已經連續下調了基準利率，到2008年12月18日，美聯儲最後一次下調聯邦基準利率，已低至0.25%的水準，再無可降的餘地。但實體經濟仍是毫無起色，美國陷入了流動性陷阱的困境。

在這樣的背景下，美國只能再次動用財政工具。2009年2月，美國新任總統歐巴馬簽署經濟刺激計畫法案，總額達7 870億美元，成為第二次世界大戰之後美國政府最大規模的政府開支法案。這一方案計畫兩年中新創造300萬個就業機會，由四個部分組成，分別是為個人和企業減稅、投資衛生保健和替代能源、投資短期內即可上馬的基礎設施項目，及為各州和地方政府提供財政支援。在占總額65%的投資中，有1 900多億美元將用於支持失業救濟、醫療補助、食品券，以及其他社會福利項目；其餘3 100多億美元將用於建設項目，包括機場、橋樑、運河、水壩、管道、鐵路、公共交通系統等。

5.2.2 歐洲主權債務危機愈演愈烈

希臘是歐洲主權債務危機中倒下的第一塊多米諾骨牌。希臘的經濟發展水準在歐元區國家中相對較低，政府赤字占GDP比例本來遠遠達不到加入歐元區的要求，當年是高盛用衍生品交易將這部分赤字對沖掉才勉強達標。希臘的支柱產業（航運業、旅遊業等）屬於典型的外需拉動產業，在2008年全球性金融危機的衝擊下顯得異常脆弱。2009年12月，惠譽、標準普爾相繼下調希臘的主

權債務評級,由A-降至BBB+。當時希臘的財政赤字占GDP比重達到12%,公共債務餘額占GDP比重則高達110%。

2010年4月標準普爾再將希臘的主權債務評級下降至BB+。這一次評級下調產生了傳染效應,導致市場對歐元區的擔憂加劇,對歐元的預期大跌,危機逐漸波及整個歐元區。緊隨希臘之後,愛爾蘭由於房地產泡沫破滅,政府需要500億歐元挽救銀行,致使政府赤字占GDP比重升至32%,公共債務餘額占GDP比重達到100%,不得不向歐盟和IMF申請援助。

與此同時,一些與希臘類似的高社會福利、實體經濟脆弱的歐元區國家也出現了財政危機。2011年3月,標準普爾兩度下調葡萄牙主權債務評級,低至BBB-,葡萄牙也陷入財政危機。同年,西班牙公共債務規模上升14.3%,達到7 350億歐元的規模,債務占GDP比重達68.5%,財政困境加劇。義大利也面臨類似問題,2011年12月其公共債務規模已達18 980億歐元。法國、比利時的公共債務規模也在持續擴大,財政危機風險極高。歐洲主權債務危機呈現全面蔓延之勢(見圖5—6、圖5—7)。

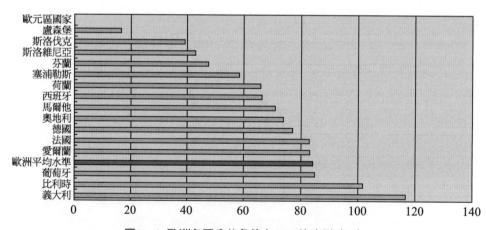

圖5—6 歐洲各國公共負債占GDP的比例(%)

資料來源:信達證券。

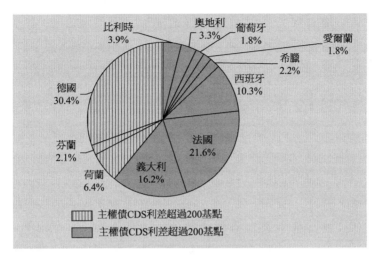

圖5—7 歐債危機蔓延形勢一覽

注：圖中的百分比反映的是公共債務規模占比。

資料來源：Bloomberg.

專欄5—2

債務危機何以蔓延整個歐元區

　　1.多個歐洲國家的經濟發展模式存在缺陷

　　歐洲債務危機的爆發與蔓延，根本原因在於歐洲的經濟發展模式出了問題。以希臘為例，2010年服務業在GDP中占比達到52.57%，旅遊業約占20%，而工業占GDP比重僅有14.62%，農業占GDP比重則僅有3.27%。航運和旅遊兩大支柱產業又嚴重依賴外需。與此類似，葡萄牙也是過於依賴服務業，工農業增加值占總增加值的比重僅有25.88%，部分高新技術產業風險過高，也要依賴高槓桿的融資。結果，當美國次貸危機很快演變成為全球性金融和經濟危機時，過度依賴外部需求和資金的希臘和葡萄牙經濟立刻瀕臨癱瘓。

西班牙和愛爾蘭也存在服務業比重過高的問題，而且這兩個國家在危機前都過度投資於房地產業，資產泡沫形成的虛假繁榮幾乎掩蓋了實體經濟運行的破綻。但資產泡沫受外來衝擊而破滅，造成整個金融業巨額虧損，政府救市又再度加重了財政危機。

總之，歐洲各國普遍存在經濟增長動力不足、實體經濟特別是製造業過度空心化、對外依賴嚴重等問題。

2.歐元體系的內在缺陷加劇了危機的蔓延

歐洲儘管實現了貨幣一體化，但是財政上缺乏必要的協調與約束，這無疑是危及歐元信譽及其幣值穩健的一大隱患。一旦歐元區任何一個國家爆發財政危機，歐元就會面臨貶值預期，全體歐元區國家都會受到牽連。這是歐元相對於美元的一大劣勢。

在危機救援問題上，由於所涉利益關係複雜，德國、法國這兩個歐盟核心成員國對歐洲主權債務危機的見解相異。加之希臘作為重災區，出於維護其主權地位的考慮，對歐盟干預其財政計畫存有戒備。因此，不完整的經濟聯盟不僅導致了危機蔓延，還導致危機解決遲緩。

5.2.3 歐美經濟發展模式的弊端逐漸暴露

歐美經濟體所陷入的經濟危機不是週期性的發展危機，而是經濟發展模式出現了根本性問題。由於西方國家經濟長期缺乏新的增長動力，內需只能依託大量和持續的外部刺激維持。

美國的「刺激」主要是採取金融自由化、鼓勵金融創新性投機、貨幣當局放鬆銀根的方法。但這卻導致了美國貧富分化日益嚴重，反過來又抑制內需增長。美國就在這樣的惡性循環中嚴重依賴於信貸刺激，實際內需則越發萎縮。

歐洲國家的「刺激」則是通過政府的高支出、高赤字建立完善的社會福利體系來維持內需和百姓生活。但這種做法也增強了社會的惰性，使得國家的經濟效率和競爭力衰減。

歐美金融危機的爆發與延續，在一定程度上暴露了上述兩種經濟發展模式的弊端。發達經濟體需要進行根本性的社會經濟改革，否則將很難走出經濟危機。可以預見，未來十年，將是發達經濟體在危機和慢性衰退中改革與調整的時期。

　　相比較而言，以中國為代表的新興市場國家卻正處於高速增長的階段。中國經濟在世界經濟中的比例和影響力將會在這一時期持續增加。因此，只要中國堅持對外開放和融入全球化的經濟戰略，人民幣國際化發展就可以獲得堅實的主權經濟實力基礎。

　　換個角度看，發達國家應對經濟衰退的各項政策措施，已經嚴重地破壞了其自身貨幣的信用體系——實體經濟衰退引起了其貨幣貶值以及信用等級的降低。美國兩次量化寬鬆使得美聯儲資產負債表的現金投放翻了一番，而且貨幣現金被大量用來購買財政部國債，美國一向宣導的「中央銀行獨立性」何在？對於沒有統一財政政策的歐元區來說，「一國闖禍，多國買單」，歐洲央行大舉擴張貨幣救援弱國，歐元的幣值穩定性因此大受質疑。

　　沒有穩健的實體經濟就不可能有穩健的貨幣。西方發達國家經濟復甦緩慢，經濟增長動力不足，貨幣信用基礎受損——這其實已經為人民幣國際化打開了重要的機遇期視窗。

5.3　新興市場國家經濟地位提升推動國際貨幣體系改革

　　21世紀以來，以亞非拉發展中國家為主要成員的新興市場經濟體，在世界經濟中的相對地位不斷提高。新興經濟體平均增長速度超過6%，大大高於發達國家的平均增長率2.6%，也高於全球平均增長速度4.1%。其中，中國年增長速度超過了10%，印度超過7%，俄羅斯超過6%。中國、巴西、印度、俄羅斯、南非被合稱為「金磚國家」（BRICS），成為新世紀全球經濟發展的亮點。

危機帶來機遇。2008年爆發的經濟危機已經否認了西方模式是引領一國經濟成功的唯一道路。以美國為代表的西方發達國家深陷債務困境和經濟蕭條，無法獨立應對危機。以「金磚國家」為代表的新興市場經濟體和廣大發展中國家在全球經濟中的地位因此大幅度提高。在國際貨幣競爭關係上，這就成為推動人民幣走向世界的重要機遇。

5.3.1　金磚國家成為世界經濟重要力量

　　近十年來，中國、俄羅斯、印度、巴西跨入了年GDP規模超過萬億美元的大型經濟體行列。中國經濟總量在2008年超越德國，2011年超越日本，已經成為僅次於美國的世界第二大經濟體。國際貨幣基金組織（IMF）按照購買力平價法估計，中國經濟從1980年占世界經濟的比重的3.4%上升至2000年的11.6%，再上升至2011年的14.3%；印度經濟按此估計，也於2010年也超過了日本，是僅次於美國和中國的第三大經濟體，占世界GDP的比重由1980年的2.9%，升至2000年的4.6%，2011年再升至5.7%；2010年巴西經濟總量也突破了2.1萬億美元，成為世界第七大經濟體，按購買力平價法計算，2010年占全球經濟比重為2.9%；俄羅斯經濟從2001年開始實現正增長，從2001年的3 900億美元增長到了2008年的1.7萬億美元，成為世界第八大經濟體，按購買力平價法計算占全球經濟的3.0%。因此從總規模看，金磚國家占世界經濟的比重、對世界經濟的影響力正在不斷地擴大（見圖5—8）。

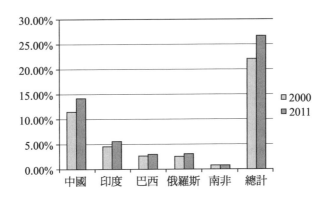

圖5—8　金磚國家經濟占世界經濟比重（購買力平價法）

資料來源：國際貨幣基金組織國際金融統計資料庫。

　　在對外貿易方面，以金磚國家為代表的新興市場國家與世界經濟的聯繫也在不斷加強。金磚國家對外貿易量占全球貿易額的比重，從2000年的不足7%增長到了2010年的14%。中國對外貿易的增長尤為明顯，中國對外進出口總量從2001年占全球的4.06%，增長至2009年的8.79%，居於世界第二位，穩居世界第一出口大國和世界第二進口大國。巴西出口占全球出口總額比重由1%上升至1.3%，印度由0.8%上升至1.1%，俄羅斯由2%升至3%。出口規模的快速擴大，使得金磚國家成為世界貿易中主要的順差方。五國持有的外匯儲備從2008年的2.8萬億美元上升至2010年的4萬億美元，占全球外匯儲備總額由2008年的40%上升至2010年的超過50%。

　　從對世界經濟增長的貢獻能力來看，新興經濟體也在發揮著越來越重要的作用。按照IMF的購買力平價法，發達國家對世界經濟增長的貢獻率，已經從1990年的88.6%降至2000年的76.6%。而新世紀以來西方國家經濟普遍走衰，在經歷了2008年以來的經濟大危機後，2010年貢獻率僅有約30%。金磚國家的貢獻率則由2000年的13.1%，上升至了2010年的60%。新興市場經濟國家已成為當今世界經濟的主要增長動力。

　　如此高的增長貢獻率，第一是源於新興經濟體巨大的經濟需求。金磚五國

的市場容量近3年來以年均15%的速度增長，每年新創造的消費需求即有6 000億美元之多。以汽車為例，中國目前已經成為世界第一汽車製造大國，2010年巴西也成為世界第七汽車製造大國。中國、印度等國對石油、鐵礦石等重要原材料的需求，對於全球大宗商品市場的價格有著極為關鍵的影響。

第二是源於金磚國家居民生活水準的改善。金磚國家居民收入提高刺激了巨大的消費需求增長，這對發達國家市場有著重要意義。以英國為例，2010年英國國內奢侈品市場消費量有1/3來自中國人，超過英國本土居民。英國對金磚國家的出口增速在近年達到11%以上，遠高於英國出口的平均增速，金磚國家成為了英國經濟復興的動力來源。

第三，金磚國家吸引外資和對外投資的能力不斷增強。2008年爆發的金融危機導致全球跨境投資的銳減，2009年全球外國直接投資11 140億美元，同比下跌37%。發達國家吸引的外國直接投資2009年下降了44%，其中美國下降了50%。除俄羅斯以外，其他金磚國家的直接投資卻保持了穩健增長，中國吸收外國直接投資增長了7%。2010年南非企業的併購總金額達258億美元，比2009年增長了63%。同年印度利用外資達125.6億美元，外國投資者在印度股市投資額達到了創紀錄的214億美元。在對外投資方面，2010年金磚國家海外併購金額達到了4 020億美元，比2005年提高了3倍以上，占全球併購總額（2.23萬億美元）的18%。中國的表現尤其突出，2010年中國累計非金融類投資2 588億美元，超過日本和英國成為世界第五大對外投資國。

新興經濟體的經濟實力在經濟危機之後也充分體現出來。2008—2009年間，發達國家經濟平均負增長3%以上，經濟水準倒退了大約10年。而發展中國家則保持了2.5%的平均增長，中國和印度更是實現了9.2%和5.7%的高增長。巴西、俄羅斯等國儘管出現了經濟暫時的衰退，但是很快調整過來，2010年和2011年普遍恢復了高速增長（見圖5—9）。

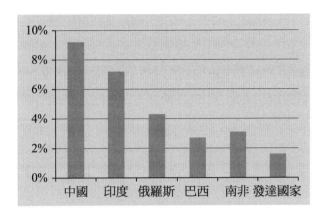

圖5—9 2011年金磚國家與發達國家經濟增長速度

資料來源：國際貨幣基金組織：《2012全球經濟預測》,2012年4月17日。

5.3.2 金磚國家在國際經濟金融領域獲得更多話語權

通過2006年和2008年的兩次增資，中國在國際貨幣基金組織份額的排名已經升至第6位。金融危機爆發後，新興經濟體共同提出了增加發展中國家在國際貨幣金融事務中話語權的要求。在2009年3月倫敦G20會議之前，中、俄、印、巴「金磚四國」一致要求發達國家轉讓在IMF中7%的份額。2010年11月首爾G20會議正式達成協議，發達國家向新興經濟體轉讓4.6%IMF股份。通過這次份額的調整，中、俄、印、巴四國在IMF中的股份和話語權有顯著增加。

這是IMF自成立65年以來歷史上最大的一次治理權改革。中國在IMF的份額權重從3.7%提高到了約6.4%，排名從第六位上升至第三位，僅次於美國和日本。印度份額提高到2.751%，居第八位；俄羅斯份額提高到2.706%，居第九位；巴西份額提高到2.316%，居第十位。因而，金磚四國均進入IMF前十大持股國地位，四國份額累計達到了14.173%。

同時，中國人民銀行積極推動IMF分配特別提款權，並參與了特別提款權自願協定交易。該協定成為IMF歷史上首項債券購買協議，有利於提高IMF幫助成員國，特別是發展中國家和新興市場國家應對全球金融危機的能力。2009

年中國人民銀行與IMF簽署了購買不超過500億美元IMF債券的協定。

中國和印度在世界銀行的投票權也得到增強。2010年4月25日，世界銀行進行改革，發達國家向新興大國轉移3.13個百分點的投票權，使整個發展中國家投票權重從44.06%提高到47.19%。其中，中國在世行投票權從原來的2.77%升至4.42%，由原來的第六位躍居第三位，僅次於美國和日本。印度投票權由2.77%增加到2.91%，位列第七。俄羅斯維持了2.77%的投票權。而德國投票權從原來的4.35%減少到4.00%，英國從4.17%減少到3.75%，日本從7.62%減少到6.84%，美國維持15.85%以上投票權不變。新興經濟體地位提高，發達經濟體地位下降，是世界銀行改革中一個不爭的事實。

此外，在國際金融組織中，金磚國家扮演的管理協調、領導角色也開始增多。如中國人民銀行於2007年加入歐文‧費雪中央銀行統計委員會（IFC），不斷加強與各國的金融統計合作。2008年，林毅夫出任世行首席經濟學家兼副行長。2009年7月，中國人民銀行加入了巴塞爾銀行監管委員會，直接參與國際銀行業監管標準與準則的制定。中國人民銀行還積極利用國際清算銀行（BIS）提供的探討宏觀經濟金融政策的重要平臺，加強與全球主要中央銀行和監管機構的對話與合作。2009年，中國人民銀行先後成為了支付結算體系委員會（CPSS）、全球金融體系委員會（CGFS）和市場委員會（MC）的成員。金融危機爆發後，根據G20領導人倫敦峰會的決定，中國人民銀行獲得了參與設計金融穩定理事會（FSB）這一全球金融標準制定執行的核心組織的建立事宜的資格，並於2011年5月和財政部、銀監會共同代表中國加入FSB。中國人民銀行行長周小川、銀監會主席劉明康和財政部副部長李勇作為理事會成員出任了FSB的三個常設委員會的委員，參與FSB的戰略設計。2010年2月，中國人民銀行副行長朱民被IMF總裁卡恩任命為總裁特別顧問；2011年7月，IMF總裁拉加德正式提名朱民為IMF副總裁。

5.4 巨額外匯儲備可為人民幣國際化提供信用擔保

截至2011年底，中國外匯儲備規模高達3.18萬億美元，是世界第一大外匯儲備國。其中美元資產估計在六成以上。中國政府十分重視儲備資產的安全性，並考慮到中美經濟的戰略合作，美元儲備主要用於購買回報較低的美國國債。中國已持有超過1萬億美元的美國國債，是美國政府的第一大債主。

這樣一筆巨大的財富，意味著中國對世界市場具有強大的購買力。儘管在如何使用這筆巨額財富的問題上始終存在較大爭議，但不可否認，中國龐大的外匯儲備，擴大了中國經濟的世界影響力，方便了中國更廣泛地參與世界貿易和投資，加強了中國與世界經濟的主動聯繫。這也為人民幣實現國際化奠定了良好的信用基礎。

儘管西方發達國家，特別是美國，經濟實力已經在這輪金融危機中受到一定的打擊，但是以美元為中心的國際貨幣體系仍舊有著很強的慣性，美元的貨幣霸權及貨幣信用並不會在短期內消失。中國作為持有美元儲備最多的經濟體，還保持了人民幣對美元升值的長期預期，只要美元的信用不倒，意味著人民幣的信用就不會倒。巨額美元儲備暗含的信用支撐，將對人民幣的國際化有著特殊重要的意義。

從美元國際化的歷史來看，1944年同盟國所簽署的布列敦森林協議，實際上並沒有直接將美元置於戰後國際貨幣體系的中心位置，而是仍然沿用了任何國家的流通貨幣都需要與黃金掛鉤的「金本位制度」。但是戰後的西方世界中，歐洲各國經濟殘破，黃金與外匯極度短缺，只有美國擁有充足的黃金儲備，有能力與黃金維持比價。所以，各國為保證本幣與黃金掛鉤，被迫先與美元掛鉤，然後與黃金間接掛鉤。而以此為核心內容的布列敦森林協定必然是有利於美國的。利用歐洲各國的儲備貨幣短缺，美國通過馬歇爾計畫，以貸款或贈款方式對歐洲大舉輸出美元，令美元全面滲透到甚至歐洲內部各國之間的貿易結算和投資交易當中。換言之，美元利用本國的黃金儲備優勢，占據了國際貨幣體系的制高點，在國際經濟往來活動中替代黃金全面執行世界貨幣職能，

美元霸權由此而形成。

　　1971年尼克森政府宣佈終止美元與黃金的固定比價關係，「金本位」時代終結。後來隨著各主要貨幣與美元脫鉤，國際貨幣體系過渡到了浮動匯率時代。但是美元的貨幣霸權並不因為黃金的非貨幣化而結束。美元以美國經濟為基礎，利用黃金建立起了國際貨幣信譽；雖然這一信譽機制在美元與黃金脫鉤後便不復存在，但是美元在國際經濟金融領域的霸權地位卻已然固化而不可動搖了——真可謂以「黃金化」為依託的「去黃金化」戰略。

　　人民幣國際化顯然已經失去了金本位這樣的制度媒介，但是「美元本位」卻是現行國際貨幣體系的客觀存在，參照美元依靠黃金的信用背書成就其國際貨幣霸權的經驗，中國可以考慮借助龐大美元儲備的信用擔保，漸進地完成人民幣國際化的歷史進程。只要能夠保證人民幣對美元的可兌換性，人民幣在國際使用中就可以具有與美元相當的信用程度。為控制「可兌換性」產生的風險，需要有步驟、分地域地推進資本帳戶開放，逐步實現人民幣自由兌換，擴大境外人民幣流通範圍。可以想見，持有美元儲備所帶來的人民幣數量擴張以及國內通貨膨脹壓力，部分地可以通過人民幣對外輸出而得到緩解。

　　在人民幣國際化進程中，即使美元信用隨美國經濟衰退而有所削弱，美元資產價值縮水，使中國蒙受一定的儲備資產損失，但是從貨幣關係角度看，巨額美元儲備使得美元間接地賦予人民幣與之相似的信用與「再輸出」能力。只要中國經濟維持穩健增長，這種安排仍將有助於人民幣最終取得與中國經濟地位相適應的國際貨幣地位。

備受爭議的外匯儲備運用

　　近年來，如何更好地運用中國巨額的外匯儲備，在全社會受到熱議。從中國實體經濟發展的需求看，增加實體物資儲備、推動中國企業海外投資，應該是提高外匯儲備使用效率的不錯的選擇。但是過大的外匯儲備規模，已經令中國喪失了大規模投資戰略物資的機會。因為中國的任何實物投資的動向都會刺激該物資的衍生品市場，價格在預期拉動下迅速上漲，使得中國在購買時處於不利地位或蒙受損失。

　　另一個看似不錯的選擇是，鼓勵國內企業使用美元儲備進行大規模的海外投資，獲取中國經濟持續發展所必需的技術、品牌或行銷網路。然而，日本的前車之鑒表明，此舉可能蘊藏著巨大的風險。日本在20世紀七八十年代制定了日圓貿易黑字回流計畫，明確規定每年將數十億的美元用於企業對東盟投資及海外擴張。該政策一方面消極地限制美元入境並對外輸出美元，導致日本境外美元越來越多，每當境外美元投資收入調回國內時，日圓就面臨升值壓力，進而挫傷了日本的出口。另一方面，企業大量遷出日本，造成日本產業空心化，日本製造業衰落，加上人口老齡化，日本經濟增長缺乏動力。實際上，日本過度的海外投資也是造成外向型經濟的日本陷入持久不景氣的原因之一。

5.5　中華文化的包容共濟精神為人民幣增強軟實力

　　一個國家以何種方式實現發展與崛起，既取決於其外部環境，也取決於其內在條件。文化因素在此扮演了一個相當重要的角色。貨幣是一國經濟的表像，也是一國文化的重要載體。因此，人民幣國際化不僅是中國經濟國際化的

體現，同樣也是中國文化國際化的體現。

以儒家文化為突出代表的中華傳統文化，在治國理念上強調的是「仁」，是以崇高的道德力量實現內部力量的團結和對外部力量的感化，而非主要依賴武力和強制 。這與信奉「物競天擇，適者生存」叢林法則的西方國家在基礎價值觀上存在著根本差異。

中國傳統的治國理念，認為「王道」勝於「霸道」，國家真正的崛起不僅也不限於經濟、軍事等有形實力的崛起，還主要在於一國必須具有正義的行為原則和信念，使國家得以占據道德制高點。在這樣的前提之下再結合有形實力，國家的崛起才能真正實現。或者說，中國傳統的政治原則是道德主義的，即權力必須維護正義。而西方近代的政治原則是功利主義的，如馬基雅維利的「政治無道德」，認為權力必須維護利益。

也許有人會認為，在競爭激烈的國際環境中，中國所一貫秉承的「仁」的和諧文化，是不合時宜的古董，應該被擯棄。然而，這樣的觀點是十分片面和錯誤的。中國在近代的衰落，不是由於中國和諧主義的對外原則有錯誤，而是由於中國傳統體制的僵化與落伍。在競爭激烈的國際環境下，即使竭力效仿西方，以「弱肉強食」的原則指導國家的對外經濟戰略，也未必會真正實現國家的崛起。

和平與發展是當代世界的主題。在歐洲，第二次世界大戰後法德兩國結束歷史對抗、謀求一體化發展道路已經取得了重要成就。中國作為亞太地區的經濟大國，理應繼承發揚中華傳統文化的和諧主義精神和大國責任意識，以自身發展促進周邊發展，以自身經濟和貨幣的國際化為亞太地區擺脫危機、開闢新的發展道路提供條件。從這個意義上講，中華傳統文化的包容共濟、和諧共榮精神，完全可以進一步提升人民幣的軟實力，為其順利實現國際化提供重要的歷史機遇。

國家崛起中的文化因素：西方叢林法則與中國儒家文化

1. 叢林法則與西方殖民主義

在叢林法則的意識形態指引下，15世紀後半期以來西方國家主導的貨幣以及經濟國際化，是一部對西方先進國家和對其他落後國家截然不同的歷史。

西方國家的勢力在15—16世紀逐步滲入亞非拉地區後，立刻開始了瘋狂的殖民掠奪，帶來的是亞非拉地區迄今無法抹平的傷痕。美洲地區，在16世紀的100年裡，西班牙、葡萄牙兩個殖民先鋒國家進行了殺雞取卵式的財富掠奪，對當地居民實行大規模的種族滅絕、奴役勞動，並帶來了歐洲的天花、鼠疫等烈性傳染病，美洲原住民人口在此期間銳減了95%，中美洲瑪雅文明區的印第安人口從約2 500萬減少到150萬，南美洲印加文明區的印第安人口從約900萬減少到60萬，中古時代輝煌一時的印加文明、阿茲特克文明、瑪雅文明在殖民者的炮火和屠刀之下灰飛煙滅，瑪雅文字亦成為失傳的天書。為了補充美洲勞動力的不足，歐洲殖民者又對非洲發動了長達400年的奴隸貿易，其間從非洲運到美洲的奴隸為1 200萬～3 000萬。整個非洲大陸因奴隸貿易損失的人口至少有1億之多，相當於1800年非洲的人口總數。西方國家的經濟國際化，導致美洲和非洲文明的發展出現了嚴重的倒退，而西方殖民勢力卻大發橫財。西班牙一國在16世紀就從美洲掠走1.7萬噸白銀和181噸黃金，大大刺激了商業發展，壯大了西班牙新興的商業資產階級。歐洲的殖民擴張為其實現工業革命、最終領跑世界經濟打下了基礎，但是其代價之慘重、過程之血腥，令人髮指，恐怕是人類歷史上罕見的。

然而，即使在西方文明率先以工業革命實現技術和制度的飛躍後，

西方文明也沒有結束這種依託武力壓迫和強制掠奪的模式,而是將這種模式體系化和制度化,建立了所謂的「資本主義世界體系」。在這一體系下,殖民地國家主權被剝奪,半殖民地國家也是主權淪喪,根本無法獲得平等自由的發展權利,成為西方先進國家的原料產地和市場。如中國在鴉片戰爭之後關稅率被不斷壓低,長期維持於5%左右,而同期英美等工業強國卻有高於20%的關稅率,中國的民族工業在強大的外部壓力下無從發展。殖民主義為了維持這一體系,還四處製造事端,挑起亞非拉國家的內部矛盾。如瓜分非洲時期,殖民主義強行進行種族隔離,人為分割邊界,特別是簡單地以經緯線劃分統治區域,破壞了非洲的歷史習慣,引發了極為複雜的民族問題,釀成非洲國家間此起彼伏的邊界衝突與戰爭。

這種過分強調競爭的叢林法則式的意識形態以及發展模式,不僅導致了危害至今的世界各地區發展的巨大鴻溝,還導致了發達國家之間內訌不斷。20世紀發生的兩次世界大戰,逾億人死傷,引領世界近代文明的歐洲大地幾度化為焦土。

伴隨著經濟的國際化、全球貿易與投資的繁榮,西方國家也大力推動本國貨幣的國際化,最為典型的例子就是英鎊。在18世紀後半期直至20世紀初,國際貨幣處於金本位階段,實際上並不存在現代意義上以國家信用為支撐的國際貨幣。英國憑藉其具有絕對優勢的經濟實力和充裕的黃金儲備,推動英鎊成為世界範圍的流通貨幣。但是,第一次世界大戰之後,英國債臺高築,經濟陷於長期不景氣,英鎊與黃金的比價關係無法維持。為了維持英鎊的國際貨幣地位,英國在英聯邦內部建立金匯兌本位制度,即英鎊與黃金掛鉤,黃金不做鑄幣流通,價值低於一定限額時不予兌換黃金,而英聯邦其他國家的貨幣則與英鎊直接掛鉤。這就賦予了英鎊超出黃金儲備限制而向其他英聯邦國家輸出通貨膨脹的權力。第二次世界大戰後建立的以美元為核心的布列敦森林體系,同樣賦予了美元對外輸出通脹的權力。之所以會出現這樣的貨幣體系,同樣是

與西方國家經濟崛起時所信奉的物競天擇理念分不開的，強者理應享有剝奪弱者的權力。這種經濟上有一定效率但是卻造成世界發展嚴重失衡的意識形態，與今天人們希望世界經濟和諧共榮發展的心願相違背，不能再繼續作為世界經濟發展的文化基礎。

2. 儒家文化與中國的國際體系

如果我們將視角轉向東方，轉向早在西方地理大發現數百年以前就已經實現區域內經濟國際化的亞歐大陸東側，就會發現中國作為這一地區具有領導力量的經濟、政治與軍事大國，在這個區域的社會經濟發展中，發揮了完全有別於西方國家的歷史作用。

早在漢代，中國就打通絲綢之路，建立起了跨越歐亞大陸的經貿關係，並向東和向南展開了與朝鮮半島、日本列島、東南亞和南亞次大陸的貿易關係。到了唐代，海上絲綢之路更是遠達非洲東海岸，中國對外貿易關係空前繁榮。但是中國貿易關係完全是自由平等貿易，從未進行過殖民主義式的掠奪貿易。唐代中國在實現國內基本統一、掃清邊境威脅後，沒有進行對外擴張，將主要軍事力量放在西北用以穩固邊疆，而主要以懷柔、羈縻策略，統合中國周圍的政治勢力。積極開展與周邊國家的經濟文化交流，特別明顯的是新羅、日本兩國，直接在與唐代中國的交流中提升了本國文明化的速度。宋代中國對外貿易非常繁榮，直接推動了中國的主要貨幣——銅錢——走向世界。特別明顯的是日本，日本相當依賴於中國的銅錢，一方面是用來進口中國商品，另一方面是供給國內商品流通的需要。銅錢不僅供給中國國內使用，還維繫了整個亞歐大陸東部的貨幣流通，甚至遠達非洲。到了明代，朝鮮、越南、日本以及東南亞各國紛紛仿照中國的銅錢制度而建立了本國的貨幣制度。

就在西歐國家開始對外殖民擴張，尋求與外部世界更多經濟聯繫的同時，中國也以自身的方式再度啟動了經濟的國際化歷程。鄭和下西洋就是15世紀以來，中國探索自身與外部世界關係的一個重要起點。明王朝結束了元朝在中原的粗疏統治之後，百廢待興，經濟發展水準很低，

國內銅錢貨幣極度短缺，紙幣信用破產。這樣的背景決定了中國必須通過對外貿易刺激國內經濟的發展，特別是獲得貨幣作用日漸突出的白銀。但是，中國為了緩解經濟困境，沒有進行武力擴張，掠奪周邊國家的財富，而是以龐大的和平使團進行了規模遠超西方國家的遠洋航海。這次航海並不如我們傳統所理解的，是一場「宣揚國威」、「勞民傷財」的外交活動，而抱有很重要的經濟目的。鄭和所到之處，受到了當地人民和政府的歡迎，至今仍傳為佳話。在鄭和航海之後，明朝結束了禁海政策，各國以「朝貢」名義，紛紛主動同中國開展貿易。後來由於倭寇猖獗，明朝的外貿政策幾經變化，但在「隆慶開海」之後，基本堅持了保守的對外開放的原則。到了清代，中國在將臺灣納入版圖後，恢復了東南沿海的四口通商，但是由於西方殖民勢力的滲入，清乾隆政府開始嚴格限制與歐洲各國的海上貿易，只留廣州一處口岸。但是對東亞、東南亞各國以及俄羅斯的貿易卻很繁榮。

總之，儘管中國經濟國際化的歷史，特別是明清以來的歷史表明，中國經濟國際化的態度並不十分主動，但是其對周邊乃至世界經濟的影響卻不容小視。明清時期中國經濟的對外貿易，使中國吸納了當時美洲和日本超過2/3的白銀，大大密切了中西方的經濟聯繫，一方面使西方的貨幣財富化為了實物財富，大大促進了歐洲的經濟發展和生活水準提高，另一方面，貨幣的充裕刺激了中國內部的經濟發展以及制度變革，中國在明清時期實現了傳統經濟下的最後一次也是最具突破性的發展，商品經濟在清朝康乾時期實現了空前繁榮，18世紀的中國的社會總產值約占全球總產值的1/3。

在儒家文化「仁」的理念的引導下，中國經濟文化的繁榮，促進了東部亞洲各地區的文明化，中國也因此引領了世界中古文明的發展。中國既實現了內部超越民族差別和地理界限的空前時間與空間範圍內的大一統，還實現了對當時條件下亞歐大陸東部地區國際關係格局的有序整合，這在清朝康乾時期達到高潮。因為中國堅持政治維護正義的原則，

所以中國的國際體系，首先強調的是中國對於體系內藩屬國的責任，而西方的國際體系，強調的是利益關係。這就是西方的掠奪性體系與中國的共榮性體系的差別的起源。然而令人遺憾的是，西方殖民主義勢力徹底破壞了責任理念下的亞洲國際格局，特別是甲午戰爭之後，中國最終跌入了西方「資本主義世界體系」的底層。

對日本近代發展史的反思：一個文化視角

古代日本就遊走在中國儒家理念指導下的「朝貢冊封」體系的邊緣。儘管日本深受中國文化薰陶，但是其內部森嚴的等級制度和割據形態的幕藩政治，導致了在日本的政治理念中，一味崇尚「忠」、「勇」，而缺乏「仁義」道德原則的約束，缺乏主體的責任意識。日本文化傳統中的消極因素及其影響下的對外經濟戰略，嚴重阻礙了日本的發展。

近代日本，迅速靈巧地接受了西方的叢林法則理念，試圖協同西方國家，拆解中國的「朝貢冊封」體系，擬照西方國家對外殖民的模式，在亞歐大陸東部建立區域霸權。但其結果是日本迅速軍國主義化，一邊接連不斷地發動侵略戰爭，一邊加緊對亞洲各國的資本和商品輸出。

在1945年日本戰敗前，日圓伴隨著日本的侵略鐵蹄，四下掠奪擴張。日本在1932年扶植偽滿洲國建立後，立刻建立了「滿洲中央銀行」，掠奪當地財富，供給日本軍事擴張。並在1937年發動全面侵華戰爭後，在中國境內建立了中國聯合儲備銀行、中央儲備銀行、蒙疆銀行等偽政權銀行。這些銀行名義上效仿金匯兌本位制，採取所謂「聯行往

來貸款」，從日本的中央銀行——日本銀行——吸收日圓貸款作為發鈔儲備。但是這筆貸款偽政權銀行是不得支取的，是存在日本國庫裡，因此實際上偽政權銀行是無準備發鈔，完全淪為了掠奪淪陷區民財的工具。偽政權鈔票和日本軍用品，成為了亞太受侵略地區人們難以抹去的歷史噩夢，極大地敗壞了日本貨幣和國家的聲譽。日本無條件投降宣告了這一階段日本大國崛起夢的破滅。

第二次世界大戰以來，日本並沒有從根本上糾正弱肉強食的錯誤觀念，仍然盲目追隨美國反共反華，缺乏合作意識和大局意識，特別是缺乏與發展中國家合作共榮的意識。只願與西方發達國家為伍，大搞所謂的「雁行模式」，公然把自己置於中國等發展中國家之上的地位，企圖將不平等的經濟秩序合理化。這無疑招致了廣大新興市場國家的反感。而且日本還頻頻利用歷史問題破壞與亞洲國家的關係。結果，日本儘管取得了巨大的經濟和技術發展成就，但是其並不具有真正的大國地位，在國際經濟政治事務中既受到美國的挾制和限制，又沒有發展中國家的支持。

這個問題在貨幣國際化上也十分明顯。日圓的國際化儘管隨著日本20世紀70年代經濟奇跡而有了重大突破，但是長時間以來日圓的地位並沒有提高。日圓只在國際結算和投資中有所參與，但在國際儲備中地位很低，既不能與美元，也不能與歐元相抗衡。隨著日本經濟的衰退，近20年來日圓國際化已經陷入了停滯。

第六章

人民幣國際化的重大挑戰

　　2011年中國經濟持續向好。從經濟規模和貿易規模看，中國已經成為世界第二大經濟體和最大的貿易出口國。從貨幣制度和經濟穩定的角度來看，中國經濟的市場化程度不斷提高，經濟發展平穩，政治穩定，通貨膨脹受到有效控制，幣值的穩定性不斷提升。從金融市場建設看，2010年公佈的全球金融競爭力排名中，中國有三個城市名列全球前11位。金融競爭力的提升和上海國際金融中心的建設，將為人民幣國際化提供強有力的國內金融市場支援。此外，2008年美國的金融危機也為人民幣國際化創造了良好的國際環境。每一次金融危機的產生都意味著國際經濟秩序和貨幣體系的重新洗牌，這一次危機使得歐美等傳統的發達國家受到沉重打擊，經濟實力相對下降，美元、歐元的國際金融市場地位有所削弱。與此形成鮮明對比的是，中國制定了強有力的反危機措施，迅速地從金融危機中走出來，保持了強勁的經濟增長態勢。中國在金融危機救助中負責任的態度樹立了良好的國際形象，由此增加了市場對中國經濟發展和人民幣升值的信心，為人民幣的國際化提供了難得的機遇。

　　人民幣國際化有著良好的開端。中國已經與16個新興市場國家簽訂了貨幣互換協定，人民幣也在周邊國家廣泛地使用於貿易結算和日常支付。但我們必須清醒地認識到，人民幣國際化的道路曲折而漫長，目前至少面臨以下三方面的重大挑戰：一是經濟發展模式與經濟結構的失衡，二是國內金融體系的脆弱性，三是嚴峻的外部經濟環境。

6.1 經濟發展模式與經濟結構的失衡

第一個挑戰，也是最為根本性的挑戰，是中國現行的經濟發展模式與經濟結構失衡。儘管中國實施經濟改革以來，實體經濟保持了超過30年的快速增長，2011年中國國內生產總值已達47.2萬億元人民幣，占全球GDP超過9%，超越日本成為世界第二大經濟大國，然而，中國經濟的發展階段與品質卻明顯地落後於發達國家。中國既是從二元經濟向經濟工業化與現代化過渡的發展中國家，也是從計劃經濟體制向市場經濟體制過渡的「轉型國家」，處在經濟體制與發展階段的「雙過渡」時期，中國面臨著經濟發展模式的巨大挑戰。在當前以及今後數十年，中國實體經濟發展面臨的以下問題，將直接決定人民幣國際化的進程。

6.1.1 貿易大國而非貿易強國

改革、開放是中國經濟發展的根本戰略，引進外資、以比較優勢發展對外貿易在中國經濟的成功發展中具有至關重要的作用。雖然中國的對外貿易規模位列世界第二，取得了輝煌的成就，但在國際貿易結構和產品定價等方面中國仍然處於弱勢地位：中國的產品出口大都依賴於廉價的勞動力和政策支持，屬於出口加工型貿易。產品附加值低，處於全球生產鏈的底端。而且核心的產品和技術都被外資控制，我國出口產業的獨立自主經營權受到威脅，貿易談判中議價能力微弱。產品生產過度依賴於國外需求，使得中國經濟嚴重暴露於世界市場風險之中，很容易受到外部衝擊的干擾。

2011年中國實際使用外資金額達1 160億美元，吸引外資總規模僅次於美國，居世界第二位。在中國的很多製造業行業中，外資控制規模已經達到了相當高的程度，例如，電梯行業5大企業、彩色顯像管工業、洗滌用品15 家主要企業、醫藥行業13 家主要企業、家用電器工業外方控股份別為100%、93.3%、86.7%、92.3% 和75%。外商投資企業憑藉其壟斷優勢有可能加劇市場集中度，進而製造事實上的市場壟斷，控制這些行業的生產與銷售。由此，中國經濟將

更依賴外資，並增加經濟穩定發展的威脅與不確定性。因為外資企業通常擁有技術、資金和管理等方面的優勢，當其產品銷售額在中國市場占有一定的份額時，就具有壟斷傾向。為了鞏固壟斷地位，延長獲取壟斷利潤的時間，外資很可能設置各種防止新企業進入的障礙，阻礙中國企業的成長和對產品的定價權，以達到阻礙中國新的企業進入其占優勢的製造業的目的。

作為世界加工廠，出口是拉動中國經濟增長的一大動力。1980年到2008年，中國對外貿易依存度從12.5%上升到了72.13%的峰值，經濟發展嚴重依賴國際市場，特別是美國、歐盟和日本市場。從自然稟賦看，中國重要的能源、原料自產量不足，供需缺口較大，2011年原油進口依存度約為57%，2010年鐵礦石進口依存度為63%。總體上，中國經濟發展對世界市場和資源的依賴性較大，這在一定程度上必將成為中國經濟發展的隱患。2008年全球金融危機爆發後，外部需求銳減，沉重打擊了中國的出口，貿易形勢急轉直下，一度出現了貿易逆差，嚴重地影響了經濟的平穩運行。

人民幣國際化，一個重要的標誌是人民幣發揮國際貿易計價結算的職能。然而，中國經濟較高的對外依賴程度，以及中國在國際貿易中所處的弱勢地位，使得中國對外貿易的大部分產品的定價權和供需平衡權控制在西方發達國家手中。如果不能儘快改變這一現狀，貿易產品的結算和購買就只能按照西方發達國家的習慣來進行，現行的主要貨幣必然是其首選，採用人民幣進行結算的可能性微乎其微。一旦出現這樣的結果，人民幣的國際使用就會受到嚴重阻礙，人民幣國際化就會落空。

6.1.2 經濟結構失衡

中國經濟結構失衡突出表現為，經濟增長動力不均衡，經濟增長過度依賴投資，消費的增長貢獻率偏低。由於種種原因，中國GDP中最終消費占比具有下降趨勢。1978年消費占比為62.1%，1998年為59.6%，2010年則僅有47.4%。與此相反，資本形成率則不斷上升，從1998年的36.2%上升至2010年的48.6%。經濟增長過分依賴投資需求拉動，造成能源和原料需求增長過快，這不僅導致能

源和原料短缺、進口急速增加、國際市場價格上漲，還帶來貿易條件惡化、經濟效益受損和生態環境壓力上升等消極影響。

過度依賴投資給中國經濟穩定增長埋下了隱患。投資過快增長造成生產能力過剩，過剩的生產能力需要新增消費或投資需求來消化。由於中國的消費需求增長緩慢，要保持經濟持續高速增長，只能依靠更大規模的投資來創造新的需求，於是，經濟增長陷入依靠投資需求來拉動投資的自我惡性循環。過去若干年來中國資本形成占GDP的比重之所以不斷上升，正是這種經濟結構失衡情況下維持經濟高速增長的體現。此外，高投資所誘導的高儲蓄，形成了大量的剩餘資金，在投機風潮的引導下，容易湧向房地產和股票市場。剩餘資金所創造的過高的需求，導致房地產價格和股市價格飆升，造成房地產市場和股市泡沫不斷膨脹而且長時間不破裂。歷史經驗表明，泡沫不可能永遠不破裂。股市與房地產市場泡沫的膨脹給我國宏觀經濟帶來了極大的風險。

人民幣國際化的一大前提是人民幣幣值保持穩定，以便實現人民幣資產的保值和儲值功能。經濟結構的失衡，使得中國經濟蘊藏著極大的風險，加大了國際市場持有人民幣資產的風險。2010年以來，國際上看空中國經濟，做空人民幣資產的聲音此起彼伏。人民幣國際化程度的高低，人民幣被各國居民持有範圍的大小，很大程度上依賴於中國能否改變目前失衡的經濟發展結構。只有扭轉投資與消費之間的結構性不平衡，中國經濟才能克服內生的脆弱性，保持經濟持續穩定增長，才能確保人民幣相關資產具有廣泛的國際吸引力，被世界各國普遍接受。

6.1.3　技術創新乏力

一國的經濟進步，最終應體現為以勞動生產率為核心的經濟效能的提升，這一過程特別需要科學技術的支撐。目前，中國企業的自主創新能力薄弱，嚴重制約了科學技術進步和產業結構升級。2002—2006年我國有研發活動的企業數占全部企業的比重分別為30.7%、29.9%、23.7%、24.1%和24.0%，三分之二的大中型企業沒有研發機構，四分之三的企業沒有研發活動，規模以上工業

企業僅有10%開展研發活動。從自主創新的投入程度看，2002—2006年中國企業研發經費支出占主營業務收入的比重分別為0.83%、0.75%、0.71%、0.76%和0.76%。而國際經驗顯示，企業研發投入應不低於銷售收入的3%，投入甚至應占到10%（高帆，2008）。發達國家在關鍵技術上的對外依存度通常低於30%，美國和日本則在5%左右。由於長期不重視研發工作，中國經濟在關鍵技術上自給率較低，對外技術依存度在50%以上。特別是在航空設備、精密儀器、醫療設備、工程機械等具有戰略意義的高技術含量產品方面，關鍵技術的對外依存度超過80%。中國企業聯合會於2005年組織的「中國企業 500強科技自主創新問卷調查分析報告」顯示，中國企業500強的大部分企業自主創新體系比較健全，98.53%的企業建有專門的技術中心，但在技術創新方面，50.74%的企業科技自主創新以「引進、消化、吸收、再創新」為主，只有10.45%的企業進行過原始創新。2007年國家統計局組織的一項調查結果表明，2004—2006年間，中國開展創新活動的工業企業只占全部規模以上工業企業的28.8%（李樹培，2009）。受制於薄弱的創新能力和技術基礎，中國經濟實現工業化與現代化還需時日。

從國際需求角度看，除了保值增值外，持有人民幣最主要的目的還在於獲得購買中國產品的便利性，享受中國價廉物美的產品。然而，由於技術創新乏力，中國缺乏足夠的高端和高附加值產品，產品結構單一，主要是以勞動密集型且價格低廉的產品吸引外國消費者。國際經驗表明，收入增長必然伴隨著消費升級，如果中國不能通過大規模的技術創新改變單一、低附加值的出口產品結構，增加產品的多樣性和豐富性，隨著我國勞動力成本和物價水準的上升，中國產品國際市場的競爭力和吸引力都會大幅下降，極有可能被其他發展中國家所替代。一旦中國喪失貿易規模優勢和國際市場競爭力，各國持有人民幣資產的意願就會下降，最終嚴重地阻礙人民幣國際化的步伐。

綜上所述，中國經濟面臨更大的不確定性，在技術進步、產業轉型、增長動力失衡等諸多方面，中國均面臨嚴重挑戰，未來經濟增長的可持續性還有待觀察。實體經濟發展進程中的諸多挑戰，極大地影響到了中國在國際市場上的

地位、定價權、競爭力以及人民幣資產價值的穩定性，是人民幣國際化面臨的根本性和基礎性的挑戰。

6.2 國內金融體系的脆弱性

第二個挑戰來自人民幣國際化所需要的金融制度基礎，即金融市場化和金融體系的完善程度。這個挑戰更為急切和現實，直接關係著人民幣國際化的發展態勢和步驟。

一種服務於世界市場的國際貨幣，需要維持對世界市場的供給，需要保持貨幣價值穩定，以很好地履行世界市場上計價單位、交易媒介與價值儲備職能。換言之，一種貨幣的國際化，本質上可以理解為原有國內的貨幣職能在空間上的擴展，這就要求與貨幣相對應的商品市場和金融市場實現與境外市場的對接，從而實現本國貨幣權力的對外擴展。這個對接的關鍵，在商品市場上體現為經常項目貨幣完全自由可兌換，金融市場上體現為資本項目的完全自由可兌換。目前，我國僅實現了前者，後者還未完全實現。資本項目的完全自由可兌換，是人民幣實現國際化的重要步驟，也是風險與挑戰最為集中的環節。

6.2.1 金融模式有較強的政府依賴性

制約資本專案可兌換的根源只有一個，即中國經濟發展傳統上所依託的金融支援方式。中國在實施經濟改革以前，金融體系對經濟增長的支持作用很弱，銀行主要是作為財政部門進行資金調撥、分配、結算的工具而存在的，與企業生產部門的信貸關係很少。當時中國的國有與集體部門以外的經濟形式極少，居民和企業、事業單位等主體的一切收入都是通過高度壟斷、一元化的財政金融體系而調撥分配的。但隨著1978年、1984年相繼啟動農村與城市經濟體制改革，國家直接參與控制分配的國民收入逐步下降，1978年到1988年，國家控制的國民收入比例從31.9%降至12.2%，而居民部門控制的比例則從56.5%上升

至75.3%。國民收入分配體制的改革使得儲蓄結構發生了根本的變化。1979年到1996年，政府部門儲蓄占國民儲蓄比例從42.8%降至3%，而居民部門儲蓄占比則由23.55%升至83%（張杰，1998）。

　　儘管居民部門逐步取代政府及國有經濟部門而成為社會儲蓄─投資的主要來源，鑒於金融在經濟發展中具有極其重要的地位，中國的金融放開選擇了漸進改革的方式，在實體經濟部門普遍放開非國有經濟發展的同時，反而強化了國家的金融控制，並且主動削弱了傳統上在扶持經濟發展方面起主導作用的財政體系的能力。1984年，中國人民銀行正式開始履行中央銀行職能，四大國有商業銀行逐漸從中央銀行中剝離出來，標誌著中國的金融系統逐漸向市場化方向發展，首次建立了現代的雙層次金融體系。從1985年到1996年，國有銀行就職人員從92.5萬人增長到209.8萬餘人，分支機構由5.8萬個增加到16.8萬個，這所代表的是國有金融產權的急劇擴張。結果，儘管實體經濟的國有化水準降低、國家直接占有的國民收入與儲蓄降低，但是居民部門的收入又通過迅速擴張的國有金融部門流回到了國家手中，形成國家以國有經濟為首要服務物件的貨幣財富。從1978年到1996年，政府的財政資金從581.8億元增長到了1 459億元，增長了1.5倍，但國有銀行的貸款規模則由186.7億元增長至8 041.1億元，增長了42.1倍，國有銀行體系取代了財政體系，成為國家控制財富分配和引導經濟發展的主要制度工具。

　　當然，國家控制居民的儲蓄，所付代價也不菲，那就是要保證國有銀行必須是居民財富投資的不二選擇。為此國家必須建立某種相應的制度安排，使居民儲蓄能源源不斷地流入且穩定地存放於國有金融部門。首先，確保國有銀行在金融業中占據主導地位。2010年，中國銀行業中五大國有股份制商業銀行（工、農、中、建、交）的總資產占全行業總資產的49.15%，在銀行業中占據重要的地位。其次，以國家信譽為隱性擔保，為國有銀行部門提供風險分擔機制。這是維繫國有銀行體系穩定最為關鍵的一道「契約」。既然國家需要居民部門的貨幣儲蓄，怎樣才能吸引居民部門將收入安穩地放在國有銀行中呢？對於中國這個歷史上就缺乏投資管道、居民風險意識淡漠的社會，國家先入為

主，在社會自發的非正式金融制度強大起來之前，及時地建立了低回報、低風險的國有銀行體系。居民對這一體系的信心，是以國家信譽為擔保換來的。在20世紀90年代中國啟動全面市場化改革後，國有銀行面臨嚴重的呆壞賬，「國有銀行從技術上已經破產」，但是居民部門的存款並未因此而下降。因為國有銀行的呆壞賬並非完全源自國有銀行自身經營管理的缺陷，其中一部分是經濟改革轉型的成本，而這部分最終將由政府來買單，並不會影響國有銀行體系本身的發展。居民對國有銀行體系的高度信任，使改革開展得卓有成效，1997年至2010年，年均通貨膨脹率僅為1.5%。改革的穩健又保障了居民財富的安全，財富安全進而增進了居民對國有銀行體系的信任，國家信譽也因此增強。就這樣，構成了微妙的「國家信譽——居民信任——財富安全——穩健改革——國家信譽」的良性循環，國有銀行體系就此獲得了源源不斷的儲蓄。再次，嚴格約束控制非銀行融資制度和居民的金融選擇。如果居民部門存在更為靈活多元的金融選擇，僅憑國家信譽，銀行仍然難以吸引如此大規模的居民儲蓄。因此，國家在直接融資管道和資本市場制度建設方面，支援力度相對較弱。由於中國股市行情和居民儲蓄之間存在明顯的負相關，發展資本市場，自然會引起居民銀行儲蓄的分流。例如，2007年10月，上證綜指創下了6 124點的歷史高位，當月的居民銀行儲蓄同比增長幅度僅3.7%，是1992年有居民銀行儲蓄月度統計以來的最低水準，明顯地出現了「儲蓄搬家」。而2008年經濟形勢急轉直下，受到全球金融危機的影響，2008年10月上證綜指一度跌至1 916點，當月居民銀行儲蓄與上年同期相比卻增長了26.8%。銀行儲蓄規模與股市行情的負相關，表明中國居民缺乏多元化的投資管道，只能在風險極高的股票市場和風險極低但也回報極低的銀行儲蓄之間進行選擇。不僅國內金融市場多元化發展遲滯，國家還嚴格約束國內金融市場與外部的聯繫，政府制定了嚴厲的資本專案管制措施，一方面避免外部金融市場把居民的儲蓄吸引走，另一方面避免境外游資衝擊導致境內金融市場的過度波動。

通過上述金融制度安排，中國構建了一個內部存在壟斷、外部嚴格管制且產品比較單一的金融市場，以龐大的居民儲蓄引導和維護以大型企業為發展重

點的宏觀經濟增長。但是這種以間接融資為主導的金融支援模式，容易產生信貸配給嚴重失衡，中小企業的金融需求得不到滿足，降低資金的使用效率，也與當今國際社會以資本市場為主導的金融方式相左，使得國際社會對中國的金融制度難以認可與接受，不利於人民幣擴大在國際金融交易中的使用範圍。

6.2.2 金融體系市場化水準低下

中國金融體系是銀行主導的體系，間接融資規模較大。然而，自金融危機以來，直接融資管道受到越來越多企業的青睞，2011年，全社會融資規模達到12.83萬億元，其中銀行貸款份額占比達到63%，股票融資額占比為4%，企業債券融資占比超過10%。保險公司、證券投資基金、信託公司、小額貸款公司等非銀行金融機構提供的融資份額達到37%。

由於利率尚未市場化，銀行信貸市場沒有真正意義的價格機制。國家壟斷了信貸資金的源流，通過對銀行儲蓄存款、貸款利率的官方定價，進行信貸資金的配給，以滿足產業結構調整和經濟增長的需要。目前，我國銀行同業的短期資金拆借利率已經放開，按照市場供求定價。貸款利率上限和存款利率下限也基本放開，而未放開的存款利率上限與貸款利率下限的利差，自20世紀90年代中期以來，未曾低於3%，這是維護國有銀行體系盈利和運作的基礎。但這樣的制度安排不利於調動國有銀行擴展中間業務的積極性，國有銀行目前良好的經營能力並不真實，而是國家保護的後果。如果我國金融市場與境外逐步對接，我國銀行業將面臨嚴峻的外部競爭壓力。目前發達國家銀行業的利率遠低於中國目前的水準，美國聯邦基準利率僅為0.25%，德國歐元區再融資利率為1%，而我國一年期貸款利率達6.56%。發達國家銀行的存貸利差通常在1%左右。如果倫敦等國際金融中心提供離岸人民幣業務，境內企業很可能就會大舉赴海外融資以謀求降低融資成本。不能低估這一衝擊對我國金融市場的影響。

國有銀行體系在服務物件上明顯存在歧視，優先服務國有企業和大企業，民營中小企業缺乏必要的融資機會，只能依靠非正規的金融管道。這就導致了中國金融體系的內在緊張。儘管可以獲得大量的銀行資金支持，但是對於效率

偏低的國有企業而言，資金成本是偏高的，一旦出現違約風險，這些成本最終都要外部化到各級政府。政府為了保證政績和社會穩定，大都存在「高增長偏好」，較少顧及經濟成本。形象地說，國有銀行仿佛是中央及地方政府為拉動經濟增長而提供資金的「取款機」。

國有銀行體系產生與存在的邏輯，同樣可以解釋中國資本市場特別是股票市場的現狀。中國從20世紀90年代初恢復設立了股票交易市場，但是其目的與建立國有銀行體系高度一致，都是要為國有企業解困改制來籌資。但是，股票市場面臨的風險較高，帶給政府的管理成本較大，遠不如銀行體系簡便易行。因此，儘管居民部門投機熱情極高，但並不注重股息紅利這類穩定正常的投資收益，而政府建設一個發達健康的股票市場的動機並不十分強烈。實際上，無論居民儲蓄放在銀行還是股市，終歸不會脫離國有部門的控制，國家的金融控制並不因居民金融資產選擇的變化而削弱。像這樣一個制度不完善、投機程度過高的資本市場，一旦在人民幣國際化的推動下與世界資本市場對接，必然會遇到相當嚴峻的挑戰。

金融管制和金融市場的不完善，也極大地削弱了人民幣資產的投資品種和回報。外國政府和居民只能通過有限的管道參與人民幣資產和項目的投資，如QFII。由於除高風險的股票之外的人民幣資產回報率低，外國資本持有人民幣資產的主要目的是通過人民幣升值來賺取匯兌收益。一旦人民幣停止升值的步伐，人民幣資產的吸引力將大幅下降。國內有限的金融市場和投資品種，不能為國外投資者帶來多樣性的投資，賺取合理的收益。人民幣資產作為儲值和保值的國際貨幣職能將會逐漸地弱化，人民幣也有可能喪失在國際貨幣體系中的競爭優勢。

6.2.3 經濟過度貨幣化

由於中國經濟增長依賴於居民的高儲蓄率和間接融資模式，中國的金融發展明顯呈現出「窄而深」的特點（Naughton，2007）。「窄」是指中國的金融體系過於單一，銀行存單成為了主要的金融產品，「深」則是指中國經濟的貨

幣規模已經達到相當高的程度，中國經濟的貨幣化率（M2/GDP）在2008年金融危機之後更大幅攀高（見圖6—1），達到1.8。這就意味著每增加1元的國民生產總值，需要1.8元的貨幣投放。

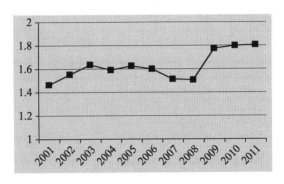

圖6—1　中國經濟貨幣化率（2001—2011年）

資料來源：歷年《中國統計年鑒》。

　　這一比例遠高於任何一個發達國家的水準，反映了兩個問題。一是中國的儲蓄率過高，而且經濟增長過分依賴銀行存款和資金投入。投資是中國經濟最重要的驅動力，在投資飢渴症嚴重的今天，巨大的貨幣數量並不能使貸款利率下降，利率長期在6%～7%的水準浮動。二是存在流動性過剩，資金使用效率不高。原因在於國有銀行體系明顯偏袒國有企業等政府背景、政府支持的企業，對民營和集體企業、居民個體的金融服務異常落後。

　　經濟過度貨幣化導致國內流動性過剩，通貨膨脹壓力增加，而銀行歧視性的流動性配給又使得中小企業要麼苦於借貸成本偏高，要麼苦於缺乏融資來源。金融體系處於一種高壓狀態，從自身的利益出發，無論資金供給者還是資金的需求者都有沖出境內體系的衝動。在現行的金融抑制背景下，若為了實現人民幣國際化而貿然放開資本帳戶，可能會出現大量資本湧出境外的現象，直接挑戰上述經濟發展的金融支援模式，必然對我國脆弱的金融體系造成極大的衝擊。一方面，中小企業的融資困境會進一步加劇，造成實體經濟發展的困

難，而另一方面，大量的資本湧出也會造成人民幣貶值的壓力，甚至會造成貨幣危機，嚴重影響人民幣資產價格的穩定性，人民幣國際化也會因此受到不利影響。

6.2.4　貨幣政策缺乏獨立性

由於中國經濟發展建立了一套強有力的金融支持體系，財政體系在促進經濟增長方面的作用下降，政府發債籌資的積極性不高，中國國債市場規模相對狹小。2010年國債餘額為67 526.91億元，僅占同期M2的9.3%，其中，2002—2010年的短期國債（期限一年以下）發行量，僅占全部國債發行量的9.8%。在發達國家，國債市場是金融市場的基礎市場，其市場風險最低，國債市場的利率水準是整個金融市場確定價格（利率）的重要基準，但中國的國債市場以其規模，還不具備這樣的職能。通常，規模可觀的國債市場是政府進行公開市場操作、調控基礎貨幣的重要條件，而中國為了能進行公開市場操作並保持可操作性，發行中央銀行票據作為國債的替代品。問題在於，中國人民銀行是貨幣發行當局，央行票據的利息不會對中央銀行構成實際負擔，利息成本可以通過增發貨幣來沖抵，並最終以通貨膨脹的形式由全社會承擔。也正是基於這個原因，2008年以後，貨幣政策轉向以存款準備金率調節為主，以抑制日益嚴重的通貨膨脹問題。

總之，貨幣當局明顯缺乏靈活與市場化的價格手段調節貨幣供給，這源自中國的金融市場及其價格機制不健全，調節貨幣供給很難利用利率手段，只能直接調控貨幣總量，存款準備金率也就成為最為簡單、直接的手段。

不僅是缺乏貨幣政策手段，貨幣政策的公允程度也受到質疑。既然國家實施金融控制，貨幣供給最主要的實現管道——銀行信貸——根本來講是與中央到地方各級政府的經濟發展規劃相一致的。而且在法律上，《中國人民銀行法》明確規定：「中國人民銀行在國務院領導下，制定和執行貨幣政策，防範和化解金融風險，維護金融穩定。」這一定位表明中國人民銀行必須聽從政府的經濟規劃，中國還尚未建立起與市場經濟相適應的貨幣政策規則與制度。由

於不自由的金融市場加之受政府控制的貨幣當局，貨幣發行淪為政府籌資手段的潛在危險是無法被國際社會漠視的。當然，貨幣政策獨立性並不完全取決於中央銀行形式上是否獨立於政府，關鍵是要看貨幣政策的出發點是不是幣值穩定與經濟增長，以及實際的貨幣政策效果。

目前，過分僵化的人民幣匯率制度，使得央行的獨立性飽受懷疑。按照克魯格曼的「三元悖論」，在我國資本帳戶逐漸開放的情況下，如果繼續維持人民幣匯率穩定，就無法同時獲得貨幣政策的獨立性，中國人民銀行資產負債表中外匯占款在資產中占比過高，為了對沖流動性而發行的央票規模過大，表明貨幣政策獨立性受到很大的挑戰。中國在人民幣國際化進程中，如果不能保持充分的貨幣政策獨立性，很難贏得國際社會對人民幣幣值的信心。

6.2.5 離岸人民幣市場的替代壓力

人民幣國際化，就是要將這樣一個帶有明顯中國制度特色的金融體系與國際對接，由此而產生的巨大壓力是不言而喻的。中國經濟改革所依託的金融制度，是對內嚴格控制和分隔、對外嚴格封閉的。放開資本專案，促進人民幣國際化，將意味著中國境外的企業、金融機構也將有機會經營人民幣的信貸、債券等各類金融業務，中國境內的企業、個人等主體也將獲得參與境外人民幣金融業務的機會。那麼中國境內的金融體系將面臨來自外部的巨大競爭壓力：居民部門會有境外市場提供的回報更高、種類更為豐富的投資選擇；企業部門會有境外市場提供的成本更低、選擇更多的融資機會。高貨幣化經濟下在銀行部門形成的規模巨大而回報極低的冗餘資金，也許會在資本帳戶管制放鬆後進軍國外金融市場，並不時掀起投機風潮。

2009年7月我國初步放開了跨境貿易的人民幣結算業務，為人民幣流入國際市場提供了一個有限的管道。但是，人民幣外流的強烈衝動立刻有了爆發的趨勢：2009年剛剛放開該通道時，全年國內銀行辦理跨境貿易人民幣結算業務規模僅有35.8億元人民幣，2010年則增長至 5 063.4億元，淨流出超過2 500億元，2011年僅上半年辦理的跨境貿易額就超過了9 500億元人民幣。與此相呼應

的是，境內企業十分熱衷於在香港市場籌資，2007年6月央行放開對境內機構赴港債券融資的限制後，截至2011年，境內企業累計融資額達630餘億元。

　　當然，從推進人民幣國際化角度看，在境外鼓勵人民幣存貸業務，拓展人民幣回流管道是必需的。目前人民幣仍不能完全自由兌換和流通，中國對資本專案仍實施管制，因此建設人民幣回流機制無疑能夠拓寬海外人民幣的投資管道，增強境外主體持有人民幣資產的意願，配合人民幣國際化。中國政府目前已經開展了一系列外商直接投資人民幣結算的試點，預備啟動了人民幣FDI。這暗示政府已經制定了積極而有步驟地放開資本專案的計畫，漸進式地實現國內外金融市場的對接。放鬆管制、開放市場可以使人民幣形成國際循環，符合貨幣國際化的邏輯，並且由此引發一個廣泛的共識，即為了推動離岸市場發展進而推動人民幣國際化，中國正在加快放開資本項目管制，以便香港及其他境外的人民幣資金回流大陸，從而形成一個雙向流通機制：以人民幣進口貿易結算為主的輸出和以人民幣離岸市場資金回流為主的輸入。

　　如果這種國際循環發生的範圍僅僅局限於境內和以離岸市場為主的海外，就意味著人民幣只是形成了一個自循環——流出去的資金又流了回來。在此循環中，人民幣流出規模的擴大根本不能反映國際社會對人民幣接受度的提高，而只反映國內金融體系的封閉落後導致企業難以獲得有效融資，居民和企業投資選擇過於匱乏。一方面是過度貨幣化的經濟中通貨膨脹壓力持續增加，另一方面卻是體制外企業和居民的融資需求得不到滿足，只能求助於從離岸市場獲得資金支持。

　　然而，金融選擇的匱乏和金融體系的封閉，恰恰是中國經濟增長所依賴的基本金融支援方式的關鍵環節。一旦資本項目最終完全放開，而國內的國有銀行體系沒有進行及時的調整，無疑會造成非國有部門儲蓄的流失，從而根本動搖國有銀行與居民部門之間的制度性「契約」，國家喪失對居民儲蓄的控制能力，國家對國民經濟的控制能力也會因此大為削弱。

　　儲蓄通過離岸市場上境內機構的融資再度回流到境內，境內儲蓄的一去一回，本質上是境外的金融體系對境內的金融體系發生了「取代」。長期來看，

離岸人民幣市場引發的套利行為並非一無是處，儲蓄跨境「搬家」有利於境內的通貨規模趨於合理與穩定，而且這一套利行為將促使資金的價格趨於反映真實供求的均衡利率，但是國有銀行體系將失去部分的貨幣控制能力。因此，人民幣的國際化必須要與國內金融體系的市場化改革同步進行，特別需要利率市場化、資本市場自由化的配套，只有這樣，才能保證中國金融體系的穩定與安全，才能不被境外強勢的金融體系所「取代」。

6.3 嚴峻的外部經濟環境

第三個挑戰是人民幣國際化的外部環境。推動人民幣的國際化，首先是基於中國經濟的相對實力已經壯大的事實；其次，冷戰之後世界經濟全球化進程提速，中國如欲繼續推進本國的工業化和現代化，成為有世界影響力的強大經濟體，就必須參與到貨幣與金融全球化占有重要地位的世界經濟全球化過程中。人民幣國際化的戰略需要依據世界經濟的新形勢、新趨勢而制定。但是，中國目前所面臨的外部環境並不十分樂觀，諸多問題對人民幣的國際化構成了相當明顯的挑戰。

6.3.1 國際貨幣體系格局的「慣性」

當今世界的貨幣體系，無論是各國國內還是國際，均已不再具有物權關係，已經完全「國家信用化」，這就增大了傳統國際貨幣體系格局的「慣性」。布列敦森林體系及其以前的各國國內和國際貨幣，基本都是貴金屬本位，19世紀末以後基本都進入了金本位。當時所謂的國際貨幣，其實就是黃金，任何國家的貨幣都是因為與黃金確定了官方比價而具有價值的，各幣種間的比價取決於與黃金的比價關係。各國貨幣信用的好壞，直接取決於一國貨幣的黃金可兌換性。英鎊在第一次世界大戰前長期盤踞國際貨幣體系的中心地位，根本原因在於英國憑藉強大的經濟基礎和殖民地勢力，可以保證持續的貿

易順差而使國內的黃金供給充裕。在以黃金這一物權關係為基礎的國際貨幣體系的時代，一國只有保證貨幣與黃金的充分可兌換性，才能保證貨幣的國際流通性。正因如此，經歷第一次世界大戰後，英國欠下美國大筆債務，黃金儲備外流，英鎊從國際核心貨幣的位置跌落，而淪為英聯邦國家內的區域貨幣。

第二次世界大戰則再次打擊了英國的經濟力量，英國乃至全歐洲陷於黃金短缺，美國則利用戰爭機會，握有大筆黃金以及對英國等歐洲國家的債權。1944年同盟國預備建立戰後貨幣體系時，美國拒絕了凱恩斯的由各國貨幣聯合建立「Bancor」國際貨幣單位的計畫，而是要求各國貨幣必須單獨、直接與黃金掛鉤，完全原樣恢復戰前的國際貨幣體系。事實是，唯有美元有能力與黃金維持兌換比價，各國為了維持比價，只能被迫與美元掛鉤。美國利用貨幣的黃金比價，一次性地將所有歐洲貨幣都與美元掛鉤，而且再利用歐洲戰後經濟蕭條的形勢，實施馬歇爾計畫，向歐洲注入大筆美元，打通了歐洲內部的以美元為基礎的多邊結算關係，美元就此成為了西方世界內部的國際貨幣。

但是，1971年美元宣佈與黃金脫鉤，美元的國際中心貨幣地位的基礎就變得不那麼具體和牢固了。它是美國世界頭號經濟強國的體現，更是美國世界性軍事政治霸權的體現。沒有了物權基礎，國際貨幣體系中各成員的影響與地位也就失去了絕對的判斷依據。人民幣想要更充分地介入到國際貨幣體系當中，沒有一個唯一的標準，必須同時達到擴大本國實體經濟、擴大國際貿易份額和控制力以及提升國際金融市場地位等多個目標，甚至還要積極提高國際政治影響和軍事實力，借此使抽象的「國家信用」不斷被增強、被夯實。

因為沒有公允的物權基礎，人民幣國際化基本上是按照與不同國家進行雙邊貿易結算或簽訂雙邊貨幣互換協議來進行的，而且持有人民幣儲備的國家之間沒有多邊結算關係，人民幣也不能在這些國家間自由流通。純粹國家信用基礎的國際貨幣體系，加大了中國擴展本國貨幣流通與儲備網路的難度，增大了中國在國際貨幣體系中提高影響力的困難。

歐盟經濟總規模早已超過美國，而且已經實現了內部主要國家經濟關係的高度整合，但是歐元在國際貨幣體系的地位提高得並不明顯，在全球貨幣流通

與儲備中，歐元的地位還遠遜於美元（見圖6—2）。

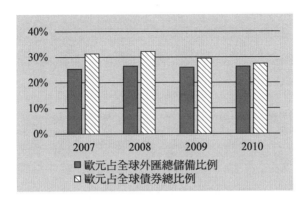

圖6—2　歐元在全球金融市場中的地位
資料來源：歐洲中央銀行（ECB），*The International Role of Euro*, July 2011。

　　近年來，歐元在國際貨幣體系中的地位並沒有出現上升的趨勢，這與歐盟國家的相對經濟地位並不相稱。但是，這種穩定的態勢說明了一個問題，那就是一旦世界經濟確定了某一種貨幣的流通地位，就會產生依賴這種貨幣的「慣性」。美國在21世紀以來，一直堅持以低利率刺激經濟的方針，美元供給規模持續膨脹，2008年金融危機爆發後，美元貶值的態勢已經很明顯，但是美元幣值的風險並沒有降低美元在國際貨幣體系中的地位。

　　就國際貨幣體系本身來講，轉換國際貨幣的成本仍然高於堅持美元中心地位帶來的損失，這樣的顧慮就會大大延遲國際貨幣體系更新的速度。歐元誕生已逾10年，仍未形成與美元分庭抗禮的局面，一個重要的原因在於國際貨幣體系具有內在的更新遲滯特性。

　　須注意的是，這種慣性不僅僅來自國際貨幣體系本身，更來自國際貨幣體系背後的主導國家。眾所周知，保持美元高度的國際流通性，是美國攫取世界範圍的鑄幣稅的前提。如果美元的國際地位與市場份額因為人民幣的進入而受到擠壓，那就意味著美國攫取鑄幣稅的機會受到中國的擠壓，美國對外輸出經濟危機壓力的能力也會下降。如果美國經濟內部的金融泡沫無法消除，實體經

濟空心化趨勢就無法逆轉，美國必然會極力反對給美元國際地位可能帶來威脅的任何變動，人民幣國際化也不會例外。因此，在人民幣國際化途中，必然會遇到來自美國的多種阻力。

6.3.2 人民幣流出的投機風險

中國堅持出口導向型的增長方式，最近十年來，保持了經常項目的長期順差。在結售匯制度下，外匯只能通過外匯指定銀行進行買賣，而且絕大多數外匯最終在外匯交易中心被中央銀行購買，形成外匯儲備。結果是，中央銀行的外匯儲備規模隨著外貿順差增加而日益膨脹，導致人民幣出現了強烈的升值預期。但是資本項目的外匯管制限制了人民幣流向境外市場，升值預期遠沒有釋放為升值的事實。儘管在2005年7月我國結束了盯住美元的固定匯率制度，但是我國對美國和全球的貿易順差並未出現實質性的變化，外匯儲備的膨脹趨勢依舊（見圖6—3）。

人民幣國際化是在人民幣面臨強烈升值預期的情況下啟動的，這一因素與中國國內金融體系的封閉與緊張並列，促使了人民幣急劇外流，特別是那些抱有投機目的的境外投資主體，資本流出的動機更突出。如前所述，2009年7月我國放開了離岸市場經常項目的人民幣結算通道，2010年全年人民幣流出就超過了2 500億元，相當於400億美元。儘管在人民幣國際化過程中，在放開貨幣流出視窗初期貨幣流出是正常現象，但是中國已經積累的人民幣升值壓力太強烈，境外投資主體的投機衝動也格外強烈，致使人民幣外流趨勢顯得過於猛烈，出乎意料。

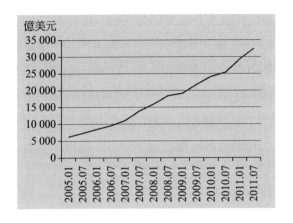

圖6—3 中國人民銀行持有的外匯儲備量（2005—2011年）

資料來源：中國人民銀行。

目前，對外貿易中的人民幣結算，多是進口貿易，占人民幣結算量的80%～90%，這實際上是希望借人民幣升值而獲益。與進口貿易中大量使用人民幣相對應的是，出口貿易中人民幣很少被使用，這二者其實是一致的，都取決於人民幣的升值預期。資本帳戶下的問題也類似，對外直接投資用美元和用人民幣的區別是什麼？倘若這兩種貨幣的預期幣值都是穩定的，使用起來都一樣方便，那麼選擇哪一種貨幣都行。由於美元貶值預期強烈，人民幣升值預期強烈，於是大家都願意接受人民幣，而不願意接受美元。在這樣的情形下，境外主體在人民幣流向境外初期大舉增持人民幣，並不能夠說明人民幣在世界市場的信用水準和接受度高，而僅僅是由於升值預期的存在，形成了境外的投機套利和「貨幣替代」問題。如果人民幣的盲目流出導致了過度投機行為，極易產生人民幣的價值泡沫。一旦泡沫破滅，將會嚴重影響到中國經濟的健康穩定發展。拉美國家在20世紀70年代到90年代的新自由主義改革時期，普遍經歷了從「貨幣替代」到匯率驟跌、經濟蕭條這樣的過程。所以，如前所述，人民幣國際化應該建立在穩定的幣值基礎上，強烈的升值預期儘管短期內有助於人民幣走向世界，但是中國經濟為此可能付出不小的代價。長期來看，中國需要改變

經濟發展模式，平衡國際收支，在幣值穩定的基礎上推進人民幣國際化。

　　1997年的亞洲金融風暴告訴中國，盲目推進資本和金融帳戶的對外開放，極易遭到國外投機者的攻擊而誘發國內經濟危機。即使是高度開放的經濟體，國際化水準也並非越高越好，在亞洲金融風暴時期，由於東南亞各國盲目的資本金融開放，國際炒家很容易在國際匯市上籌集到各國的貨幣，再利用金融槓桿，將東南亞各國的金融體系逐個打垮。當然，中國的經濟規模遠遠大於東盟各國，而且坐擁巨額外匯儲備，境外主體幾乎不可能獲得足夠的人民幣並製造人民幣匯率的災難性下跌。但是目前的中國同樣是高度依賴出口的經濟體，匯率風險對中國的經濟影響不可小視。維持穩定的幣值，就是要限制人民幣的投機視窗，保證人民幣能被國際社會普遍用於結算、投資和儲備。所以中國應當注意人民幣國際化初期的本幣外流趨勢，防止人民幣在發達國家流動性過剩的背景之下，淪為其投資炒作的新對象。

第七章

結論與建議

7.1 主要結論

通過對人民幣國際化進程的全面梳理，充分吸取國內外相關觀點，以及對一些熱點問題進行深入研究，本報告得出如下結論：

（1）人民幣國際化就是要在若干年後，讓中國的貨幣在國際貿易、國際投資以及各國的外匯儲備中，充當主要的計價貨幣、支付結算貨幣和外匯儲備貨幣。它一方面是中國國家崛起的象徵，另一方面也是中國實現經濟起飛之後能夠保持持續強盛的重要的支柱和國家工具。因此，人民幣國際化是中國重要的國家戰略之一。

（2）為了客觀、動態、科學描述人民幣國際化程度，我們從國際貨幣職能角度出發，選擇貿易結算、金融交易以及官方外匯儲備三個層次六個細化指標，編制了人民幣國際化指數。2011年人民幣國際化指數為0.45，在過去兩年中增長了21.5倍，表明國際社會對人民幣發揮國際貨幣功能有相當程度的認可，然而，同期美元的國際化指數為54.18，歐元為24.86，日圓為4.56，英鎊為3.87，與主要國際貨幣相比，人民幣國際化程度仍存在較大差距。

（3）2011年是人民幣國際化進程取得重大發展的一年。人民幣跨境貿易結算擴大至全國，全年銀行業累計辦理規模達2.09萬億元。人民幣外匯市場不

斷創新，推出了外匯期權交易，加上原來的人民幣對外匯的遠期交易和貨幣掉期交易，形成了完整的人民幣匯率衍生產品的基礎體系，這就為人民幣交易的市場風險管理提供了技術保障。香港人民幣離岸市場初具規模，人民幣存款接近6 000億元，人民幣回流國內的多元管道正在形成。2008年以來中國先後與14個國家和地區貨幣當局簽署貨幣互換協定，總規模達到1.301 2萬億元。奈及利亞、馬來西亞、韓國、柬埔寨、白俄羅斯、俄羅斯和菲律賓等7國已經將人民幣資產作為其外匯儲備的一部分，人民幣國際化出現了質的進展。

（4）2011年人民幣國際化在政策推進和市場發展兩個方面取得了重要突破。從政策措施或制度安排上看，人民幣在更大範圍內全面履行國際貨幣職能的制度障礙正在消退。具體表現為：全面實現了跨境貿易人民幣結算，逐漸試點跨境人民幣資本雙向流動，人民幣開始在國外官方機構外匯儲備中出現。從市場發展情況看，境內外金融市場對於人民幣國際化進程普遍給予高度關注並做出積極反應。香港人民幣離岸金融中心快速成長：人民幣業務品種不斷豐富，交易規模迅速擴大，市場主體更加多元化，在人民幣資產定價權上具備明顯優勢。境內外匯市場繼續深化發展：人民幣與小幣種外匯交易在市場機制、交易品種等方面不斷創新，為人民幣國際化奠定了堅實的市場基礎。

（5）人民幣國際化進程不以人民幣的升值預期為前提條件。而且單向的人民幣升值容易引發熱錢湧入，不利於中國經濟轉型和金融安全。只有在平穩上升的均衡匯率基礎上保持人民幣匯率穩健，才能避免人民幣投機風潮，為人民幣國際化的順利進行提供有力的貨幣制度保障。

（6）資本項目的完全開放是人民幣最終實現國際化的必要條件，但中短期內，在推進人民幣國際化的同時還必須進行適度的資本管制，特別是在不確定的國際經濟環境下，對短期資本的投機性流動要嚴加管制。兩者不是對立的關係，而是相輔相成、齊頭並進的關係。政府應該審時度勢，根據人民幣國際化的節奏，適時、適度地調整資本項目的開放程度。

（7）離岸人民幣市場（香港）的長足發展有利於加速人民幣國際化進程，但是採用兩套清算體系，特別是在不同的匯率形成機制和貨幣制度下，離

岸人民幣市場和在岸人民幣市場之間存在不容忽視的套利風險，國內金融市場的健康發展面臨新的挑戰。需要深化金融改革，消除導致兩個市場之間無風險套利的機會。

（8）以金磚國家為代表的新興市場國家地位的提升和西方國家的經濟衰退形成鮮明對比，經濟實力的此消彼長為國際貨幣體系的改革奠定了物質基礎，也為人民幣國際化創造了歷史機遇。中國名列世界前茅的經濟總量與外貿規模，持續的高速增長，成為人民幣國際化的堅強後盾。毫無疑問，巨額外匯儲備為人民幣國際化提供了信用保證。

（9）人民幣國際化面臨來自國內外的三大挑戰。一是過度依賴外需的經濟發展模式與以低附加值加工貿易為主的貿易結構，不利於夯實人民幣國際化的根基。二是金融市場的脆弱性，如金融體系市場化程度較低，僵化的匯率制度對貨幣政策獨立性的約束等，降低了人民幣資產的國際吸引力。三是存在國際貨幣體系格局的慣性，中國面臨了嚴重的美元陷阱問題，使得人民幣國際化處於嚴峻的外部經濟環境之中，世界各國對於人民幣資產的接受程度具有不確定性。

7.2 人民幣國際化的長期戰略

中國貨幣國際化的戰略目標是，到2030年至2040年之間，人民幣國際化指數或者說人民幣國際化的程度，由現在的0.45上升到不低於20。推動國際貨幣體系由現在的美元為主，歐元、英鎊和日圓等共同作為國際儲備貨幣的格局，轉化成為美元、人民幣和歐元三元制衡的新格局。換言之，20～30年之後，人民幣將成為發揮重要作用的世界三大貨幣之一。

為了實現這一戰略目標，我們建議在未來30年的時間裡兩個「三步走」的戰略路徑。一個是人民幣國際化範圍的拓展。第一個十年實現人民幣的周邊化，在周邊國家推行人民幣作為貿易計價結算貨幣。第二個十年實現人民幣的

亞洲區域化。第三個十年實現人民幣使用的全球化。另一個是人民幣國際化職能的拓展。第一個十年主要是在進出口貿易結算中推行計價結算貨幣的功能。第二個十年是在國際金融交易中發揮支付貨幣的功能。第三個十年是在全球各國外匯儲備中作為重要的儲備貨幣而存在。

一國主權貨幣之所以能夠在世界範圍內被接受，發揮計價結算及價值貯藏的職能並最終成為國際貨幣，歸根結底是因為其背後承載著貨幣發行國經濟實力的擔保。長遠來看，一國經濟、政治整體實力才是其主權貨幣實現國際化的真正推手。平穩實現中國工業的現代化和農村人口城市化，提升消費在經濟發展中的地位，減輕經濟的對外依賴程度，引導勞動密集型出口產業向具有高附加值的技術密集型、資本密集型產業轉型，鼓勵企業研發創新，實現外延增長向內涵增長的轉變和內外均衡發展，是實現人民幣國際化戰略目標不可或缺的經濟基礎，直接決定人民幣國際化的成敗。

7.3 人民幣國際化的短期策略

從國際經驗出發，通過比較分析美元、日圓、德國馬克三大國際貨幣的國際化史、發展模式，以及對這些貨幣國際化過程的特點和共性進行的總結，給予人民幣國際化不少有益的啟示。結合我國具體國情和人民幣國際化戰略，本報告認為短期內需要大力推進人民幣周邊化，重點實現人民幣作為貿易計價結算貨幣的職能。為此需要努力做好以下工作：

（1）促進跨境貿易人民幣結算的結構合理化，致力於擴大人民幣的使用範圍。制定一定的優惠措施，鞏固對東盟國家貿易人民幣的結算成果。抓住共同的經濟發展需要，重點拓展金磚國家、上海合作組織成員國的人民幣貿易結算規模。對非洲、拉美發展中國家，應通過人民幣投資和人民幣出口信貸向當地提供人民幣，鼓勵其在對華貿易中使用人民幣進行計價結算，以改善人民幣出口結算相對較低的失衡狀態。

（2）繼續推動利率市場化改革，完善利率傳導機制。由貨幣市場供求狀況決定利率，充分發揮利率的價格槓桿作用，優化人民幣資金的配置，提高金融市場的效率和人民幣金融交易的國際吸引力，為離岸市場和在岸市場之間的良性互動，化解兩個市場之間的套利風險提供制度保障。此外，利率市場化，不僅有利於市場主體形成理性判斷，糾正人民幣長期升值預期，緩解國際套利資本流動風險，還有利於提高金融機構經營管理的靈活性和金融創新的積極性，增強金融體系的穩健性。

（3）深化匯率體制改革，充分發揮匯率在外匯市場中的價格發現和調節供求的職能。一方面，我國決策監管機構應儘快設計和規劃人民幣參考一籃子貨幣的模式和權重，使人民幣匯率形成機制更加公開和透明，市場預期按照一定的規則進行，以減少「熱錢」衝擊的風險。應發出明確的、令人信服的市場信號，人民幣不是盯住單一貨幣的，人民幣匯率波動是多種因素合力和市場供求變化的真實反映。應逐步降低政府對外匯市場的干預力度，提高人民幣匯率彈性，通過製造雙向波動打破人民幣單邊升值的預期，這對於出口貿易管道的人民幣結算、人民幣貸款的增長都具有重要意義。同時，合理的人民幣匯率水準，將有利於糾正經濟結構失衡，促進經濟的可持續增長。

（4）謹慎穩步推進資本專案下可兌換。人民幣國際化要求人民幣必須變成可自由兌換的貨幣，也就是還要實現資本項目下的完全可兌換。依據日本、英國、德國等先進國家資本帳戶開放的經驗進行推算，人民幣可望在2017年到2020年之間實現完全可兌換。需要反覆強調的是，人民幣即使實現完全可兌換，也必須有適度的管制。如果不對投機性強的熱錢進行嚴格管制，貨幣政策和財政政策就難以發揮預期的效果，我國金融市場、實體經濟的安全就會受到嚴重威脅。因此，我國應該學習、借鑒美國開放的金融保護主義，在大大提高中國金融的名義開放度的同時，嚴格掌控實際開放程度，採取多種技術性要求和程序性規範等解釋性約束措施，實現抵禦風險和獲取人民幣國際化效益之間的最佳權衡。

（5）建設遍佈國際金融中心的離岸人民幣市場，為跨境貿易人民幣結算

提供強大的金融支援。在加強香港離岸人民幣市場、上海國際金融中心建設的同時，擴大新加坡、倫敦、紐約、法蘭克福離岸人民幣規模，提高上述國際金融中心的人民幣結算和交易的份額，擴大人民幣在金融交易中的影響力。繼續採取積極有效的政策措施鼓勵和扶持、發展多層次的人民幣離岸金融市場，包括以人民幣計價和交易的債券市場、股票市場、外匯市場、衍生金融市場、期貨市場，以此提高跨境貿易人民幣結算的資金可獲得性，以及人民幣資產的收益，從貿易和金融交易兩方面強化國際社會的人民幣使用動機。此外，我國還應以固定收益債券市場為核心，構建可監測、易管理的完善的離岸人民幣回流機制，發揮在岸市場對海外人民幣的影響力和吞吐作用，確保離岸市場像一只風箏，有一根結實的繩子拴在在岸市場身上，可乘風飛揚，可隨時收回，做到二者良性互動，相互促進。

（6）擴大人民幣對外貸款和直接投資規模，加大人民幣對國外實體經濟的影響力。一方面鼓勵我國居民個人和企業使用人民幣自主進行海外投資、置產興業，有效規避投資中的匯兌風險，實現我國企業經營的全球佈局。另一方面學習當年日圓國際化的經驗，鼓勵政策性銀行和金融機構擴大人民幣對外貸款規模，以優惠貸款方式推動人民幣資本輸出。對於總部在境內的中資企業、地區總部在境內的外資企業以及境外出口商，金融機構可以根據其需求發放人民幣優惠貸款。建議放寬信貸規模，提高金融機構開展人民幣對外貸款業務的積極性。

（7）擴大人民幣的國際儲備職能。進一步加強與金磚國家的金融合作，逐步實現我國與其他國家的雙邊或多邊貨幣互換常態化或永久化，積極參與建立和擴大東盟10＋3外匯儲備庫和外匯儲備共用機制，加強與周邊國家貨幣政策和國際債務管理的協作和協調。

附錄1

觀點綜述：解讀人民幣國際化

　　人民幣國際化問題已日益成為國內外貨幣、金融和國際問題研究中的熱點，相關主題論文及評論在國內外主流刊物、媒體上發表的頻率都在持續上升。國內外的學者、智囊機構、政府官員，紛紛從各自的角度對人民幣國際化的方方面面做出了分析、解讀和預測。我們將從人民幣國際化的收益、成本、條件、路徑、影響、熱點等不同角度，對全球金融危機以來的各類相關觀點做出初步梳理，從而幫助讀者全面地把握當下人民幣國際化所處的輿論環境和內外部認知。

1.1　人民幣國際化有何益處？

　　人民幣國際化的必要性在於它能為中國和世界帶來福利改善和整體正效益。學者們主要從以下幾個方面闡述了人民幣國際化的益處。

1.1.1　獲得國際鑄幣稅收入與貨幣特權

　　國內外學者公認一國貨幣國際化可以為該國牟取鑄幣稅收益和貨幣特權。

　　眾所周知，國際貨幣會給發行國帶來鑄幣稅收益（Subramanian，2011；Takatoshi Ito，2011；Eichengreen，2011；Ranjan and Prakash，2010）。鑄幣稅

是貨幣發行國獲取的貨幣面值和貨幣發行成本之間的差額，一種國際貨幣的增發等價於向世界其他國家收取鑄幣稅。儘管中國沒有收取鑄幣稅的野心，但是人民幣國際化至少可以在某種程度上抵消中國不得不向美國所付的鑄幣稅（高海紅，2010）。人民幣國際化意味著非居民將持有人民幣，這有助於中國貨幣當局向外部世界收取鑄幣稅（巴曙松，2009）。根據陳雨露（2005）的實證研究，從鑄幣稅角度進行衡量，至2002年底美元國際化利益已累計高達9 530 億美元，人民幣國際化後能分享鑄幣稅好處。如果人民幣的購買力能夠在較長的時期內保持穩定，並且人民幣的國際化區域逐步擴大，那麼到了2015年，人民幣國際化帶來的國際鑄幣稅收益可能會達到220多億美元，到2020年則約為300億美元。

除了鑄幣稅收益外，有些學者（Eichengreen，2011；Subramanian，2011；Prasad and Ye，2012）還指出國際貨幣地位可以給發行國帶來行使貨幣領域的「過度特權」（exorbitant privilege）的能力。Subramanian（2011）具體指出，國際貨幣發行國有能力維持巨額資本項目赤字，積欠大量以該國際貨幣標價的低利率債務，因為該國貨幣具有特殊的儲備貨幣地位，其他國家願意持有其債券。擁有這種特權的國家，可以憑藉其貨幣在海外低成本借到大量資本，同時使得該國在其他國家的投資得到更高的回報率。換言之，如果貨幣具有國際儲備貨幣地位，意味著貨幣發行國擁有更低的融資成本和更廣闊的市場，這就有助於該國在金融危機中避免貨幣暴跌與混亂。因此，在經濟不景氣的時候，相對於其他貨幣，國際貨幣更為安全。

1.1.2 降低對美元的依賴、擺脫美元陷阱

為了應對眼下的金融危機，美國實行量化寬鬆政策，向市場注入大量流動資金，導致其他國家所持美元資產的大量損失。面對單極的國際貨幣體系，許多國家紛紛提出了改革的意願。努力構建有人民幣參與的多元國際貨幣體系，降低對美元的依賴，這既符合大部分國家的利益訴求，也符合我國的利益訴求（門淑蓮，2009）。中國要成為一個經濟大國，必須擁有國際化的貨幣，從而

避免在貿易計價結算、資本流動中不得不接受他國貨幣政策的制約和干擾（涂永紅，2009）。

人民幣「走出去」也有利於減輕我國對美元等國際儲備貨幣的過分依賴，減少我國經濟的對外風險敞口（巴曙松，2009）。孫立堅（2009）認為中國目前具有全世界最大規模的美元官方資產，使得美國的量化寬鬆貨幣政策很容易對我國產生較大的衝擊，人民幣國際化在一定程度上能夠對沖當前美元主導的貨幣體系所產生的風險。這一觀點在西方學者中也有廣泛的共識（Ranjan and Prakash，2010；Kroeber，2011）。Arthur Kroeber（2011）進一步指出，就中國外匯儲備的巨額美元資產而言，中美之間的相互依賴具有非對稱性。並非像美國學者認為的那樣是擁有巨額美元外匯儲備的中國綁架了美國，而是濫發貨幣的美國綁架了中國。原因在於中國根本不可能通過出售其所持的美元資產來破壞美國經濟。在當前的國際貨幣體系下，中國就像「美國銀行」的儲戶，積累了巨額的存款，卻幾乎沒有辦法將這些儲蓄轉移到別處，因為世界上其他「銀行」的規模都不夠大。不管中國主觀上願意還是不願意，都只能持有這些明顯是低利率的存款。

中國外匯儲備已經被美元「套牢」，人民幣國際化有助於中國解套。

1.1.3 促進我國金融深化，提升金融體系的效率

人民幣國際化可以倒逼國內金融市場向國際化、多元化發展，有助於國內金融市場的功能完善，促進我國金融體系的健全和發展（趙錫軍，2011；哈繼銘，2011）。比如對銀行業來說，人民幣在對外貿易中的廣泛使用，將有利於中資銀行擴張海外市場、獲取新的客戶資源、增加收費業務收入（殷劍峰，2011）。人民幣國際化擴大了境外的市場範圍，有利於提高中國金融機構的融資效率和國際競爭力；而競爭力的提升將進一步推動中國金融服務行業的發展。因此，人民幣國際化不是上海建設國際金融中心的必要條件，但是它無疑會有助於推進上海國際金融中心的建設（高海紅，2010）。人民幣國際化會以一種「外力」的形式促進建立一個高效、安全和開放的金融市場，全面提

升中國金融體系的效率，促使中國金融業改變「金融滯後」的現狀（夏斌，2010），並有利於優化中國的經濟結構，保持經濟均衡和持續增長，緩解我國國際收支失衡的局面（管濤，2011）。

日本學者根據本國經驗，也認同本幣國際化對金融市場的良性影響。Takatoshi Ito認為，貨幣國際化將利於國內公司和金融機構向海外借款，也利於外國公司和機構在本國發行債券。人民幣國際化將深化中國國內的債券市場，乃至整個金融市場。國內和離岸市場間的套利不僅成為可能，而且還將促使金融市場變得更具效率。國內投資者和借款者將受益於該體系，獲得更高的回報率和更低的借款成本（Takatoshi Ito，2011）。

中日學者都認識到：人民幣國際化有利於倒逼並推進國內金融體系改革，增強金融機構的競爭力。

1.1.4 降低貿易成本和外匯風險，促進貿易

人民幣國際化意味著在國際交易中使用人民幣計價和結算將被更廣泛地接受，這將降低中國企業和金融機構在國際交易中面臨的匯率風險（Subramanian，2011）。當然，推進貿易人民幣計價結算不可能一蹴而就。Takatoshi Ito（2011）指出，中國需要努力說服其交易夥伴接受人民幣計價結算，與貨幣非國際化國家的協商相對比較容易，但是要讓發達國家接受人民幣則比較困難。

顯然，人民幣國際化可以推動跨境交易發展。一方面，跨境貿易發展帶來的人民幣跨境流動能夠為人民幣貿易結算系統的建立提供真實的市場基礎；另一方面，人民幣貿易結算反過來又便利了國際貿易，促進與中國有關的雙邊貿易和區域貿易規模的擴大（高海紅，2010）。人民幣國際化與中國對外貿易發展之間存在一個良性的互動過程（巴曙松，2009）。

其實，人民幣國際化帶來的福利增長不僅體現在經濟發展和貿易增長上，還會直觀地表現為給中國居民帶來了很多便利。Subramanian（2011）舉例說，當美國遊客在海外旅行的時候，可以直接使用美元購買服務或商品，或者很容

易地換取當地貨幣。而貨幣非國際化國家的國民很難享受到這種便利。此外，貨幣國際化還為商業交易提供了一種類似於語言國際化的便利。例如，其他國家的金融機構須把以美元計價的交易轉換為本地貨幣以便判斷其價值，而美國的金融機構則免去了這種麻煩，進而節約了不少人力、物力和財力。

人民幣計價結算可以降低中國企業和金融機構的外匯風險與交易成本，便利其業務發展。

1.1.5 提升中國金融機構的國際競爭力

李稻葵（2011）指出，人民幣計價結算使得中國進出口企業和金融機構無須借助他國貨幣完成交易，它們的匯率風險將降低，這就使得我國金融機構在計算資本充足率時，因為人民幣資產權重的增加和外匯風險的降低，加權風險資產較之以前減少，使得金融機構可以較少地受到資本金的約束，獲得更大的業務拓展能力。如果人民幣成為國際貨幣，中國的銀行和保險公司就會在諸如貸款、貿易融資、人民幣國際債券等業務中較美國與歐洲的對手具有競爭優勢，因為中國的金融機構將獲得更高的回報，並且不用承擔匯率成本與風險。此外，上海和香港國際金融中心的地位也會相應上升（Ranjan and Prakash，2010）。

1.1.6 增強中國的政治影響力

歷史上，貨幣國際化毫無例外地增強了該貨幣發行國在國際社會的政治權力。首先，貨幣充當國際貨幣可以提升該國在國際組織中的地位（Takatoshi Ito，2011）。其次，國際貨幣地位可直接賦予該貨幣發行國對相關國家的政治影響力。Subramanian（2011）以歷史事件對此提出了佐證。隨著對巴拿馬領導人 Noriega腐敗和毒品交易的指控，美國在20世紀80年代凍結了巴拿馬在美國的資產，並嚴格限制美元流向巴拿馬，這使得經濟高度美元化的巴拿馬遭受重創。另一個例子是古巴。在1920—1921年金融危機中，美國拒絕充當最後貸款人，導致大量古巴銀行倒閉，此舉幫助美國的銀行在古巴金融體系中占據了統

治地位。通過貌似中立的不作為，美國實際上暗地裡將國際貨幣作為美國銀行謀求利益的槓桿。

人民幣國際化處於起步階段，國內學者主要看中的是貨幣國際化的軟權力和形象價值，而非其經濟制裁和打壓功能。夏斌（2010）指出，大國經濟體崛起的本身，迫切需要國際化貨幣的支援。人民幣國際化不僅有利於中國在一個多元化國際貨幣體系中發揮影響力（易綱，2006），更重要的是，人民幣國際化還有利於提升我國的國際地位和大國形象（管濤，2011；吳念魯，2010）。

貨幣即權力。

1.1.7 提升全球經濟體系的穩定性

Lee（2010）認為，當前世界需要除美元外的另一種貨幣來承擔更為重要的角色，以增強全球外匯儲備系統。國際貨幣體系從單一貨幣體系逐漸轉向多元體系的呼聲越來越強烈，因為這將降低單一儲備貨幣提供者的赤字壓力，也為其他國家的外匯儲備提供了更多的選擇。隨著中國的崛起及其在世界經濟中不斷擴大的影響力，人民幣成為新的國際貨幣是自然而然的事情。

這種觀點在中國國內很有市場，得到多位學者的共鳴。趙錫軍（2009）認為，美國次貸危機引發的國際金融危機，充分表明以美元為核心的單極國際貨幣體系導致了美元困境，限制了全球經濟穩定發展。因此，危機後進行國際貨幣體系改革勢在必行。改革的重要方向之一便是通過美元以外的國際貨幣滿足全球經濟交易的需要，一個重要的途徑就是國際貨幣多元化，即通過弱化美元作為國際中心貨幣的地位，分散國際貨幣體系過分依賴於美元而產生的系統性風險（吳曉求，2011）。所以，與其說人民幣國際化是中國人的要求，不如說是國際社會的要求（曹遠征，2011）。國際社會需要人民幣成為國際貨幣，需要中國提供大量的以人民幣計價的金融資產。人民幣國際化是維護全球經濟穩定發展的一個方向（李稻葵，2011）。

人民幣國際化可以推動全球和東亞地區內的國際經濟體系重構，並強化其經濟的穩定性。

1.1.8 推進和深化東亞經濟一體化

日圓國際化難以突破歷史性的阻礙，亞元的推行也踟躕不前，對於多元化的貨幣需求，亞洲市場缺乏有效的供給（翟東升，2010）。然而，隨著中國經濟規模的不斷增大，中國將向其他亞洲經濟體提供一個巨大的市場。中國的貿易和跨境資本流動在亞洲區域的增加，以及人民幣在亞洲區域的擴大使用，將使中國的貨幣政策和匯率政策具有區域效應，中國將在區域金融穩定中扮演越來越重要的角色，日益增強的區域角色又為人民幣國際化提供了現實基礎（高海紅，2011）。

1.2 人民幣國際化可能會支付多大的代價？

雖然人民幣國際化對我國有諸多益處，但是其中也不乏風險，需要我國承擔相應的風險和責任，並為此支付必要的代價。鑒於此，很多學者提出了應審慎推行人民幣國際化。當前人民幣國際化面臨的風險與代價，主要有以下幾個方面。

1.2.1 可能降低宏觀經濟政策的有效性

人民幣國際化必然伴隨更高程度的資本流動自由化和人民幣匯率浮動（Prasad and Ye，2012）。Ranjan和Prakash（2010）指出，允許資本自由流動可能會降低中國貨幣和宏觀經濟政策的有效性。國內學者對此也有充分認識，他們認為頻繁的、大規模的、不可預料的貨幣輸出入難免對國內貨幣金融政策的決策和實施產生影響（陳雨露，2005），甚至可能會對國內貨幣市場、外匯市場、資本市場造成巨大的衝擊，形成貨幣替代和貨幣國際化逆轉風險（趙錫軍，2009）。卜永祥（2009）認為人民幣國際化增加了宏觀調控的難度，中國制定本國的貨幣政策、利率政策時必須考慮政策外溢效應。高海紅（2010）認為中國正處於過度貨幣化狀態，如果取消資本管制，資本外流的規模可能十分

巨大。如果沒有資本管制，外匯交易需求將十分巨大，而且成本十分高昂。中國資本市場規模仍然有限，跨境資本流動的任何重大變動都可能導致中國資產價格大幅波動。姜建清（2011）認為人民幣國際化的過程中存在風險，因為人民幣資本項目下還沒有實現自由兌換，海外「熱錢」會通過人民幣回流方式進入中國市場，如何漸進開放、如何防範風險都亟待解決。翟東升（2010）及 Takatoshi Ito（2011）等人在這個問題上則相對樂觀，他們都認為，境外人民幣回流很可能會衝擊中國的金融市場，這的確會減弱央行對貨幣政策的掌控能力。但與世界其他經濟體相比較，中國的經濟、金融規模非常龐大，資本跨境流動而引發貨幣危機的概率應當低於世界上絕大多數國家。

人民幣國際化後，跨國資本流動將衝擊宏觀經濟政策的有效性，並挑戰中國金融機構的風險控制能力。

1.2.2 給金融機構的風險管理帶來更大的挑戰

人民幣國際化也給中國商業銀行和其他金融機構帶來了一些全新的風險管理挑戰。人民幣逐步走向國際化將使境內商業銀行資產負債表從國內轉向國際，來自國際市場的資產和負債在資產負債表中的占比也會越來越大。而且，全球流動性管理的難度更大。人民幣國際化對商業銀行的全面風險管理、資產負債管理、資訊系統建設、國際清算服務能力都提出了更高的要求（姜建清，2011）。

1.2.3 承擔更多的國際責任

國際貨幣在世界範圍內執行貨幣職能，國際貨幣的發行國必須承擔國際金融穩定的職責。一旦成為國際貨幣，人民幣就需要承擔相應的國際責任。例如，作為當下的國際貨幣發行國，美國就承擔著維持國際貨幣和金融體系秩序，防止其陷入混亂的責任（Eichengreen，2011）。Prasad和Ye（2012）指出，國際貨幣發行國需承擔更多的責任，因為其國內貨幣政策具有更強的外溢效應。Subramanian（2011）也表示，國際貨幣發行國的貨幣管理機構需要考慮

其行為對國際市場的影響，而不應僅依據國內目標制定貨幣政策，否則必然會面對來自國際市場和他國政府的各種壓力。

1.2.4 可能對本國商品的競爭力形成負面影響

鑄幣稅和「貨幣特權」為國際貨幣發行國帶來收益的同時，也不可避免地會產生一定的負面影響。如果人民幣成為國際貨幣，其特殊性就會吸引其他國家增加對人民幣的需求量，可能驅使人民幣升值，從而減弱我國出口部門在國際市場的競爭力（翟東升，2010）。此外，國際貨幣為資本專案赤字融資的能力將鼓勵該國政府和私人部門不負責任的行為。2008—2009年美國經歷的全球性金融危機就是一個例子。美元的國際儲備貨幣地位吸引了大量資金流入美國，融資便利且成本低廉，與此伴生的鬆懈管理與魯莽行為共同埋下了危機的種子（管濤，2011）。Subramanian（2011）認為，出口導向性戰略要求中國拒絕外資購買其資產，因為允許外資購買中國資產會帶來更多的資本流入，推動人民幣堅挺，最終導致中國出口競爭力下降。然而，人民幣國際化要求資本帳戶開放，降低甚至取消對外資購買中國資產的限制。這兩者間具有明顯的矛盾。

從宏觀上看，在人民幣國際化的後期，也會面臨與美元同樣的「特裡芬難題」。如果中國要維持國際收支平衡，則其他國家使用人民幣作為官方儲備的需求增長將得不到滿足，從而產生國際清償能力不足的問題。如果要保證其他國家的儲備要求和國際清償能力，則中國面臨的國際收支不平衡問題又可能會不利於中國的經濟發展以及人民幣的對外幣值穩定（趙錫軍，2008；丁志杰，2009）。如何處理這二者的矛盾呢？吳念魯（2010）認為，中國在本幣國際化之後將使中國貿易收支狀況趨於惡化，以適度的國際收支逆差來提供國際清償力。

人民幣國際化將抬高本幣的對外價值，削弱本國出口商品的競爭力。中國對外輸出貨幣的代價可能是較大規模的貿易赤字。

1.2.5 可能受制於大量持有人民幣的國家

Subramanian（2011）認為，濫發貨幣的「過度特權」會使得國際貨幣發行國受制於國際貨幣持有國的某些行動。中國現在持有大量美元儲備，因而對美國有一定的影響力。第二次世界大戰後的英鎊區國家也曾通過出售它們所持的英鎊資產來製造不穩定局面，以達到它們特定的政治目的。例如，1966年，馬來西亞憑藉其占有英國對英鎊區國家負債淨額的14%的地位，威脅要出售其英鎊資產，在英鎊遭遇拋售危機時推波助瀾，從而成功地抵制了英國強迫其與新加坡貨幣一體化的政治壓力。未來中國向全球發行過多人民幣之後，也可能會面臨類似的困境。

基於以上各類風險和代價，有少數學者認為人民幣成為獨立的國際儲備貨幣不僅是很遙遠的事情，而且實現的難度也很大，當前沒有必要推行人民幣國際化。中國大陸、香港、臺灣，以及東南亞地區在貨幣流通上都屬於美元區的勢力範圍，人民幣盯住美元也不完全是一件壞事。美元仍然是世界最強的儲備貨幣，美元霸權地位仍將維持很久，所以現在我們還不可以輕言人民幣脫離美元而自成國際貨幣體系。當務之急不是人民幣國際化，而是推進人民幣國際業務發展，減輕美元匯率波動對我國經濟的損害（裴長洪，2010）。類似的立場也體現在胡祖六（2011）的觀點中，他認為現行的國際貨幣體系雖然存在一些缺陷和弊端，但是目前仍然無須推倒重建。現行的國際貨幣和貿易體系確保了主要國家市場的開放和資本比較自由的流動，給中國的改革與發展提供了比較有利的外部環境。

1.3 人民幣國際化的條件是否成熟？

學者們普遍認為，人民幣國際化需要滿足一些基本的先決條件，主要包括：強大的實體經濟和國際競爭力，資本專案的相對開放，國內金融市場的廣度、深度和成熟度，國際經濟和金融形勢所提供的契機，平穩的宏觀經濟和穩

定的幣值，等等。就目前的態勢而言，中國推進人民幣國際化已經具備了部分條件和契機，但是在多個領域還需要進行有力的改革和長期的努力。

1.3.1 人民幣國際化已經具備了某些有利條件

一國的GDP規模以及在全球貿易中所占份額是其貨幣能否獲得國際貨幣地位的重要決定因素（Dobson，2009）。從中國自身的現有條件來看，學者們指出，改革開放三十多年來，中國的經濟實力壯大，經濟基本面向好，為人民幣國際化奠定了堅實的經濟基礎（曹鳳岐，2010；卜永祥，2009）。中國已經是世界最大的出口國，並且可能在三、四年內超越美國成為世界最大的進口國，人民幣理應成為一種重要的貿易結算貨幣（Kroeber，2011）。中國是世界第二大經濟體，這使得中國有能力建立規模龐大而流動性強的金融市場。此外，中國龐大的對外貿易額和直接投資額也為人民幣獲得國際貿易結算貨幣地位打下了堅實的基礎（Eichengreen，2010）。哈繼銘（2011）從總體經濟規模、通貨膨脹率、匯率穩定性和金融市場規模四個方面進行深入分析後，認為目前人民幣國際化具有可行性。干杏娣（2010）還從政治制度著手，指出穩定的政治局勢也是推動人民幣國際化必不可少的先決條件之一。另外，魯政委（2009）總結了決定一國貨幣能否國際化的五個主要因素，即該國在全球經濟中的相對規模、該國貿易在全球貿易總量中的相對規模、該國的幣值穩定性、該國金融市場的穩定和完善程度、歷史偏向。他認為人民幣國際化的進程雖會受到諸多挑戰，但是人民幣國際化的相關條件已具備，並有很好的歷史機遇，應該順應歷史潮流並有所作為。

從國際環境看，全球金融危機導致美元信任危機，國際貨幣體系面臨變革的強烈要求，國際貨幣體系正呈現多元化發展趨勢，這給人民幣國際化提供了歷史機遇（王大樹，2011）。周小川（2011）也強調本幣國際化不是特意設計出來的，而是金融危機提供的一個機會。易綱（2011）認為，全世界的投資者之所以願意持有某種貨幣並在某個市場投資，主要考慮的是安全、收益、市場的深度和流動性，中國市場和人民幣完全有這個潛力。儘管中國整體的國際

收支是順差，然而中國對亞洲新興市場經濟保持貿易逆差，這就增加了人民幣在這些區域的可靠性。中國對世界保持巨額的外貿順差，使得人民幣升值預期大而貶值壓力小，適合作為國際儲備貨幣（曹鳳岐，2010）。近年來的實踐表明，中國周邊的亞洲各國對人民幣的接受程度已經大為增強，為人民幣國際化奠定了一定的基礎（黃益平，2009）。

中國經濟發展的良好基本面和國際貨幣金融體系的動盪，都有利於人民幣國際化。

1.3.2 國內金融市場成熟度仍有欠缺

中國仍欠缺一個擁有足夠廣度和深度的、自由的國內金融市場，尤其是人民幣債券市場。

Kroeber（2011）強調，人民幣實現國際化的關鍵在於是否向外國開放國內金融市場。他指出，人民幣要成為國際儲備貨幣，必須具備流動性好、風險性低、可供外國投資者購買的金融資產，並且這些金融資產必須在公開透明、無人為操縱的市場上交易。Eichengreen（2010）比較了中國與美國債券市場的規模，結果顯示中國與美國相比還有很大的差距。雖然目前中國的債券市場以每年30%的速度增長，但這一速度未必能夠保持。此外，他還主張應加強金融市場法制建設，讓合同得到可靠的執行，爭議得到公平的仲裁，增強投資者的信心。銀行應以純商業目的為立足點，遠離政策性借貸。在安全開放資本帳戶兌換之前，應加強對金融機構和金融市場的監督管控。對國有企業和地方政府的預算約束應更為嚴格。Takatoshi Ito（2011）也強調，發展和深化金融市場是人民幣國際化的先決條件之一，一個重要途徑是引入大量的異質市場參與者，這樣當一些投資者賣出的時候，另一些投資者可以承接買入。向外國投資者開放國內市場是引入異質市場參與者的有效途徑。另一種途徑是使投資者具有不同的特質，如長期投資與短期投資。為推進人民幣在計價和交易中的使用，放鬆管制、引入不同的市場參與者應被列入政策議程。Krugman（2009）也曾表示，要成為國際貨幣，需要有非常成熟的債券市場。他認為歐元區的債券市場

比較破碎，不夠強大，這是歐元無法挑戰美元地位的一個重要原因。

國內學者對此問題也有深入研究。在人民幣可自由兌換的假設前提下，到2020年人民幣在國際儲備和國際債券中的比例應該達到20%。因此，當前的政策重點應該是實現資本帳戶有效、可控、大規模的開放，而且大規模地增加人民幣計價金融資產的供給（李稻葵等，2008）。到人民幣中度和深度國際化時，需要更加開放的金融市場和國際金融中心以服務於人民幣國際化，需要以完全市場經濟基礎、人民幣可自由兌換為保障（干杏娣，2010）。目前，我國還存在較大範圍的利率管制，利率非市場化不僅嚴重壓抑了金融市場配置資源，還可能導致人民幣國際化後資本外逃或短期「熱錢」流入（孫立堅，2010）。

1.3.3　資本帳戶管制需要進一步放鬆

巴曙松（2009）指出，實現人民幣在資本項目下可兌換是人民幣國際化的重要先決條件。沒有人民幣資本項目可兌換，實現人民幣國際化的戰略就會成為無源之水、無本之木（管濤，2011）。中國應先進行國內體制和匯率市場化改革，再廢除一系列的資本管制，並且應首先廢除對中長期金融資產的管制，然後是短期資產（Takatoshi Ito，2011）。美國彼得森國際經濟研究所的Lardy和Douglass（2011）認為，中國資本帳戶自由化的前提條件是國內銀行系統更為強大，國內金融市場更發達，以及人民幣匯率更均衡。目前，實現人民幣資本專案自由兌換的核心障礙是，中國依靠壓低匯率的出口導向型經濟增長模式要求資本帳戶封閉（Subramanian，2011）。縱觀貨幣國際化的歷史，貨幣國際化的條件既取決於一個國家經濟實力的發展情況，也取決於貨幣能不能自由兌換。一個不能完全自由兌換的貨幣實現國際化並不容易，因此人民幣要想國際化還有一段路程（吳曉靈，2009）。

國外學者基本上都強調：人民幣國際化需要資本專案更大的放開以及匯率體制改革。

1.3.4 人民幣匯率需要市場化和更大的靈活性

一部分西方學者認為國際儲備貨幣的對外價值應主要由市場來決定，中國政府一方面試圖人為壓制人民幣升值，另一方面又想提高人民幣在國際貿易和金融交易中的地位，但是這二者在短期來看是自相矛盾的（Krugman，2009）。中國應推進匯率改革，使得匯率更多地由市場決定，這將有利於構築外國投資者對人民幣的信心。另外，保持被低估的匯率也會造成國內經濟過熱，不利於中國經濟的平穩增長（Takatoshi Ito，2011）。人民幣國際化進程必然伴隨大規模的資本流動和較大的波動性，為適應這種資本波動並減輕其對實體經濟的衝擊，應加強人民幣匯率的靈活性（Eichengreen，2010）。

1.3.5 保持宏觀經濟平穩增長是未來面臨的長期任務

Dobson（2009）明確指出，一國宏觀經濟情況長期保持平穩，是該國貨幣獲得或者保有國際貨幣地位的基礎。因此，中國保持穩定的低通貨膨脹是人民幣真正成為國際貨幣所應具備的條件。除保持低通脹率外，將公共債務控制在可承受的範圍內，也是影響投資者對一國主權資產信心的重要因素。Eichengreen（2010）認為，雖然中國在2008—2009年全球性金融危機中顯示出對金融市場強大的管控能力，保持了宏觀經濟和物價的平穩，但未來前景並不確定。隨著人民幣國際化進程的深入，中國經濟越來越多地暴露於「熱錢」衝擊之下，中國保持宏觀經濟平穩將面臨更大的挑戰。新加坡學者認為，儘管當前中國經濟的增長趨勢樂觀，但中期來看，中國經濟仍然被眾多不平衡和風險因素所困擾，包括一直存在並不斷擴大的區域經濟差距、城鄉收入不平等、社會抗議增加、民族緊張加劇、猖獗的腐敗現象和日益嚴重的環境污染。其中任何一項爆發，或者多條「斷層線」結合起來，都將使得中國經濟急剎車，並隨之將人民幣推向非正常軌道（Wu，2010）。

1.4 如何對待人民幣國際化的前景與影響？

1.4.1 人民幣國際化的前景預測

何時才能實現人民幣國際化呢？陳雨露（2009）認為，人民幣國際化將是一個「三步走」的過程，比照主要貨幣國際化的時間，充分考慮到中國的具體國情，每個階段大約需要10年時間來實現，所以保守地估計，真正國際化至少還需要30年。

在國外學者中，Subramanian（2011）對此最為樂觀，他認為，人民幣國際化是中國走出重商主義經濟增長模式的出路，因此中國會堅持推進人民幣國際化，並繼續推行開放與改革的金融政策以配合該戰略；人民幣正在「有條件地迫近」（conditional imminence）國際貨幣地位，可能會在十年後取代美元的地位；美元的命運更多地取決於中國而不是美國。Eichengreen（2010）的樂觀態度次之，他表示，鑒於人民幣國際化巨大的經濟成本及可能產生的政治阻力，無法判斷中國是否會堅持人民幣國際化的戰略方向；如果中國堅持該戰略，人民幣就有可能在十年左右的時間內成為國際貨幣。他還強調，人民幣國際化的成功並不以美元的沒落為先決條件，多種主要國際貨幣是可以共存的。新加坡國立大學東亞所學者Wu（2010）比較審慎，他認為，期待人民幣在2025年前成為全球性貨幣過於樂觀。中國要成為一個全球性的、負責任的利益相關者，需要進行基礎經濟、金融、管理和政治改革。這些改革需要時間。此外，由於對政治、經濟和社會穩定的關心，中國政府傾向於採取漸進主義路徑，這使得中國政府對金融自由化格外謹慎。最後，意識形態的巨大差異也會阻礙人民幣國際化的進程，由於中國由共產黨執政，其他國家可能因政治原因不接受人民幣的多種國際功能。

綜上所述，人民幣國際化將是一個漫長的過程。在可預見的未來，人民幣難以撼動美元在國際貨幣體系中的霸主地位。這主要是以下幾個原因所致：

第一，人民幣國際化起點低。Kroeber（2011）分析了有關資料，認為人民幣距離成為全球主要的貿易貨幣還很遙遠，而且從重要的貿易貨幣躍升為重

要的儲備貨幣，還需要完善的、流動性強的、開放的金融市場，目前中國並不具備這個條件。

第二，出於政治考量，中國未必會配合人民幣國際化的需要而改革金融制度。由於中國官員對由市場決定其貨幣匯率和國債利率持懷疑態度，並且在拒絕外國人實質性參與國內金融市場方面，中國和日本具有同等的偏見，只要這種情況保持不變，人民幣不可能超越區域儲備貨幣的角色（Kroeber，2011）。到目前為止，中國政府所做的只是在海外提升人民幣的國際地位，在國內金融體系中並沒有相應的措施。想要使人民幣成為世界貨幣，這樣做還是遠遠不夠的（Frankel，2011）。金融大鱷Soros（2010）也曾表示不看好人民幣國際化，因為中國官方非常謹慎，不喜歡突然的變化，對取消國際資本控制方面，中國官方也會持相同的態度。

第三，美元的霸權地位具有慣性。人民幣有可能較快地成為亞洲區域性貨幣，但難以在全球範圍內挑戰美元地位，因為單一全球性國際貨幣的使用具有很強的慣性（Takatoshi Ito，2011）。國際儲備體系的歷史慣性會維護美元和提升歐元的地位，致使人民幣國際化面臨障礙（曹鳳岐，2010）。運用非線性動態面板回歸模型對貨幣國際化進程的影響因素進行實證分析，孫海霞等（2010）發現國際貨幣的慣性對主要國際貨幣占外匯儲備比重有顯著的解釋力。這說明國際貨幣市場的慣性是短期內人民幣國際化的重要障礙。事實上，金融危機爆發後，各國中央政府並沒有拋售美元，反而加速購進美元資產，短期內美元的霸權地位仍然穩固。美元走弱會給目前持有美元資產的國家帶來巨大的損失，這也成了減緩國際貨幣體系重大變革的重要原因。受此影響，美元霸權主導的國際貨幣體系並沒有發生實質性的變化（向松祚，2010）。

鑑於貨幣在國際化的過程中不可避免地付出內外政策協調困難、金融市場易受衝擊等代價，陳雨露（2005）認為必須保持冷靜的頭腦，政策制定者應該全面權衡利弊，避免超越中國現實的經濟水準和政策能力、人為拔高人民幣的國際化程度而使自己陷入巨大的逆轉風險。中國人民銀行行長周小川（2011）也表示，人民幣國際化將是一個漸變的、長期的過程，中國將小心謹慎地允許

人民幣在跨境金融交易中逐步有所運用。政府所能做的就是從政策層面更多提供便利化措施，通過市場的整合選擇，掃除對人民幣認識的一些限制（易綱，2011）。

人民幣國際化將是一個逐步推進的過程，需要數十年才能實現。決策者應避免人為拔高人民幣國際化程度的做法。

1.4.2　人民幣國際化將對國內各部門產生重大的「再分配效應」

從國際政治經濟學的角度來看，貨幣國際化這樣的重大政策變遷會對國內不同的部門產生重大的「再分配效應」，有些部門將獲得淨收益，而有些部門可能會承擔淨損失。因此，貨幣國際化的利弊，對不同的部門或經濟主體而言是不一樣的。受到貨幣國際化影響的各個利益群體和部門在政府決策層面的博弈能力，是一國貨幣國際化政策走向的重要影響因素。如前所述，隨著對一國貨幣國際需求的增加，該國出口競爭力會受到削弱，貨幣國際化會對出口產業部門產生負面影響。相反，金融部門樂見其貨幣國際化。考察美元、德國馬克和日圓的國際化案例，在貨幣國際化的初始階段，這三個國家的出口產業部門都比金融部門強大，它們的政府都並未有意地推進貨幣的國際化。目前，中國政府正在有意地使本國貨幣走上國際化道路，人民幣升值對製造業出口造成的影響將左右中國政府的政策導向（Frankel，2011）。人民幣國際化會加速中國的經濟結構調整，徹底改變中國壓低匯率刺激製造業出口的發展模式。中國經濟發展模式將發生結構性變化，從出口導向轉向內需導向，從製造業為主轉向服務業為主，從沿海轉向內地（Eichengreen，2010）。人民幣國際化使得在境外積累的人民幣有可能回流，從而衝擊中國經濟，造成經濟過熱，影響金融市場穩定。應對經濟過熱有兩種途徑，其一是人民幣升值，但這會影響出口部門的利益。其二是提升利率，但這會造成失業，尤其是增加非貿易部門的失業（Takatoshi Ito，2011）。

相比之下，國內學者在這方面的分析更加深入。他們詳細分析了人民幣國際化對中國經濟各部門，尤其是進出口和金融業的潛在影響。跨境貿易人民幣

計價結算有利於減少匯率的風險，簡化跨境貿易手續，降低交易成本。然而，人民幣國際化很可能促使人民幣對外不斷升值，打擊中國的出口競爭力。出口的減少會導致出口導向型的中國國內總需求降低，境外對人民幣需求的增長也可能引起利率水準上升、投資減少，導致中國的經濟發展速度放緩，人們的收入水準因此受到不利影響（李鏞喆，2011）。從長期來看，人民幣國際化會給中國的金融機構帶來更多的新業務。首先，跨境貿易更多地使用人民幣計價結算，中資銀行將成為清算行或結算行，而人民幣離岸存款業務發展更有利於中資銀行擴張海外業務，獲取新的客戶資源，增加國際中間業務以及衍生品業務收入，提高其國際市場競爭力（何帆，2009）。其次，人民幣國際化促進了貨幣資本的跨境流通，能夠提高國內股票市場的資金運作效率。人民幣國際化降低了匯率風險，保險機構可以節省外匯資產保險的賠付資金，且減少購匯成本，便於境外投資，有利於保險業的健康持續發展（巴曙松等，2008）。何帆（2009）指出，總體上看，人民幣國際化的收益會更多地由私人部門得到，而由此增加的成本則會更多地由政府部門承擔，相關的政府部門需要做好相應的準備。

人民幣國際化將給中國經濟中的貿易部門、非貿易部門以及政府帶來利弊相雜的影響。

1.4.3 人民幣國際化對亞洲和全球經濟的影響

人民幣國際化和中國在亞洲的戰略利益，可能使得東盟國家和中國大陸、香港、臺灣形成人民幣區域集團。這個人民幣集團的產生，將進一步限制人民幣匯率政策的靈活性。因為該集團中的其他國家具有國際貨幣使用慣性，將要求人民幣對美元保持匯率穩定。由於牽扯到美元，這將使得解決中國與東盟國家間的貿易不平衡問題變得更為複雜（Park and Song，2011）。其中獲益較多的是香港和新加坡這樣的地區金融中心。人民幣的崛起給新加坡帶來了提升全球金融中心競爭優勢的機會。新加坡能夠在多長時間內發展成為人民幣離岸市場，在很大程度上取決於該國使其優勢配合中國人民幣國際化戰略的能力，以

及在人民幣國際化下一階段利用先發優勢的能力（Yang and Yao，2011）。對於那些貿易順差夥伴，特別是中國的周邊國家，人民幣的國際化有助於緩解雙邊交往中結算手段的不足，推動和擴大雙邊經貿往來（李鎔喆，2011）。

人民幣國際化有利於東亞區域經濟的發展和全球經濟貨幣體系的平衡。

學界普遍認為，人民幣國際化有利於全球貨幣體系的穩定。因為，多元的貨幣體系將降低儲備貨幣發行國的赤字壓力，並為其他國家有效管理外匯儲備提供更多選擇（Lee，2010）。由美元、歐元和人民幣共同作為國際儲備貨幣要優於美元一家獨大的局面。再沒有國家可以像美國一樣為其資本帳戶赤字無限地融資。當儲備貨幣發行國採取不負責任的貨幣政策時，比如美國在2005—2007年的所作所為，其他國家可以降低該貨幣在儲備中的比例。由此，儲備貨幣發行國的行為紀律將得到強化，再次爆發類似於2008年金融危機的可能性將相應降低（Eichengreen，2010）。此外，現行的國際貨幣體系並沒有充分體現新興國家經濟在世界中的地位，人民幣國際化將大大提高中國在國際貨幣體系中的話語權和影響力，從而反映發展中國家的利益訴求（李稻葵，2010）。

另有學者指出，人民幣國際化有可能加劇中國和交易夥伴國之間的貿易摩擦。Ito（2011）表示，現在中國的匯率政策已經被其他國家批評，如果這些國家持有人民幣計價的資產，對於中國操縱貨幣匯率的指控將更為強烈。

1.5 人民幣國際化的路徑與策略

貨幣政策的理論和歷史為人民幣國際化提供了很多路徑和策略方面的指導。而這個問題一直是國內外學者討論的焦點，將他們的典型觀點概括起來，主要有以下一些內容。

1.5.1 地域路徑

貝多廣、哈繼銘（2008）認為人民幣國際化應遵循「先區域後國際」，

先在東亞區域內提高其地位，成為一個比較強勢的區域性貨幣，再推進下一步的國際化。也有許多學者建議，人民幣國際化在策略上可以分為「三步走」：第一步是用十年時間實現人民幣的可自由兌換；第二步是用十年時間實現「區域化」，推動人民幣在整個亞洲地區使用；第三步是用十年時間實現「國際化」，使得人民幣成為全球重要的關鍵貨幣（陳雨露，2009；趙錫軍，2009；向松祚，2011）。曹鳳岐（2010）、王大樹（2011）認為應當以我國為圓心，不斷擴大人民幣被信任和接受的半徑。

在國際上，東亞學者對人民幣國際化的地區優先策略也非常關注。Park和Song（2011）判斷，在人民幣國際化早期階段，中國會致力於使人民幣成為主要的區域貨幣，而不是謀求成為全球性的交換媒介。中國會試圖建立一個由東盟國家、中國大陸、香港和臺灣組成的人民幣集團。其理由有二：一方面，以區域化為重點的發展路徑，對金融自由化改革的要求相對較低；另一方面，從戰略利益方面考慮，中國需要加固與這些經濟體組成的區域內經濟聯繫。舊的「10＋3」（東盟＋中日韓）區域金融貨幣合作體系將被新的「10＋3」（東盟＋中國大陸、香港、臺灣）體系取代，因為日本和韓國不論從經濟利益還是政治利益考慮，都不會參加這一新的貨幣集團。而Lee（2010）從日圓國際化的歷史經驗出發，同樣指出在東亞形成人民幣區域集團是人民幣國際化進程中的重要一步。

多數的學者們主張人民幣國際化應該分步進行：由內而外，由近及遠，由淺入深。

1.5.2 地域和職能相結合的路徑

當然，人民幣國際化的路徑設計不應局限於地域範圍，而是必須與其貨幣職能相結合，在地域拓展的同時實現職能的轉化。對於人民幣職能的推進，同樣也可以採用「三步走」：第一步是人民幣在貿易結算當中充當國際結算貨幣，第二步是在國際投資領域中作為投資貨幣，第三步是實現人民幣儲備化，即成為國際最重要的儲備貨幣之一（陳雨露，2009；連平，2009）。如何將人

民幣國際化的職能路徑與地域路徑相結合呢？首先，在周邊國家和與中國貿易關係緊密的國家嘗試採用人民幣作為貿易結算貨幣；其次，在成為結算貨幣的基礎上，使人民幣成為這些國家的儲備貨幣；第三，在成為區域貨幣的基礎上再走向國際化，成為國際儲備貨幣（魯政委，2009；吳念魯，2009）。

從歷史經驗和國際貨幣功能視角看，貨幣國際化大致需經歷以下步驟：第一，鼓勵在貿易計價和結算中使用該貨幣；第二，在金融交易中推廣使用該貨幣；第三，促使外國央行和政府以該貨幣為外匯儲備。對於像中國這樣一個限制資本項目下自由兌換的國家，貨幣國際化「三步走」中的第一步意味著貿易項目下人民幣可自由兌換，這意味著資本管制實際上被滲透。第二步則要求放鬆對資本項目的管制，建設多元的、高流動性的、對外國投資者開放的金融市場。在信用貨幣制度下，這意味著匯率制度需要更強的靈活性，以配合資本帳戶完全開放，並適應大規模、波動性更強的資本流動。中國政府大致是在按照這個路徑推進人民幣國際化（Eichengreen，2010）。

1.5.3 先內後外的路徑

也有不少學者認為，推行人民幣國際化應先練好內功，切忌操之過急，應在實現調整國內經濟結構、完善金融機制的前提下逐步推進。

余永定（2011）認為，隨著中國經濟的發展，中國政府逐步推行人民幣國際化是必要的，但人民幣國際化並不能取代中國的經濟結構調整，不能取代人民幣匯率的調整。中國的當務之急依然是減少貿易和資本專案順差，加速人民幣升值步伐，減少乃至停止對外匯市場的干預。特別是在國內儲蓄尚未得到充分利用、央行在實行貨幣緊縮政策的時候，繼續大量引進各種形式的外資是十分錯誤的。在市場機制未能理順的情況下，資本專案下的監管不能放鬆，必須抵禦各路「熱錢」於國門之外。

推進人民幣國際化，必須積極抑制通貨膨脹，繼續完善匯率形成機制，鼓勵企業「走出去」，銀行對外發放人民幣貸款，開闢並拓寬人民幣投資管道，進一步發展資本市場和開放資本帳戶。對於資本帳戶開放可能導致的國內資產

價格泡沫，完全可以通過推出國際板等措施加以化解（哈繼銘，2011）。人民幣成為儲備貨幣的進程將取決於中國經濟與金融整體發展進程，尤其是資本帳戶自由化的進程（胡祖六，2011）。人民幣國際化的道路是按照市場經濟原則和全球比較通行的商業原則來逐步加以推行的，政府需要有一個非常明確的戰略性的安排，需要一個政策推動。在這個推進過程當中，應該在金融市場的基本開放、金融市場的深度和廣度、資本金融帳戶的自由兌換和海外金融市場人民幣產品創新四個方面加以突破（連平，2011）。人民幣國際化的步伐應該參照以下三個方面的進步速度：第一是國內多層次資本市場和銀行體系改革的步伐；第二是產業結構的升級與全要素生產力的提升；第三是全球資產投資和併購管道的建設進度（翟東升，2010）。先進行國內金融改革，再開展對外改革，是人民幣實現國際化的最佳路徑。應先實現利率自由化、允許外國金融機構進入中國市場、發行並允許國內外居民購買多類型的政府債券，然後再廢除對外資投資中國股票和債券的限制，及對中國居民海外投資的限制（Takatoshi Ito，2011）。

1.5.4　借助特別提款權擴大人民幣影響

特別提款權是由國際貨幣基金組織創立的國際儲備資產，用於補充國際儲備的不足。諾貝爾經濟學獎得主Mundell（2010）曾呼籲將人民幣納入特別提款權的貨幣籃子中。對此，一些西方學者指出，特別提款權在國際官方儲備中只占3%，因此將人民幣納入其定價籃子沒有太大的現實意義，但具有重要的象徵意義。即使僅具有成為SDRs籃子貨幣的前景，都將促進各國央行將人民幣納入它們的儲備組合。目前阻礙人民幣加入SDRs籃子的最大障礙是人民幣尚不能自由兌換（Eichengreen，2010）。

1.6 人民幣國際化進程的若干熱點問題

1.6.1 人民幣跨境貿易結算

　　跨境貿易人民幣結算具有非常重要的意義，此舉不僅順應了國內外市場的意願，拓寬了境外人民幣資金的來源管道，還進一步密切和鞏固了我國與周邊國家尤其是發展中國家的經貿聯繫（周小川，2010）。人民幣跨境結算是人民幣國際化的起步階段，結算貨幣使用普遍之後，逐步會成為一個投資貨幣。投資市場深化了，人民幣才可能成為一個儲備貨幣或者說國際化貨幣（巴曙松，2011）。同時，人民幣在跨境貿易和投資使用的擴大也將對貨幣政策的實施和影響提出新的課題和更高的要求（胡曉煉，2011）。

　　人民幣跨境貿易結算是人民幣國際化的起步，但是由於種種原因，目前仍然存在進出口結算嚴重不平衡的問題。

　　趙錫軍（2009）認為除了要考慮人民幣使用數量的問題，還應該考慮人民幣使用品質的問題。倘若人民幣不能參與全球主要金融市場的交易，僅僅擴大在邊貿中的使用數量，這種國際化的品質是較低的。

　　也有不少學者對跨境貿易結算的功能持懷疑態度。給定雙順差規模和相應的外匯儲備增量，無論境外人民幣存量通過何種管道、達到何種水準，在一般情況下，人民幣進出口結算不可能實現平衡，新增美元外匯儲備將會增加。人民幣國際化的舉措並未實現我們減少美元外匯儲備和減少匯率風險這兩個最重要的目標（余永定，2011）。人民幣進出口結算出現嚴重不平衡以及中國外匯儲備還在不斷增加，其根本因素恐怕在於中國出口企業的談判地位較弱，缺乏定價權乃至結算貨幣選擇權（殷劍峰，2011）。導致人民幣跨境貿易結算集中於進口而非出口的原因有三個：第一，在持續的人民幣升值預期下，境外貿易企業更願意接受人民幣收款，而不太願意用人民幣支付貨款；與此同時，中國貿易企業定價權相對較弱，而最後的貿易結算幣種選擇跟貿易雙方定價權的強弱有關。第二，迄今為止，境外人民幣存量是有限的，境外貿易企業獲得人民幣並用於支付進口的難度較大或成本較高。第三，出口貿易的人民幣結算試點

企業與進口試點企業相比，範圍相對有限（張斌等，2011）。

1.6.2 香港離岸市場建設

在推進人民幣國際化的過程中，離岸市場的作用不可忽視。在設計人民幣國際化的實現路徑時，應該特別重視香港離岸金融中心和上海國際金融中心的建設對人民幣國際化的促進作用（戴相龍，2011）。要以離岸市場為支點，逐步推進人民幣國際化，即通過離岸市場在向境外部分開放國內金融市場的同時，又相對隔離人民幣國際化中國際金融風險向國內市場的傳遞（夏斌，2011）。

香港具有發展人民幣離岸金融市場的天然優勢。周小川（2011）指出，內地金融市場需要增加廣度和深度，包括繼續推動境外央行、港澳人民幣業務清算行、境外參加行等三類機構投資內地銀行間債券市場試點工作。而在這三類機構試點的過程中，香港將享有最多的機會，並且允許以人民幣境外合格機構投資者方式投資境內證券市場，鼓勵香港創新發展多種形式的離岸人民幣金融產品。香港應繼續開拓對外聯繫的管道，擴大人民幣跨境使用，並充分使用「占先優勢」得到發展。

香港人民幣離岸金融市場建設也是人民幣國際化過程中不可缺少的環節。目前人民幣國際化所面臨的全面兌換與穩定之間的矛盾可以通過發展香港人民幣市場來突破。香港人民幣離岸市場的形成，維持了人民幣跨境貿易結算開啟的人民幣國際化勢頭，同時也緩解了人民幣全面可兌換進程中的現實矛盾（曹遠征，2010）。實事求是地講，人民幣國際化需要雙軌制方案。第一軌為國內金融市場和金融機構的改革，為逐步實現人民幣資本項目下的完全可兌換創造條件；第二軌為充分發揮香港的作用，推動人民幣在國際金融市場上的影響力（李稻葵等，2008）。由於大陸利率還未完全市場化，債券市場也欠發達，中國政府可以通過香港人民幣離岸債券市場來部分彌補這些金融市場的缺陷（孫立堅，2011）。

如何發展香港人民幣離岸市場呢？擴大離岸人民幣存款規模是關鍵。可

以通過三個階段來加速香港人民幣離岸業務發展：第一階段，人民幣資金流出並建立適當的回流管道，如結算環節逐步流出，在海外進行部分兌換；第二階段，在香港建立自我循環、不依託母國市場的離岸市場；第三階段，將俄羅斯或非洲等地的人民幣彙集到香港，使之成為真正的人民幣離岸中心。如果香港的人民幣存款規模達到2萬億元，人民幣就可以在香港實現自我循環（巴曙松，2011）。

　　儘管在人民幣單邊升值預期的背景下，境外居民與企業只願意持有人民幣資產，不願意舉借人民幣負債，人民幣國際債券發行可能會受到不利影響，但是香港人民幣債券的收益率較低，考慮人民幣升值的因素後，對一些新興市場國家的企業與金融機構而言，在香港發行人民幣債券的總體成本還是比較低的，人民幣債券市場仍然有光明的前景（何帆，2011）。按照目前的發展速度，香港人民幣離岸市場有望在未來兩三年間達到2 萬億元的規模，只要審慎控制境內企業在香港的融資與回流狀況，香港人民幣離岸市場對境內人民幣供應、外匯儲備、沖銷操作以及跨境資本流動的影響就不會失控（馬駿，2011）。中銀香港是香港人民幣存款的唯一清算行，而且小QFII與境外人民幣直接投資等回流機制中對投資機構和規模要進行審核，這些制度安排和措施基本可以控制國際資本短期大量流入的風險（何帆等，2011）。

　　對於是否應該發展香港人民幣離岸市場，學界存在較多不同意見。

　　當然，也有學者對香港作為人民幣國際化進程中離岸中心的模式提出質疑。日圓國際化的教訓表明，中國走「貿易結算＋離岸市場」的道路或許不可行，「資本輸出＋跨國企業」才是可行之選。香港已經事實上成為一個資金由內地流出再回流到內地的循環通道，這在很大程度上重複了日圓國際化過程中的錯誤，是不可取的（殷劍峰，2011）。人民幣離岸市場還會為中國金融發展帶來潛在風險。中國公司在離岸市場出售人民幣債券，並經此管道獲得資金支援，會加速中國公司脫離國內銀行體系。而且離岸人民幣銀行間市場和其國內對應部門形成緊密聯繫，這些都將挑戰中國政府的貨幣和信用管控能力（McCauley，2011）。從長遠來看，中國公司將向海外的外國銀行借款，削弱

中國國內銀行的優勢地位。為了增強國內銀行的長遠競爭力，更應該重視和加速上海國際金融中心的建設（干杏娣，2010）。

1.6.3 中國與其他國家簽署貨幣互換協議

自從2008年全球金融危機之後，中國央行已與韓國、馬來西亞等國家和地區貨幣當局簽署了一系列雙邊本幣互換協定，總規模達萬億元人民幣，並且還在不斷增長。巴曙松（2009）認為，貨幣互換可以促使人民幣通過官方管道在這些國家分佈和流通，有利於提高人民幣在雙邊貿易中的計價和結算比例，甚至在區域內充當國際儲備貨幣。易綱（2011）指出人民銀行會在雙邊願意的情況下，繼續推進互換協議的發展，並且強調這是因需而設，不是為了推進而推進。Kroeber（2011）指出，從理論上講，這些貨幣互換協定可以在金融危機時為貿易結算提供緊急資金支持；但實際上，中國與很多非重要交易夥伴國家也簽訂了貨幣互換協定，如白俄羅斯、阿根廷和冰島，這些貨幣互換協議很可能是出於提升人民幣國際地位的目的。而Ito（2011）認為，與中國簽訂貨幣互換協定的國家或金融機構，並不存在明顯的人民幣債務，因此它們接受人民幣並不是為了解決償債能力問題。這些協定的目的，一是使中國人民銀行可以宣稱它盡到了幫助這些危機中的國家的責任；二是促進這些國家用人民幣信用購買中國的出口產品。

附錄2

世界主要貨幣國際化回顧

2.1　歷史回顧

2.1.1　美元的國際化歷程

美元的國際貨幣地位是以美國雄厚的經濟實力為依託的。兩次世界大戰為美元走向世界創造了機會，布列敦森林體系的建立則從制度上確定了美元的國際地位。從第二次世界大戰一直到1971年，在布列敦森林體系的支撐下，美國憑藉在國際分工中的絕對優勢，使得美元通過各種管道在世界範圍內大量流通，並成為最主要的國際貨幣。美元國際化的歷程大體分以下幾個階段：

第一階段：第一次世界大戰爆發至第二次世界大戰爆發前（1914—1939年），美元逐漸成為強勢貨幣。

第一次世界大戰使各參戰國受到重創，美國卻遠離戰場，本土經濟非但沒有遭到破壞，反而發了筆戰爭橫財，積累了大量的黃金儲備。此時的美國在黃金儲備以及確保其本幣穩定性方面，已具有絕對優勢，具備了打擊英鎊、扶植和加強美元的經濟實力。面對其他國家無力恢復金本位制的形勢，美國決定恢復金本位制。美元的一枝獨秀，及其與黃金保持穩定的兌換關係，受到許多國家的青睞。因此20世紀30年代，一批國家聚集在美元周圍，形成了美元區。

第二階段：第二次世界大戰爆發至第二次世界大戰結束（1939—1945

年），美元進一步擠壓英鎊。

　　第二次世界大戰徹底改變了世界經濟政治格局，資本主義世界主要國家力量發生了根本性改變。德國、義大利、日本遭到毀滅性打擊，英國、法國受到重創。相比之下，美國則憑藉《租借法案》在戰時為盟國提供軍火，又一次大發戰爭橫財，經濟實力進一步增強，成為世界上最大的債權國。美國企圖取代英國，建立以美元為中心的國際貨幣體系。從1941年到1945年，美國根據《租借法案》向盟國提供了價值470多億美元的貨物和勞務，黃金源源不斷流入美國，美國的黃金儲備從1938年的145.1億美元增加到1945年的200.8億美元，約占世界黃金儲備的59%。這為美元霸權地位的形成創造了有利條件。從1943年9月到1944年4月，美、英兩國政府代表團在國際貨幣計畫問題上展開了激烈爭論。1944年7月，第二次世界大戰中反法西斯聯盟的44個國家的代表在美國新罕布夏州的布列敦森林召開國際會議，討論國際金融和貨幣體系的重建，通過了以美國提出的 「懷特計畫」為基礎的《聯合國家貨幣金融會議的最後決議書》以及《國際貨幣基金組織協定》和《國際復興開發銀行協定》兩個附件（總稱為《布列敦森林協定》）。一個以美元為中心的世界貨幣體系（即布列敦森林體系）建立起來，標誌著美元初步獲得了世界貨幣的霸主地位。

　　第三階段：1945年第二次世界大戰結束至20世紀50年代中後期，美元在國際貨幣體系中確立主導地位，最終成為國際貨幣。

　　繼布列敦森林體系建立後，美國借助美元優勢，在世界範圍內尋求更大的利益。1947年建立的關稅及貿易總協定（GATT）便是其中的重要一步。美國憑藉關稅及貿易總協定和布列敦森林體系，構築起以外匯自由化、資本自由化和貿易自由化為主要內容的全球多邊經濟體制，夯實了美元作為國際貨幣的地位。同時，美國趁戰後其他西方國家經濟遭到嚴重破壞，不斷打擊自己的競爭對手，為美元成為國際貨幣逐步掃清障礙。戰後英國經濟瀕於崩潰、亟須援助，美國趁機以英國必須承認美元的霸主地位等條件為前提，向英國提供30多億美元的巨額貸款。為加強美元的地位，美國還迫使英鎊大幅貶值，從而進一步削弱了英鎊的地位。此外，美國還採取了其他一系列擴張政策，在經濟上，

美國對西歐資本主義國家實行馬歇爾計畫，通過貸款和援助，在幫助西歐國家恢復重建和發展經濟的同時，竭力對它們進行經濟滲透和控制。1947—1949年，接受馬歇爾計畫和參與歐洲經濟合作組織的十幾個西歐國家，對美國的貿易赤字就高達116億美元。這些國家一方面需要大量的美元來填補赤字，但缺少足夠的美元，從而造成了普遍的「美元荒」。「美元荒」一直持續到1958年西歐國家經濟基本復甦。在「美元荒」階段，美元是唯一可自由兌換的貨幣，國際貨幣體系名副其實地成為美元本位體系。「美元荒」標誌著美元完全確立起了世界貨幣霸主的地位。

2.1.2 日圓的國際化歷程

日圓國際化起步於20世紀70年代初期，於80年代初被日本政府提上議事日程。其原因在於，隨著日本經濟的快速發展，日本的國內市場與世界市場加深了聯繫，從而增強了國際市場對日圓的需求，日圓的國際化問題也就自然而然地浮出水面，得到了日本政府的關注。早在1964年，日圓就實現了經常專案下的自由兌換。1965年日本貿易收支開始出現順差，隨後貿易順差不斷積累。進入70年代，日本政府逐步放寬對資本項目的各種限制,進行外匯制度改革，這些因素都使得日圓部分地擁有了國際貨幣的職能。不過起初，日圓在貿易中的使用，完全發自重商主義貿易政策的需要。在日圓國際化的問題上，日本政府的態度並不積極，甚至還有些消極被動。日本政府在正式場合並未對日圓的國際化發表過官方言論，主要原因是考慮本幣國際化後，對外收支可能惡化，以及對國內金融政策和外匯市場穩定可能引起的動盪。

20世紀80年代，日本政府開始重視日圓國際化問題。1980年修改了《外匯與外貿法》，原則上取消了資本項下的外匯管制，日圓基本上實現了自由兌換。1983年10月，日本大藏省正式提出「日本作為一個經濟大國，應對日圓國際化和金融市場自由化問題進行不懈的努力」，並與美國政府合作成立了「日圓——美元委員會」，專門對日圓國際化問題進行研究。1985年，外匯和其他交易委員會向日本大藏省提交了一份《日圓國際化的報告》，對日圓國際化所

需要的環境提出了意見和建議。隨後，日本迅速放鬆了對歐洲日圓貸款和歐洲日圓債券的有關限制。為在東京交易歐洲日圓，於1986年5月設立了東京離岸金融市場，而且日本對居民和非居民原有的資本流動限制措施也迅速地被取消。所有這些舉措都加快了日圓的國際化進程。到1990年，日本進出口總額中，按日圓結算的比重分別為14.5%和37.5%，比1980年分別提高了12.1和8.1個百分點，超過了英鎊。由此，美元、德國馬克、日圓三大貨幣占據了世界上主要國際貨幣的地位。

不過到了20世紀90年代，日本泡沫經濟破滅，經濟一度出現負增長，並持續衰退，落入「失去的十年」，日本央行開始執行零利率政策，加上1997年亞洲金融危機的不利影響以及後來1999年歐元的問世，都對日圓的國際化造成了負面衝擊，使得日圓的國際化進程基本上處於停滯狀態。針對出現的情況，日本政府採取了積極主動的態度，通過一系列措施推動日圓國際化。1997年12月，在美日21世紀委員會第三次會議上通過了《美日21世紀委員會關於東亞金融形勢的聲明》，指出應推進日圓成為一種儲備貨幣及其交易手段的國際化。1998年4月，日本正式施行新的《外匯法》，日圓真正實現了完全自由兌換，這為日圓國際化和提高日圓的國際地位奠定了良好的基礎。1999年4月，日本大藏省要求日本金融界和企業界改變過分依賴美元進行結算的狀況，並研究促進更多使用日圓作為國際結算手段的具體措施。

2.1.3 德國馬克的國際化歷程

與日圓國際化有所不同，德國馬克的國際化歷程較為順利，這得益於德國雄厚的經濟實力和穩定的貨幣財政政策。1980年以後，德國[1]走向了市場化為主導的自由經濟道路。伴隨1999年歐元的誕生，德國馬克作為歐元的關鍵支撐貨幣，最終實現了國際化。總體看，德國馬克的國際化可分為以下兩個階段：

第一階段：準備起始階段（1948—1985年）

1　1990年以前指聯邦德國，下同。

第二次世界大戰後美國幫助歐洲復興的馬歇爾計畫促使德國經濟迅速恢復，經濟發展進入健康發展的時期。國民生產總值增長率名列資本主義國家前列。20世紀50年代年均增長8%，60年代年均增長4.7%，70年代年均增長2.9%。從1950年至1980年期間，經濟年均增長超過了5%。到了80年代，德國成為歐洲第一經濟強國，經濟總量成為僅次於美國和日本的世界第三大經濟體。強勁發展的經濟成為了德國馬克國際化的堅強後盾。在國際貿易領域，德國的對外貿易額占世界貿易額的比重一直維持在10%左右，從1980年到1987年，世界貿易往來用美元計價的貿易額比重從34.5%降為24.8%，用德國馬克計價的貿易額比重從10.2%上升到12.4%，顯示出德國強大的經濟實力和國際競爭力。頻繁的國際貿易往來也促使國際社會對德國馬克產生了大量需求，聯邦德國銀行開始注意德國馬克的國際化進程。但在當時，面對「克魯格曼不可能三角」時，在獨立的貨幣政策、資本自由流動和固定匯率選擇上，德國當局放棄了固定匯率政策，轉而注重國內經濟的發展，關注穩定國內經濟發展環境和國內金融市場的改革。1973年美元危機爆發，布列敦森林體系解體，德國馬克與西歐共同市場其他成員國的貨幣一起實行聯合浮動，以鞏固歐共體之間的貿易發展。當時德國的貨幣政策和財政政策也是以優化國內經濟為目標。1983年德國放鬆了對證券交易的限制，允許本國企業向非居民發行德國馬克債券，以及國外投資者進入國內德國馬克債券市場。這在客觀上改善了德國國內的金融市場，促進了德國馬克的國際化進程。此後，歐洲貨幣體系（EMS）各成員國放棄盯住歐洲貨幣單位（ECU），轉而盯住德國馬克。1980年，國際貨幣基金組織將特別提款權（SDR）的「一籃子」貨幣從最初的16種貨幣簡化為5種，即美元、德國馬克、日圓、法國法郎和英鎊，其中德國馬克在特別提款權中的比重為19%，僅次於美元的權重比。

　　第二階段：開拓進展階段（1985—1999年）

　　1986年德國對外貿易超過美國，成為世界上最大的商品出口國。美國為擺脫國內危機，轉嫁自身經濟困局，於1985年聯合日本、德國等國家簽署「廣場協定」，目的是逼迫德國馬克和日圓升值，維護美元霸權。為堅決穩定國內物

價和經濟產出，德國當局堅持聯邦央行擁有獨立的貨幣政策制定權，政府無權干預。在1985年到1989年期間，德國國內的通貨膨脹率維持在1.3%，穩定的國內物價給德國馬克贏得了良好的國際聲譽。在區域合作方面，德國通過歐洲貨幣體系，保障了匯率聯動機制，使得德國馬克減輕了貨幣升值的壓力和來自外部資金的衝擊。在國際化政策上，1985年德國取消了以德國馬克為單位的歐洲債券的發行規模和發行時間的限制；1986年擴大了銀行業的經營範圍；1989年取消了利息收益預扣稅。所有這些措施都對金融市場的快速發展起到了促進作用，隨著金融自由化和金融市場的開放，國內外的投資者得益於具有良好收益性、流動性和安全性的投資工具，以及交易成本的降低，德國馬克作為價值儲藏貨幣和投資貨幣的功能得到加強。在歐洲工業國家中，德國馬克作為儲備貨幣的比重由1980年的24%增長到1990年的60%。1989年隨著柏林牆的倒塌，聯邦德國和民主德國統一，貨幣也實現了統一，德國馬克成為繼美元之後的第二大國際貨幣。1994年底，國外持有的德國馬克現鈔的數量占到了德國馬克流通總量的30%～40%，隨著貿易的發展，德國70%以上的進出口來自以德國馬克結算的歐洲共同體國家，使得德國出口額的82%都以德國馬克計價，這些都構成了德國馬克國際化的重要基礎。德國馬克國際化體現了順其自然的發展趨勢，隨著1999年歐洲統一貨幣歐元的誕生，德國馬克作為支撐歐元的核心貨幣自然而然地融入歐元，進入了國際化的新階段。

2.2 世界主要貨幣國際化歷程比較

從美元、日圓、德國馬克國際化發展歷程中可以發現，強大的經濟實力是貨幣國際化的前提條件。經歷過兩次世界大戰後，美國經濟實力迅速增強，國際地位無一能及，經濟實力是美元成為國際貨幣的物質基礎。布列敦森林體系的建立從制度上確立了美元的國際地位。布列敦森林體系的支撐，以及美國在國際分工中的絕對優勢，使得美元通過各種管道在國際社會大範圍流通，成

為主要國際貨幣；日圓也是憑藉本國強大的經濟實力和科技實力，以及本國企業的出口競爭力，逐漸走上了國際舞臺。日本經濟從20世紀50年代開始迅速發展，並成為了繼美國之後的世界第二大經濟體。而德國馬克之所以能夠成為國際貨幣，得益於德國在歐洲經濟的龍頭地位，尤其是在國際貿易出口方面甚至一度還超過了美國。可以看到，本國或者本地區的經濟實力以及對世界經濟發展的影響力和在世界經濟中所處的位置對一國貨幣能否成為國際貨幣有著關鍵作用。當然，美元的國際化一直處在一個比較有利的國際環境下，日本和德國則經歷了長期的培育和發展，一步一步使本幣國際化得以實現。除了依靠經濟的快速發展外，日本還依靠自身金融制度的改革，積極為日圓國際化創造條件，德國則始終堅持獨立自主的貨幣政策和貿易政策，為德國馬克逐步贏得國際聲譽。除此之外，我們還可以從形式和路徑、發展時間、政策等方面來看美元、日圓、德國馬克的國際化史。

2.2.1 發展形式和路徑

美元國際化的發展形式和路徑十分獨特，它利用外部戰爭這一特殊環境與條件，發展了本國經濟，然後依靠向指定國家輸出大量附加值較高的商品，獲取巨大的經濟利益。通過政治、經濟中心地位不斷擴大國際影響力，在制度上為美元國際化創造條件；通過舉辦相關國際會議，和與會國簽署相關協議確立以美元為中心的國際貨幣體系。

日圓的國際化更多依靠政府推動來實現。通過推動在對外貿易中逐漸擴大使用日圓結算的比重，這就直接加速了日圓在相關國家和地區間的流通，擴大了日圓的使用範圍。日圓的國際化走的是一條金融深化和發展的道路，通過貿易自由化、經常帳戶自由化、資本流動自由化、金融自由化，日圓逐漸成為在國際經濟活動中被普遍使用的貨幣。

德國馬克的國際化則依賴於歐洲這一巨大的貿易、投資和金融資產的交易市場。特別是20世紀60年代以來美元通貨膨脹加劇，客觀上推動了德國馬克的國際化進程。1968年，在德國的力推下，西歐開始構建經濟與貨幣聯盟，德國馬

克的區域化和國際化進程開始啟動。隨後的30年裡，德國馬克迅速成為歐洲各國央行最主要的干預貨幣，一躍成為與美元平行的計價、結算和支付手段，國際貿易中約15%都是以德國馬克進行計價和結算的。雖然1999年歐元取代德國馬克，但從經濟和政策特徵看，歐元實際上是德國馬克的延續。

2.2.2 貨幣國際化所需時間

美元成為國際化貨幣從開始啟動算起經歷了40多年的時間，即從19世紀末開始到1944年布列敦森林體系的建立才取得成功。美元國際化過程是最長的，較德國馬克和日圓的國際化所付出的努力更大。

從第二次世界大戰結束，馬歇爾計畫開始實施，也就是20世紀50年代德國經濟迅速恢復進而崛起的時間算起，到20世紀80年代，德國發展成為歐洲第一經濟強國時，德國馬克的國際化進程歷經了30年左右的時間。

日圓的國際化始於日本大藏省發表《關於金融自由化、日圓國際化的現狀和展望》的政策報告，到90年代末走上國際舞臺大體經歷了15年左右的時間，處於美元國際化和德國馬克國際化經歷的時間之間。

2.2.3 政府的政策取向

通常，隨著經濟發展到一定程度，本國或區域內政府就會適時提出貨幣國際化戰略，從政治高度有意識地推動本國或區域內的貨幣國際化。1943年美國通過提出「懷特計畫」，將美元與黃金掛鉤，並通過布列敦森林會議，確立了美元作為國際貨幣的地位。

1978年日本大藏省提出了「正視日圓國際化，使日圓和德國馬克一起發揮國際通貨部分補充機能」的方針，其後又採取了一系列有效的政策措施，在政府積極主動的政治意圖下推動日圓的國際化進程。

德國馬克在國際化過程中，幣值穩定，對內表現為低通貨膨脹率，對美元匯率穩中有升，這與德國央行對內採取低通貨膨脹的政策有關。從1948年德國馬克正式投入使用，到1999年歐元誕生的50多年裡，除兩次石油危機期間德國

通貨膨脹率較高外，其餘年份多保持在3%以下的水準，好於同時期美國和日本的情況。而且從制度設計上，德國也力推歐洲貨幣單位的誕生，為德國馬克首先實現區域化搭橋鋪路。歐洲貨幣一體化的進展，則從制度上進一步推動並最終實現了德國馬克的國際化。

2.3 發展模式及比較

2.3.1 美元國際化的發展模式

　　美元的國際化之路是特定的歷史條件所賦予的，有其歷史的特殊性。兩次世界大戰為美國超越英國提供了難得的歷史機遇，為美元國際化奠定了堅實的政治、經濟基礎。美國通過布列敦森林體系的確立和美元與黃金的直接掛鉤建立起了以美元為基礎的國際貨幣體系。美國憑藉其強大的經濟、政治實力，依靠以其為主體的國際貨幣基金組織的影響力，依託全球性匯率制度的安排和國際儲備貨幣的地位成為國際計價單位，實現了美元的國際化。儘管受到布列敦森林體系解體、美元與黃金的脫鉤以及石油危機的衝擊，憑藉先入為主的存量優勢和貨幣慣性優勢，美元依舊在世界信用貨幣體系中處於優勢地位。雖然20世紀80年代以來面臨日圓、德國馬克等貨幣的挑戰，但是美元在國際貨幣體系中的霸主地位仍未受到根本動搖，這得益於美國一枝獨秀的綜合國力，包括超強的經濟實力、發達的金融市場、高效的社會生產力、完善的金融體系和健全的社會法律體系。因此，通過歷史機遇和國際制度的安排來實現貨幣國際化的發展模式是當今其他任何貨幣都無法效仿的。

2.3.2 日圓國際化的發展模式

　　日圓的國際化之路則依靠自身金融發展和金融深化，可以說走的完全是一條自主的道路。政府態度也由消極被動轉到積極主動推進，通過逐步實現外匯自由化、貿易自由化、經常帳戶自由化、資本流動自由化、利率自由化和金

融市場自由化，日圓逐步成為國際經濟活動中普遍使用的貨幣。在政府主導的作用下，日圓離岸市場迅速發展，境外日圓的增加，也間接促進了日本國內金融制度自由化的改革。當然，日圓的國際化過程也伴隨著日本經濟實力的不斷增強、綜合國力的不斷提高。謹慎的財政政策和貨幣政策、穩定的宏觀經濟政策，使得日本的貿易和經常專案長期順差，從而累積了巨額的外匯儲備，這些都為日圓的國際信譽奠定了堅實的基礎。從日圓的國際化發展模式可以看出，任何貨幣想要實現國際化，都必須以本國經濟實力為依託，在綜合國力達到一定水準時，以強大的外匯儲備為前提，適時推進金融體制改革，同時還必須依靠金融市場的深化與發展、金融制度的完善幫助實現本幣的國際化。不過，日圓國際化的發展模式並不是一個成功的案例，下面的「世界主要貨幣國際化的經驗總結」部分將進一步闡釋這一問題。

2.3.3 德國馬克國際化的發展模式

德國馬克的國際化發展模式得益於以雄厚的經濟實力為基礎，適時推進國內金融市場的自由化，特別是得益於以穩定國內物價保持德國馬克幣值穩定的貨幣政策。第二次世界大戰後，德國經濟的發展堪稱奇跡，超過了美英和所有西歐國家的發展速度，成為世界經濟的一顆矚目的新星。隨著經濟實力在國際社會的提升，德國馬克開始了積極的升值。在經濟和貿易發展出現有利條件，以及德國馬克出現國際化趨勢時，德國政府並沒有急於實現本幣的國際化，而是在完善金融體制上下工夫，解決了貨幣可兌換問題。1956年德國以貿易順差和經濟增長為基礎，實現了貿易自由化和資本自由化，成為當時世界上為數不多的實現經常項目和資本項下可自由兌換的國家。這就為德國馬克在國際市場的自由流動創造了基礎條件。

德國政府並沒有因為金融體制的變化而改變其穩健的貨幣政策。德國央行以「穩定幣值」為最高目標，德國馬克甚至超過了以穩健著稱的瑞士法郎，成為世界上最堅挺的貨幣，這為德國馬克贏得了良好的國際聲譽，幫助其成功躋身國際貨幣舞臺。布列敦森林體系崩潰後，牙買加體系下主要貨幣實行浮動匯

率制度，美元、英鎊、法國法郎幣值波動加大，穩健的德國馬克自然成為主要貨幣中搶購的對象，其在國際貨幣體系中地位升至僅次於美元的三大國際貨幣之一。

隨著歐洲共同體的推進，幣值穩定的德國馬克成為歐洲貨幣單位的重要價值基礎。雖然1999年歐元誕生，德國馬克退出了流通領域，但作為支撐歐元的中堅力量，德國馬克的生命在歐元的流通中得以延續。

2.3.4 美元、日圓、德國馬克國際化發展模式的比較

通過以上貨幣國際化發展模式的比較可以看出，美元的國際化是特殊的時代背景的產物。在兩次世界大戰後，美國成為世界超級大國，擁有絕對的經濟實力和政治實力，能夠決定國際政治、經濟格局。憑藉其超強的影響力，美國從國家利益出發，主宰世界事務，實現了美元的國際化。這種歷史機遇和優勢是其他國家沒有辦法效仿實現的。

日圓的國際化，是日本政府抓住歷史機遇，在新的國際經濟秩序形成的過程中，利用自身經濟實力的增長，以通過貿易順差積累起來的外匯儲備為基礎，謀求國際經濟利益的產物。日本政府堅持開放發展戰略，走上不斷的金融深化、金融改革、金融發展的道路，充分利用國際資源和市場，確立在國際分工體系中的優勢，同時通過對外貿易與投資，擴大日圓的國際信譽和影響力。

德國馬克一路走向國際舞臺，最引人注目的地方就是它的信譽。德國馬克之所以能夠成為重要的國際貨幣，國際收支順差並不是決定性因素，這方面，日本是超過德國的。作為第二次世界大戰的戰敗國，德國沒有什麼值得依靠的政治影響力，這方面，西方資本主義世界的首領美國才擁有。德國馬克的成功法寶在於德國採取的以穩定幣值為主的貨幣政策，德國馬克穩定的價值不會給投資人帶來損失，能夠給持有者一定的信心。因此，幣值穩定，「堅挺的」國際形象是德國馬克的主要特徵和贏得國際貨幣市場青睞的一大法寶。

綜合比較來看，美元的國際化由於歷史特殊性，對新興國家而言沒有太大的借鑒意義。

日圓的國際化模式以及德國馬克的國際化模式均具有一定的借鑒意義，附表1進一步對日圓國際化和德國馬克國際化的模式做了一個綜合對比。

附表1　日圓和德國馬克國際化模式比較

	日圓	德國馬克
時代背景	布列敦森林體系崩潰，美元國際地位下降，世界新的經濟秩序尚處於形成過程中。	
基本目標	維持本幣匯率穩定，為本國出口導向型的發展戰略服務。	戰後主要以維持國內物價穩定作為貨幣政策的基本目標。
政策選擇	通過金融自由化改革（外匯自由化、貿易自由化、經常帳戶自由化、資本流動自由化、利率自由化等），推動日圓國際化。	通過區域貨幣合作來調節匯率的波動，從而基本保證德國馬克的匯率穩定，政府對推動歐洲貨幣一體化態度積極。
政策效果	出口導向政策，長期對外貿易順差，積累了大量外匯儲備，無法通過有效的途徑流向海外尋求投資機會。	歐洲統一市場建立，生產要素在區域內自由流動，德國國內積累的資金可以自由在區域內尋找投資機會。
國際化進程	資產泡沫崩潰，經濟長期陷入蕭條，國內物價持續緊縮，日圓國際化受到影響。	國內物價穩定，歐洲貨幣一體化進展順利，德國馬克成為區域內關鍵貨幣。
國際化效果	日本政府態度積極，推動日圓國際化進入新的歷史發展階段。	1999年歐元誕生，2002年正式流通，成為區域內唯一合法貨幣。歐洲的國際地位得到鞏固和提高。

2.4　世界主要貨幣國際化的經驗總結

2.4.1　美元國際化成功的啟迪

美元之所以能夠成長為國際貨幣體系中的超強貨幣，形成以美元為中心的國際貨幣體系，其國際地位的確定依靠的是布列敦森林體系的制度保證，國際

經濟的全球化和以美國為中心的國際分工體系是其國際貨幣地位得以維持的重要外在推動力。此外，世界貿易組織（WTO）、國際貨幣基金組織、世界銀行等國際機構成為美元維護其霸權地位的重要手段。美國在IMF中的投票權高達17.4%，在世界銀行中擁有16.38%的投票權，基本上在上述組織中擁有實際的否決權。

當然，除了特殊的歷史機遇和國際制度的安排外，美元國際化的實現也和美國強大的經濟實力分不開。半個多世紀以來，在經濟領域中獨一無二的世界地位是支撐美元作為國際貨幣的根本原因，美元國際化也是美國在世界經濟中重要性的體現。其次，發達的金融市場，比如與倫敦金融市場平分秋色的紐約金融市場也有力地支撐著美元的國際化。美國開放的金融環境、發達的基礎設施、寬廣的金融市場都為美元扮演國際角色提供了良好的舞臺。多樣化的金融產品和完善的金融監管體制，能夠為國際投資者提供廣泛、安全的選擇機會，這為美元發揮國際貨幣職能構築了堅強的後盾。再次，依靠強大的經濟和軍事力量，美國不斷通過對全球大量的資本輸出、對外援助，甚至戰爭的形式來打壓其他國際貨幣，以此擴大美元的國際影響力。

2.4.2　日圓國際化受挫的教訓

雖然1986年底，東京離岸金融市場正式確立，日圓在國際結算、國際儲備、國際投資和信貸等方面取得進展，在國際貨幣基金組織特別提款權（SDR）定值籃子中的權重比達到21%，但是日圓並沒有取得德國馬克國際化那樣的成功，其國際化並不徹底，20世紀90年代以來日圓國際化程度呈現出不斷下降的趨勢，目前日圓在各國官方外匯儲備中的比重不到4%。導致日圓國際化受挫的原因主要有三個。

首先，日圓波動幅度較大，成為國際「熱錢」投機的對象。由於日本的國際收支長期處於巨額黑字狀態，外部經濟失衡造成日圓處於長期升值的狀態。「日圓升值綜合徵」給日本經濟帶來巨大創傷，日圓價值經常迷失在貨幣投機中。特別是在1985年，日本政府接受「廣場協議」後，日圓更是大幅度升值，

致使國際「熱錢」大量湧入日本市場，促使資產泡沫堆積，房價、股價迅速飆升。日圓的過度升值沉重打擊了日本的國際競爭力，日本的貿易順差縮小，導致國際社會形成日圓貶值的預期，最終日圓遭到拋售，外資出逃，泡沫破裂，日本經濟遭受重大影響，日圓國際化也陷入停滯。

其次，日本政府並不願意改變出口導向型的經濟政策。在日圓國際化過程中，日本沒有及時進行產業結構升級，仍然以製造業為主，貿易項下只能為順差，這就缺乏推動日圓進一步國際化的基礎。

最後，日圓在與亞洲其他國家貨幣合作時，沒有秉著對等合作的態度進行雙邊貿易結算和投資互兌，而是排斥其他亞洲國家的貨幣，企圖通過單邊形式輸出日圓。其國際化主要體現在與日本直接相關的經濟交易中，而沒有作為真正的國際貨幣用於其他國家間的經濟交易中。從某種意義上來看，日圓更像是美元的附庸，這不僅不會使得其他的國家真正接受日圓，反而會抬高美元的國際地位。

2.4.3 德國馬克順利國際化的經驗

與日圓國際化不同，德國馬克的國際化歷程較為順利，沒有像日圓在國際化進程中出現過大起大落。德國馬克國際化之所以較日圓國際化更為成功，是與德國政府正確的戰略決策和德國穩固的經濟、金融基礎分不開的。金融市場的開放與自由化以及國內經濟的穩定發展亦為德國馬克的順利國際化奠定了信用基礎。德國馬克國際化的成功經驗在於：

第一，德國始終堅持獨立的政治、經濟、貿易自主權。隨著德國超過美國，成為世界上最大的出口國，貿易順差和外匯儲備不斷積累，產生了德國馬克兌美元的升值壓力。但是德國政府堅定地維護國內的低通貨膨脹率，堅持中央銀行貨幣政策的獨立自主權，政府無權干涉。德國馬克因而樹立了良好的國際形象，並在國際市場上成為國際計價和結算貨幣。20世紀90年代初，德國出口的70%來自以德國馬克結算的歐洲共同體國家，使得在德國的出口中以本幣計價的比重占到80%左右。

第二，逐步改善和健全國內金融市場，為德國馬克國際化創造良好的金融環境。1990年德國期貨交易所成立；1998年歐洲期貨交易所成立；同時德國還果斷地取消了利息收入預扣稅。德國完善的金融體制和發達的金融市場成為德國馬克國際化的有力支撐。此外，德國金融的自由化和德國馬克的自由兌換，交易成本的降低，資金流動的加快，為馬克國際交易量的擴大創造了良好的條件，增強了以馬克計價的國際金融工具的競爭力。

第三，積極參與區域經濟與貨幣金融合作，從制度上推進德國馬克國際化。由於德國力推歐洲貨幣單位，隨著歐洲貨幣單位的誕生，德國馬克的國際地位也隨之提高。德國馬克因其穩定的幣值和良好的國際聲譽，在歐洲貨幣單位中處於中心地位，並成為歐洲貨幣體系的干預貨幣，也就事實上成為歐洲的區域貨幣。依靠歐洲區域貨幣的聯動機制，德國馬克不僅減輕了升值的壓力，還減少了外部流動性的直接衝擊。隨著歐洲貨幣一體化的不斷發展，從制度上進一步推進了德國馬克的國際化，使其最終成為主要的國際儲備貨幣與國際計價貨幣，完成了從區域貨幣到國際貨幣的歷史轉變。

附錄3

交通銀行的跨境人民幣業務創新

　　交通銀行始建於1908年（光緒三十四年），是中國早期四大銀行之一，也是中國早期的發鈔行之一。1958年，除香港分行仍繼續營業外，交通銀行國內業務分別併入當地中國人民銀行和在交通銀行基礎上組建起來的中國人民建設銀行。為適應中國經濟體制改革和發展的要求，1986年7月24日，作為金融改革的試點，國務院批准重新組建交通銀行。1987年4月1日，重新組建後的交通銀行正式對外營業，成為中國第一家全國性的國有股份制商業銀行，總行設在上海。

　　百年來，交通銀行始終走在中國商業銀行改革發展與金融創新的最前沿。作為中國首家全國性股份制商業銀行，自重新組建以來，交通銀行就身肩雙重歷史使命，它既是百年民族金融品牌的繼承者，又是中國金融體制改革的先行者。交通銀行創新發展的實踐，為中國股份制商業銀行的發展開闢了道路，對金融改革起到了催化、推動和示範作用。近些年來，交通銀行在國際化發展戰略、金融服務與經營管理、跨境人民幣金融服務等方面始終秉承「創新為先」的理念，堅定不移地推進體制創新、制度創新和產品創新。

3.1 創新開拓中國金融業改革

通過成功實現股份制改革，交通銀行在中國金融業的改革發展中實現了六個「第一」，即第一家資本來源和產權形式實行股份制；第一家按市場原則和成本—效益原則設置機構；第一家打破金融行業業務範圍壟斷，將競爭機制引入金融領域；第一家引進資產負債比例管理，並以此規範業務運作，防範經營風險；第一家建立雙向選擇的新型銀企關係；第一家可以從事銀行、保險、證券業務的綜合性商業銀行。

2004年6月，在中國金融改革深化的過程中，國務院批准了交通銀行深化股份制改革的整體方案，其目標是要把交通銀行辦成一家公司治理結構完善，資本充足，內控嚴密，運營安全，服務和效益良好，具有較強國際競爭力和百年民族品牌的現代金融企業。在深化股份制改革中，交通銀行完成了財務重組，成功引進了滙豐銀行、社保基金、中央匯金公司等境內外戰略投資者，並著力推進體制機制的良性轉變。2005年6月23日，交通銀行在香港成功上市，成為首家在境外上市的中國內地商業銀行。2007年5月15日，交通銀行在上海證券交易所掛牌上市。目前，交通銀行已經發展成為一家「發展戰略明確、公司治理完善、機構網路健全、經營管理先進、金融服務優質、財務狀況良好」的具有百年民族品牌的現代化商業銀行。

3.2 創新推進國際化發展戰略

面對複雜的外部經營環境、日趨剛性的資本約束和逐步推進的利率市場化改革，基於深化股份制改革已取得階段性成果、發展已經邁上新的歷史臺階，交通銀行從2005年開始實施管理和發展的戰略轉型。2008年，在承繼交行既有的發展目標和戰略轉型系列工作的基礎上，進一步明確了「走國際化、綜合化道路，建設以財富管理為特色的一流公眾持股銀行集團」的發展戰略。這一戰

略目標充分考慮了交行在國際業務領域和綜合金融領域多年經營的先發優勢，延續了交行不斷推進戰略轉型、強化財富管理業務導向的一貫方針，保證了戰略的協調性和延續性，為交行未來的發展指明了更加清晰的路徑。

在國際化經營方面，交通銀行除了依託境內37家省市地區分行，以及全球147個國家和地區的1 500多家全球代理行網路開展國際業務外，還積極在海外設立分支機構，堅持走國際化經營道路。1989年，交行在美國紐約設立了代表處，並於1991年升格為分行，成為第二家在美國開業的中資銀行。此後，交行在東京、新加坡、首爾、法蘭克福、澳門、胡志明市、雪梨、舊金山設立了分行，在英國設立了子銀行，在臺北設立了代表處；加上自1934年經營至今的香港分行，2011年末，交行在海外的營業網點達53家，服務輻射至歐美及亞太等地區的主要國際金融中心，逐步形成了「以亞洲為主體、歐美為兩翼」的海外戰略佈局，為進一步推動交行國際化戰略的實施打下了良好的基礎。同時，交行在海外積極涉足證券、保險等行業，在香港成立了交銀國際控股有限公司、中國交銀保險有限公司等非銀行金融機構，初步形成了商業銀行業務為主、保險和證券為輔的綜合性業務架構。

多年來，交行海外分行由過去的「視窗」逐步轉型成為交行在海外的業務延伸平臺以及利潤貢獻者，無論在規模還是盈利上都取得了長足的進步，海外銀行類總資產不斷增加，盈利持續增長。同時，在業務發展、風險防控等多方面均積累了一定的經驗，培養出了一批熟悉海外市場經營、具有豐富海外管理經驗的專業性及複合型人才，為交行國際化程度的深化打下了良好的基礎。近年來，交行進一步加強了國際化發展的戰略研究，針對海外機構所在國家地區市場情況制定相應的發展策略，加快了海外新機構申設的步伐，繼2007年法蘭克福和澳門分行相繼開業之後，2011年交行胡志明市分行、英國子銀行、舊金山分行、雪梨分行相繼開業，迎來了交行海外機構開業的一個新高峰，臺北分行的申設工作正在積極推進中。

3.3 創新發展實現卓越金融服務

交通銀行秉承「發展是硬道理，是第一要務；品質是硬約束，是第一責任；效益是硬任務，是第一目標」的經營理念，始終堅持業務發展和風險控制並重，實施了以經濟資本績效考核為核心的激勵約束機制；建立了全面的風險管理體制；推進了組織架構再造和業務管理的垂直化改造；建設了在國內處於領先水準的資料大集中工程。同時，按照「互諒互讓、互惠互利、長期合作、共同發展」的要求，交通銀行與滙豐銀行的合作緊密而富有成效，先進的理念、技術、產品不斷引進，對提升交通銀行的經營管理水準產生了十分積極的影響。

交通銀行充分發揮自身優勢，在金融產品、金融工具和金融制度領域不斷探索創新，形成了產品覆蓋全面、科技手段先進的業務體系，通過傳統網點「一對一」服務和全方位的現代化電子服務管道相結合，為客戶在公司金融、私人金融、國際金融和中間業務等領域提供全面周到的專業化服務。交通銀行專注於為中高端客戶提供優質的服務，以「私人銀行」「沃德財富」和「交銀理財」品牌分別為高端和中端客戶提供高附加值的服務和產品。擁有以「外匯寶」「得利寶」「沃德財富帳戶」「交銀理財帳戶」「蘊通財富」「領匯財富」「太平洋卡」「全國通」「展業通」「基金超市」「手機銀行」等為代表的一批品牌產品和服務，在市場享有盛譽。與戰略合作夥伴滙豐銀行合作推出的「中國人的環球卡」——太平洋雙幣信用卡，在冊發卡量已突破2 000萬張。在綜合經營方面，交通銀行2005年8月與全球頂尖資產管理公司施羅德集團合資設立交銀施羅德基金管理公司，是國內首批銀行系基金公司之一；2007年，交通銀行併購重組了湖北國際信託投資有限公司，經監管機構批准發起設立交銀金融租賃有限公司，並在香港成立了交銀國際控股有限公司及其子公司交銀國際亞洲有限公司、交銀國際證券有限公司、交銀國際資產管理有限公司，在綜合經營領域邁出了堅實的步伐；2008年，交通銀行成功入股常熟農商行，發起設立了四川大邑交銀興民村鎮銀行；2009年，交通銀行獲批成為國內第一家

擁有境內保險牌照的商業銀行，由其控股的保險公司——交銀康聯於2010年1月正式掛牌成立；浙江安吉交銀村鎮銀行、新疆石河子交銀村鎮銀行分別於2010年4月、2011年5月正式開業。

3.4 創新先行先試跨境人民幣業務

近年來，在國際貨幣改革的大背景下，我國政府推出了包括人民幣匯率改革、人民幣雙邊互換、人民幣跨境貿易結算等在內的一系列重大政策措施，人民幣國際化全面啟動。跨境人民幣業務作為人民幣國際化這一宏大命題的微觀切入點，於2009年7月6日正式推出，兩年多來的跨越式發展已經證明，跨境人民幣業務為境內外企業開展跨境貿易與投資增添了新的動力，對於提升人民幣國際地位、加強我國對外經貿和投資往來、建立更為完善的國際金融體系具有深遠的歷史意義。

交通銀行作為首批提供跨境貿易人民幣結算金融服務的兩家商業銀行之一，成為跨境人民幣金融服務的先行者。自2009年7月6日交通銀行完成了中國地區首筆跨境人民幣業務至今，經過幾年的快速發展，已逐步建立起完整的跨境人民幣業務金融服務體系，創新推出領先的跨境人民幣投融資服務方案，憑藉在跨境貿易、跨境投融資、同業帳戶融資與清算、投資銀行、跨境聯動、政策諮詢等綜合金融服務中樹立的品牌優勢，交通銀行始終穩居國內跨境人民幣業務領先銀行之列。

3.5 創新領跑跨境人民幣金融服務

3.5.1 市場先導，深化跨境產品創新

積極創新，建立成熟的跨境人民幣業務產品線是交行的突出特色。繼在全

國順利首發跨境人民幣貿易結算業務後，交通銀行在全部試點地區成功推行跨境人民幣貿易結算業務。在繼續做大做強跨境人民幣國際結算、貿易融資等傳統產品，滿足企業跨境貿易金融需求的基礎上，交通銀行還靈活運用離在岸市場匯率、利率差異，在結構性產品、聯動組合產品上下工夫，深化產品創新。根據市場狀況、境內外資金安排、客戶需求等多方面因素，適時推出了人民幣進口代付、進口保理、協定付款、協定融資、出口風險參與等跨境融資產品和委託匯兌等境外結售匯產品，以市場為導向，不斷推陳出新，提高跨境人民幣貿易結算服務水準。同時，借助RQFII託管服務帶動人民幣跨境帳戶服務、國際結算、結售匯、代理債券交易等業務的全面發展。

交行不斷創新的動力，來自對客戶需求的洞察以及全力滿足。在為一家外商投資企業服務的過程中，交行了解到，該外商投資企業美元增資款尚未足額到位，在人民幣升值的預期下，美元增資款的匯率管理不容忽視。在充分了解了企業需求之後，交行上海市分行迅速向監管部門請示，獲得可以以個案試點方式推進該項業務的回復。由於需要考慮該境外公司的人民幣資金來源以及人民幣資金清算路線的安排，交行上海市分行與該企業境外母公司所在區域的交行法蘭克福分行合作，共同為企業設計了全流程的諮詢服務和業務操作方案，並全程陪同企業到監管部門辦理政策諮詢、業務報批和驗資手續，使得該筆業務順利完成。這是上海地區首單跨境人民幣投融資項下匯入業務，無論是監管部門報批還是在銀行業務操作上都無先例可循。創新的服務方案極大地幫助境內企業降低了貨幣兌換成本。參照2010年10月—2011年4月人民幣匯率變動情況，以人民幣參加直接投資，如果按匯入資金沉澱3個月的情況計算，可以幫助投資企業節省約1%的貨幣匯兌成本；如果按匯入資金沉澱6個月的情況計算，可幫助投資企業節省約2%的貨幣兌換成本。

3.5.2 先試先行，完善跨境投融資服務體系

隨著跨境人民幣業務的深入推行，境內外企業採用人民幣支付結算的意願逐步增強，企業的需求也開始從貿易結算領域轉向跨境投融資領域。交通銀行

迅速捕捉到企業的需求變化，立即投入新的跨境人民幣服務方案研究，為企業排憂解難。交行積極與人民銀行、外匯管理局等監管部門溝通，取得相關政策支持，以個案試點的方式，積極拓展H股募股資金以人民幣匯入、外資企業境外投資者以人民幣增資、直接投資項下股權轉讓款人民幣支付等創新業務；在央行發佈跨境人民幣直接投資相關政策後，交行及時向客戶推介境外專案人民幣貸款、人民幣買方信貸、境外銀行跨境人民幣貸款的跨境人民幣融資金融服務，為大型跨國企業及境內企業「走出去」提供跨境人民幣投融資綜合金融服務，並積累了較為成熟的全流程跨境人民幣投融資服務經驗。未來，交通銀行將利用全牌照經營優勢，通過境內外分行、子公司聯動行銷，在政策諮詢、國際業務、投行業務、託管業務等方面形成綜合化服務新的領先優勢。

受傳統抵質押品的企業信用評級要求限制，外商投資企業較難在境內獲得融資。在服務一家大型跨國集團境內企業時，交行北京市分行了解到企業因擴大生產規模需要大量人民幣資金支援，建議利用該企業境外母公司的信用資源，在境外人民幣市場以發債形式籌集人民幣資金，並為企業設計了境外人民幣投行業務＋跨境人民幣融資＋跨境匯款等項服務為一體的綜合金融服務方案。這是北京地區首筆跨境人民幣投融資金融業務，該方案較好地滿足了具備海外融資平臺的企業實現最優融資的需求，而且在為企業提供服務的同時，擴大了交行中間業務收入管道，是交行「創新促轉型」的一次有效實踐。

3.5.3 整體協作，創新跨境服務新理念

跨境人民幣業務不是簡單意味著國際結算增加了一個幣種，而是孕育著更加多元化的國際業務發展機遇，比如人民幣同業帳戶與清算服務、人民幣全球現金管理與財富管理、境外人民幣債券發行與機構債券代理交易等，這就需要銀行以全方位的綜合服務滿足企業多樣化、利益最大化的需求。交通銀行緊跟市場動態和客戶需求，依託遍佈境內外的業務網路，發揮集體整體聯動優勢，為客戶設計、提供個性化的全方位金融服務方案。具體涉及跨境人民幣股東貸款、外商直投投資、境外直接投資等多個方面，為企業提供集境外資金募集及

募集資金的財務代理、跨境結算和跨境融資於一體的一站式金融服務，取得了良好的綜合效益。基於市場對跨境人民幣綜合化、全方位金融服務的需要，交行在開展該項業務過程中，更加注重秉承「一個交行、一個客戶」理念，發揮業務、結構、人員的最大協同效應，實現境內外、本外幣、銀行業務與非銀行業務的全方位聯動。

在推進跨境人民幣業務過程中，交通銀行總分行緊密協作，共同做好客戶關係維護。交行北京市分行在服務一總部級外商企業時，發現其需要資金支援的四項在建專案分屬四家獨立的項目公司，且分佈在不同的三個省市，根據有關法規，是無法統一通過北京總部從境外借入人民幣再轉貸給境內四家項目公司的。雖然這意味著該業務已不屬於北京市分行所轄範圍，相應的業務量與業務收益也不能體現在北京市分行，北京市分行還是立即聯繫總行與相關分行，最終形成了三家交行省分行與四家專案公司的合作服務方案。同時，考慮到客戶總部在北京，北京市分行承擔起政策諮詢、流程設計、統籌策劃等職責，為兄弟行搭橋鋪路，一路支持。境內外、總分行、板塊與條線間的業務聯動不斷深化，能夠最大限度地滿足客戶跨地域、跨領域的服務需求。

3.5.4 抓住機遇，深度參與上海、香港國際金融中心建設

上海國際金融中心建設將為人民幣國際化的創新發展提供難得的歷史機遇。根據中央要求和上海提出的目標，「十二五」上海國際中心建設將以金融市場體系建設為核心，包括建設人民幣國際清算中心、投融資中心以及人民幣金融產品創新和定價中心等，這些都將成為人民幣國際化的核心支撐力，也將為交通銀行跨境人民幣業務的創新發展帶來重大機遇。從在上海辦理了第一單跨境人民幣業務開始，交通銀行一直發揮總部在上海的優勢，積極參與上海金融中心建設。交行上海市分行配合上海綜合保稅區國際貿易結算中心工作，成功為企業辦理了首筆保稅監管區內企業入境備案方式的跨境人民幣結算業務。交行還積極參與人民幣全球清算系統建設、境外人民幣回流機制建設工作、獲准代理境外參加行等三類機構運用人民幣投資銀行間債券市場試點，助推上海

國際金融中心建設。

　　目前，香港離岸人民幣市場已初具規模，人民幣已成為除港幣和美元之外的第三大貨幣。隨著香港離岸人民中心建設的推進，香港離岸人民幣債券市場、股票市場、匯兌市場、衍生工具市場不斷擴容。交行香港分行抓住人民幣國際化以及香港發展人民幣離岸中心的歷史機遇，大力發展跨境貿易人民幣結算以及人民幣債券業務，打造香港地區人民幣「專家」的市場形象。自2009年以來連續三年在中央赴港發行人民幣國債中擔任機構部分的獨家發行及交存代理，以及零售部分的聯席牽頭行及簿記行。此外，還成功擔任晨鳴紙業、大連港和龍源電力在港發行人民幣債券的牽頭行、簿記行和財務代理的重要角色。2011年以來香港分行共發行離岸人民幣債券160多億元，進一步凸顯了交行在境外人民幣債券市場上的專業領導地位。同時，交行香港分行成功進入境內人民幣債券市場，投資境內銀行間人民幣債券市場，並首次成功認購了東亞銀行（中國）2年期金融債券，有效提升了人民幣資產收益率。同時，交行香港分行還抓住RQFII業務開閘機遇，積極與境內分行聯動，成功取得首批RQFII的內地和香港託管業務和RQFII基金產品在港的分銷業務。

3.6　展望

　　隨著中國經濟實力和國際地位的不斷上升，人民幣國際化的步伐將進一步加快，跨境人民幣業務必將迎來更加廣闊的發展空間。交通銀行立足「走國際化、綜合化道路，建設以財富管理為特色的一流公眾持股銀行集團」的發展戰略，著力打造上海「金融旗艦」，緊緊抓住跨境人民幣的市場機遇，以創新開拓為前提，以專業服務謀發展，發揮自身境內外聯動產品設計開發、管理、行銷優勢，把跨境人民幣結算與融資、離岸人民幣兌換、匯率風險管理、跨境融資、離岸投行等做成交通銀行的金牌業務，使交通銀行在領跑跨境人民幣業務的創新發展中再鑄輝煌。

附錄4

人民幣國際化大事記

時間	事件	內容
1994.4.4	即期外匯交易推出。	中國外匯交易中心推出即期外匯交易。
1998.10.26	銀行間外匯市場會員進行調整。	根據國家外匯管理局清理銀行間外匯市場會員的意見，中國外匯交易中心暫停外匯市場非銀行金融機構會員交易。
2000.5.4	《清邁協議》簽訂。	第九屆東盟與中日韓「10＋3」財長在泰國清邁共同簽署了建立區域性貨幣互換網路的協議，即《清邁協議》。首先，擴大了東盟互換協議（ASA）的數量與金額；其次，建立了中日韓與東盟國家的雙邊互換協議。
2003.11.19	香港銀行將在港辦理人民幣業務。	「中國人民銀行與香港金融管理局合作備忘錄」在北京人民大會堂簽字。經國務院批准，香港銀行將在港辦理人民幣存款、兌換、銀行卡和匯款四項業務。中國人民銀行發佈公告宣佈，為香港銀行在港辦理人民幣業務提供清算管道和回流機制。

續前表

時間	事件	內容
2003.12	簽訂「人民幣在港清算協議」。	中國人民銀行同香港金融管理局授權中銀香港作為香港銀行個人人民幣業務的清算行。隨後,中銀香港與人民銀行深圳中心支行簽訂「人民幣在港清算協議」,並吸收中銀香港為中國銀行間外匯市場和拆借市場的新成員,使中國銀行間外匯市場實際延伸到香港。從2月25日開始,為40家參加辦理個人人民幣業務的香港銀行提供存款、兌換和匯款清算服務。
2005	香港准許7個行業開設人民幣存款戶口。	香港准許包括零售、飲食及運輸在內的7個行業開設人民幣存款戶口。
2005.8.15	遠期外匯交易推出。	中國外匯交易中心推出遠期外匯交易。
2005.8.28	銀行間即期外匯市場交易主體擴大。	允許更多符合條件的非銀行金融機構和非金融性企業按實際需要原則進入銀行間即期外匯市場交易。
2005.9.23	銀行間即期外匯市場交易價浮動擴大。	銀行間即期外匯市場非美元貨幣對人民幣交易價的浮動幅度從原來的上下1.5%擴大到上下3%。
2005.10	IFC和ADB發行熊貓債券。	國際金融公司（IFC）和亞洲開發銀行（ADB）在中國銀行間債市分別發行熊貓債券11.3億元和10億元,這是中國債券市場首次引入外資機構作為發行主體。
2006.1.4	外匯交易中心引入做市商和詢價交易方式。	中國外匯交易中心引入了做市商和詢價交易方式,於每日銀行間外匯市場開盤前向所有銀行間外匯市場做市商詢價,並將全部做市商報價作為人民幣兌美元匯率中間價的計算樣本,去掉最高和最低報價後,將剩餘做市商報價加權平均,得到當日人民幣對美元匯率中間價,權重由中國外匯交易中心根據報價方在銀行間外匯市場的交易量及報價情況等指標綜合確定。

續前表

時間	事件	內容
2006.2.22	香港居民即將可以在香港銀行開設人民幣支票戶口。	香港特區政府財政司司長唐英年表示，香港居民即將可以在香港銀行開設人民幣支票戶口，而存款業務亦已擴展至非個人層面。
2006.3.6	中銀香港推出香港人民幣配套服務。	中銀香港推出了香港人民幣交收系統及人民幣支票清算服務。
2006.3.20	第一位企業會員進入銀行間外匯市場。	中國中化集團公司以第一位企業會員的身份進入銀行間外匯市場交易。
2006.4.5	外匯交易中心和CME簽訂貨幣產品交易合作協議。	中國外匯交易中心和芝加哥商業交易所（CME）在上海舉行了國際貨幣產品交易合作協議文本互換儀式。根據協議，中國外匯交易中心會員單位將可以通過中國外匯交易中心交易芝加哥商業交易所全球電子交易平臺交易的國際貨幣市場（IMM）的匯率和利率產品；中國外匯交易中心將作為芝加哥商業交易所的超級清算會員，為交易這些貨幣產品的市場參與者提供交易便利和清算服務；芝加哥商業交易所將為中國外匯交易中心系統建設提供必要的技術支援和諮詢服務；中國外匯交易中心和芝加哥商業交易所將共同向中國外匯交易中心會員單位提供業務培訓和技術諮詢服務。
2006.4.24	外匯掉期交易推出。	中國外匯交易中心推出外匯掉期交易。
2006.10.27	外管局關於遠期和掉期業務管理的通知下發。	國家外匯管理局下發了《關於外匯指定銀行對客戶遠期結售匯業務和人民幣與外幣掉期業務有關外匯管理問題的通知》，未經國家外匯管理局批准，境內機構和個人不得以任何形式參與境外人民幣對外匯衍生交易，銀行應在規定範圍內對客戶提供規避人民幣匯率風險的產品服務。禁止內地銀行在境外進行NDF報價。
2006.12.1	人民幣首次被列為官方儲備貨幣。	菲律賓央行作為首個外國央行將人民幣列為官方儲備貨幣。

續前表

時間	事件	內容
2007.1	境內金融機構首次被允許在香港地區發行人民幣債券。	中國人民銀行發佈《中國人民銀行公告〔2007〕第3號》，首次規定境內金融機構經批准可在香港發行人民幣債券。
2007.5.21	銀行間即期外匯市場交易價浮動幅，度再度擴大。	銀行間即期外匯市場交易價浮動幅度再度擴大，人民幣兌美元交易價浮動幅度由3 擴大到5 。
2007.6.8	境內金融機構赴香港發行人民幣債券管理辦法頒佈。	中國人民銀行及國家發改委聯合頒佈了《境內金融機構赴香港特別行政區發行人民幣債券管理暫行辦法》，從發行主體、發行條件、監管部門以及募集資金調回等方面對境內金融機構在香港發行人民幣債券做出具體規定。具備核心資本充足率不低於4%、最近3年連續盈利、貸款損失準備計提充足、風險監管指標符合監管機構的有關規定等條件的政策性銀行和商業銀行經批准可以赴香港發行人民幣債券。
2007.6.27	首支人民幣債券，亮相香港。	國家開發銀行在港發售50億元人民幣債券，期限2年，發行利率3%，比同期該行在內地發行的2年期債券利率低100個基點。
2007.7.2	第一家財務公司進入銀行間外匯市場交易。	中國石化財務有限公司以第一家財務公司的身份進入銀行間外匯市場交易。
2007.9.20	與日本簽訂了貨幣互換協議。	中國與日本簽訂價值30億美元（按當時匯率合226億元人民幣）的貨幣互換協議。
2008.12.3	《關於當前金融促進經濟發展的若干意見》的發佈。	國務院辦公廳發佈《關於當前金融促進經濟發展的若干意見》，明確允許在內地有較多業務的香港企業或金融機構在港發行人民幣債券。
2008.12.12	與韓國簽訂了貨幣互換協議。	中國與韓國簽訂1 800億元人民幣/38萬億韓元（260億美元）的貨幣互換協議。2011年10月26日續簽貨幣互換協議，此協議自續簽之日起失效。

續前表

時間	事件	內容
2009.1.20	與香港簽訂了貨幣互換協議。	中國與香港簽訂2 000億元人民幣/2 270億港幣的貨幣互換協議。2011年 11月22日續簽貨幣互換協議，此協議自續簽之日起失效。
2009.2.8	與馬來西亞簽訂貨幣互換協議。	中國與馬來西亞簽訂800億元人民幣/400億林吉特的貨幣互換協議，協議實施有效期3年，經雙方同意可以展期。
2009.3.11	與白俄羅斯簽訂貨幣互換協議。	中國與白俄羅斯簽訂200億元人民幣/8萬億白俄羅斯盧布的貨幣互換協議，協議實施有效期3年，經雙方同意可以展期。
2009.3.23	與印尼簽訂了貨幣互換協議。	中國與印尼銀行簽訂1 000億元人民幣/175萬億印尼盧比的貨幣互換協議，協議實施有效期3年，經雙方同意可以展期。
2009.3.29	與阿根廷簽訂貨幣互換協議。	中國與阿根廷簽訂700億元人民幣/380億阿根廷比索的貨幣互換協議，協議實施有效期3年，經雙方同意可以展期。
2009.6.1	即期詢價交易淨額清算業務推出。	銀行間外匯市場即期詢價交易淨額清算業務正式推出。
2009.7.2	跨境貿易人民幣結算試點正式啟動。	人民銀行聯合財政部、商務部、海關總署、稅務總局、銀監會共同制定並發佈《跨境貿易人民幣結算試點管理辦法》，我國跨境貿易人民幣結算試點正式啟動。跨境貿易人民幣結算試點率先在上海市和廣東省四城市推出，境外的地域範圍則暫定為港澳地區和東盟國家。
2009.7.6	首筆跨境貿易人民幣計價結算業務在上海正式啟動。	中國銀行、交通銀行為上海電氣集團、上海絲綢股份有限公司和上海環宇進出口有限公司提供首單跨境貿易人民幣結算服務。

續前表

時間	事件	內容
2009.9.3	中國簽署購買約 500億美元IMF債券協議。	國際貨幣基金組織（IMF）公佈中國已簽署了從該機構購買價值約 500億美元的IMF債券的協議，中國人民銀行將按照相應的特別提款權（SDR）計算價值，參照8月25日匯率，向IMF 轉入人民幣。這是IMF史上首次發行債券，中國也成為第一個簽署債券認購協議的基金組織成員國。此次購買債券，儘管支付對價的計量單位還是美元，但支付貨幣為人民幣。
2009.9.28	中國財政部在港發行首支人民幣國債。	中國財政部在港發行總計60億元人民幣國債。這是中國國債首次在中國內地以外地區發行，也是首次在內地以外地區發行以人民幣計價的主權債券。此次國債面向個人投資者及機構投資者發行，認購期為9月28日至10月20日，認購結果將於10月22日公佈，發行日為10月27日，每半年派息一次。國債期限分為2年、3年和5年，其中5年期只向機構投資者發行。2年期國債票面年利率為2.25%，3年期為2.7%，5年期為3.3%。
2010.2.11	《香港人民幣業務的監管原則及操作安排的詮釋》發佈。	香港金融管理局發佈了《香港人民幣業務的監管原則及操作安排的詮釋》，明確在香港發行人民幣債券的發行主體、發行規模及方式、投資者主體等均可按照香港的法規和市場因素來決定；但內地發行主體還需遵守內地有關法規和要求。

時間	事件	內容
2010.2.12	香港金融管理局宣佈放寬人民幣等多項業務限制。	香港金融管理局總裁陳德霖向金融機構發出的通函指出，「人民幣流進香港後，只要不涉及資金回流內地，香港銀行可以從市場角度考慮，仿效其他貨幣一致的方法，優化現行的人民幣業務」。香港金融管理局宣佈放寬人民幣多項業務限制，包括放寬在港發行人民幣債券限制，允許香港及海外企業、金融機構在香港發行人民幣債券；香港銀行可以向企業客戶提供人民幣貿易融資和貸款，等等。至此，香港企業已經可以使用人民幣進行服務貿易結算，而不再局限於實物商品。
2010.6.9	與冰島簽訂了貨幣互換協議。	中國與冰島簽訂價值35億元人民幣的貨幣互換協議，此協議實施有效期3年，經雙方同意可以展期。
2010.6.22	跨境貿易人民幣結算試點擴大。	人民銀行、財政部、商務部、海關總署、稅務總局和銀監會聯合發佈《關於擴大跨境貿易人民幣結算試點有關問題的通知》，跨境貿易人民幣結算試點地區擴大到北京、天津等20個省（自治區、直轄市）。同時，跨境貿易人民幣結算的境外地域由港澳、東盟地區擴展到所有國家和地區。
2010.7.7	首家香港紅籌公司在港發行人民幣債券。	合和公路基建在港發行人民幣債券，成為首家在港發行人民幣債券的香港紅籌公司。
2010.7.19	《香港銀行人民幣業務的清算協定》簽訂。	中國人民銀行與中國銀行（香港）有限公司簽署新修訂的《香港銀行人民幣業務的清算協議》，並就擴大人民幣貿易結算安排簽訂了補充合作備忘錄。主要內容是，香港人民幣存款可用於銀行間往來轉帳，取消企業兌換人民幣的上限。

續前表

時間	事件	內容
2010.7.24	與新加坡簽訂貨幣互換協議。	中國與新加坡簽訂1 500億元人民幣/約300億新加坡元的貨幣互換協議,此協議實施有效期3年,經雙方同意可以展期。
2010.8.11	香港發行首支以人民幣計價的基金。	海通資產管理(香港)公司在港發行首支以人民幣計價的基金。
2010.8.16	境外三類機構運用人民幣投資銀行間債券市場試點。	中國人民銀行發佈《關於境外人民幣清算行等三類機構運用人民幣投資銀行間債券市場試點有關事宜的通知》,容許境外央行、港澳人民幣清算行,以及參與跨境人民幣貿易試點的金融機構,包括基金公司及保險公司等,可投資內地銀行間債券市場。其中主要就試點的交易主體、資金來源及交易方式等做出了具體規定。
2010.8.19	第一家外資跨國企業在港發行人民幣債券。	美資企業麥當勞在港發行兩億元人民幣企業債券。麥當勞成為繼合和公路基建之後第二家在港發行人民幣債券的非金融機構,也是第一家在港發行人民幣債券的外資跨國企業。
2010.8.19	銀行間外匯市場開辦人民幣對馬來西亞林吉特交易。	經中國人民銀行授權,自8月19日起,在銀行間外匯市場開辦人民幣對馬來西亞林吉特(以下簡稱林吉特)交易。截至當時,我國銀行間外匯市場開辦的人民幣對其他貨幣交易包括美元、歐元、日圓、英鎊和港元,林吉特是第一個在我國銀行間外匯市場交易的新興市場貨幣。
2010.9.1	內地銀行首次在香港發行人民幣存款證。	國家開發銀行在香港發行1億元人民幣存款證,為內地銀行首次在香港發行了人民幣存款證。

時間	事件	內容
2010.9.8— 2010.9.24	內地金融機構在港發行人民幣債券暫停11個月後重啟。	中國銀行在港發行本金總額高達50億元的人民幣債券，內地金融機構在港發行人民幣債券暫停11個月後重啟。該人民幣債券自開售以來，受到市場的熱烈追捧，預約認購出現排隊。根據中國銀行網站公告，中國銀行此次發行的人民幣債券面值為每張10 000元人民幣。債券分為A、B兩部分：A部分債券期限為2年，票面年利率為2.65%；B部分債券期限為3年，票面年利率為2.90%。每半年付息一次，發售對象為香港零售及機構投資者，發售從9月8日開始，一直持續到9月20日，發行募集的資金將用於中國銀行的一般公司用途。
2010.9.14	工銀亞洲完成了首宗境外機構在內地債市的交易。	工銀亞洲完成首宗境外機構在內地債市的交易，以1億元人民幣認購國開行的人民幣債券，期限為1年，利息率介於1.01%～2%之間。內地銀行間債券市場的對外開放一方面可能會使香港人民幣債券市場的資金受到分流，收益率逐漸上升，向內地銀行間市場逼近；另一方面，投資管道的增加有利於香港離岸人民幣資金規模的增加，對香港人民幣債券市場的發展將起到正面的作用。
2010.10.22	亞洲開發銀行首發在香港上市的人民幣計價產品。	亞洲開發銀行發行12億元人民幣債券，為首個在港上市的人民幣計價產品。此次10年期債券也是首次在港發行的人民幣長期債券。
2010.11.22	銀行間外匯市場開辦了人民幣對俄羅斯盧布交易。	經中國人民銀行授權，自2010年11月22日起在銀行間外匯市場開辦人民幣對俄羅斯盧布交易。
2010.11.29	銀行間外匯市場詢價交易淨額清算擴大到所有做市商銀行。	銀行間外匯市場詢價交易淨額清算擴大到所有做市商銀行。

續前表

時間	事件	內容
2010.12.6	莫斯科銀行間外匯交易所掛牌了盧布對人民幣交易。	盧布對人民幣掛牌交易在俄羅斯莫斯科銀行間外匯交易所正式啟動。這也是人民幣首次在中國境外直接掛牌交易。
2010.12.14	財政部2010年度80億元人民幣國債完成認購。	財政部在香港面向個人投資者發行的30億元人民幣國債完成認購。面向個人投資者發行的30億元人民幣國債期限為2年，票面利率為1.6%，發行日為2010年12月20日，每半年派息一次。香港個人投資者積極參與，認購申請超過25 000份，認購總金額達到71.2億元，認購倍數為2.37倍。加上之前50億元通過香港債務工具中央結算系統（CMU）債券投標平臺向機構投資者發行，分別為3年期20億元、5年期20億元以及10年期10億元。
2011.1.4	世界銀行首次在香港發行5億元人民幣債券。	世界銀行首次在香港發行5億元人民幣債券。以其全球影響力和國際地位，世界銀行在香港發行人民幣債券具有里程碑式的意義。
2011.1.13	《境外直接投資人民幣結算試點管理辦法》的制定。	中國人民銀行制定了《境外直接投資人民幣結算試點管理辦法》。該辦法規定，自2011年8月23日起，全國的銀行和企業均可開展人民幣境外直接投資。
2011.2.16	《國家外匯管理局關於人民幣對外匯期權交易有關問題的通知》的發佈。	國家外匯管理局發佈公告，宣佈推出人民幣外匯期權產品。該產品是銀行間市場第一個在岸人民幣期權類產品。
2011.4.1	人民幣外匯期權業務的推出。	人民幣外匯期權業務同時在銀行間市場和銀行對客戶零售市場上推出，推出的交易品種為歐式期權且在推出初期只允許客戶從銀行買入期權，不能賣出期權，限制客戶「裸賣」，從而避免過度的交易風險。2011年12月1日起允許對期權買賣進行組合，賦予了客戶在買入基礎上賣出期權的權利。

時間	事件	內容
2011.4.19	與紐西蘭、烏茲別克簽訂貨幣互換協議。	中國與紐西蘭簽訂價值250億元人民幣的貨幣互換協議，此協議實施有效期3年，經雙方同意可以展期。與烏茲別克簽訂價值7億元人民幣的貨幣互換協議，此協議實施有效期3年，經雙方同意可以展期。
2011.4.29	首支人民幣計價房地產投資信託基金在港交所掛牌交易。	香港首支人民幣計價房地產投資信託基金——匯賢產業信託正式在港交所掛牌交易。第一支人民幣IPO開創了離岸市場人民幣計價股票這一新的資產類別。
2011.5.6	與蒙古簽訂貨幣互換協議。	中國與蒙古簽訂價值50億元人民幣的貨幣互換協議，此協議實施有效期3年，經雙方同意可以展期。
2011.6.9	雲南省富滇銀行正式掛牌了寮國基普兌人民幣匯率。	雲南省富滇銀行正式啟動中老本幣跨境結算，並對寮國基普兌人民幣匯率進行掛牌。富滇銀行屬首家推出寮國基普兌人民幣現匯交易業務的國內商業銀行。
2011.6.13	與哈薩克簽訂貨幣互換協議。	中國與哈薩克共和國簽訂價值70億元人民幣的貨幣互換協議，協議有效期3年，經雙方同意可以展期。
2011.6.21	《關於明確跨境人民幣業務相關問題的通知》公佈。	中國人民銀行公佈了《關於明確跨境人民幣業務相關問題的通知》，首次正式明確了外商直接投資人民幣結算業務的試點辦法。
2011.6.28	人民幣對越南盾櫃檯掛牌交易。	中國工商銀行中國—東盟人民幣跨境清算（結算）中心（南寧）在廣西掛牌成立，人民幣對越南盾櫃檯掛牌交易正式啟動；2011年12月29日，廣西北部灣銀行中國—東盟跨境貨幣業務中心成立，人民幣對越南盾匯率櫃檯掛牌交易正式啟動。
2011.6.28	人民幣對哈薩克堅戈直接匯率項下的堅戈現匯業務推出。	中國銀行新疆區分行正式推出人民幣對哈薩克堅戈直接匯率項下的堅戈現匯業務。

時間	事件	內容
2011.7.5	青島成為首個韓元掛牌交易試點城市。	青島成為首個韓元掛牌交易試點城市，在區域內實現人民幣對韓元匯率掛牌和人民幣對韓元的直接兌換。
2011.8.17	財政部到港發行200億元人民幣國債。	財政部到港發行200億元人民幣國債。本次人民幣國債發行金額為200億元。其中，面向個人投資者發行部分期限為2年，發行金額50億元，由香港本地的商業銀行，包括外資銀行等金融機構包銷配售；面向機構投資者發行部分期限為3年、5年、7年和10年，發行金額分別為60億元、50億元、30億元和10億元，繼續通過香港金融管理局的債務工具中央結算系統（CMU）發行。
2011.8.17	李克強副總理宣佈了六大政策措施。	李克強副總理在香港舉辦的國家「十二五」規劃與兩地經貿金融合作發展論壇上，正式宣佈了中央支持香港進一步發展、深化內地和香港在經貿金融等方面合作的六大政策措施。
2011.8.23	跨境貿易人民幣結算境內地域，範圍擴大至全國。	人民銀行、財政部、商務部、海關總署、稅務總局和銀監會聯合發佈《關於擴大跨境貿易人民幣結算地區的通知》，明確河北、山西、安徽、江西、河南、湖南、貴州、陝西、甘肅、青海和寧夏省（自治區）的企業可以開展跨境貿易人民幣結算；吉林省、黑龍江省、西藏自治區、新疆維吾爾自治區的企業開展出口貨物貿易人民幣結算的境外地域範圍，從毗鄰國家擴展到境外所有國家和地區。至此，跨境貿易人民幣結算境內地域範圍擴大至全國。
2011.10.14	商務部發佈《關於跨境人民幣直接投資有關問題的通知》。	商務部發佈《關於跨境人民幣直接投資有關問題的通知》。《通知》規定，境外投資者可以運用合法獲得的境外人民幣依法開展直接投資活動。隨後，中國人民銀行制定了《外商直接投資人民幣結算業務管理辦法》，明確了境外企業和經濟組織或個人以人民幣來華投資在遵守相關法律規定的前提下，可以直接向銀行申請辦理人民幣結算業務。

續前表

時間	事件	內容
2011.10.21	大陸首家非金融類公司獲准發行點心債券。	寶鋼集團有限公司在10月份獲准發行人民幣65億元的點心債券,這也是大陸首家獲准發行此類債券的非金融類公司。
2011.10.26	與韓國簽訂了貨幣互換協議。	中國與韓國簽訂3 600億元人民幣/64萬億韓元的貨幣互換協議,協議實施有效期3年,經雙方同意可以展期。
2011.11.4	中銀香港繼續受權擔任香港的人民幣業務清算行。	根據中國人民銀行公告〔2003〕第16號確定的選擇香港人民幣業務清算行的原則和標準,經過對申請連任清算行的中國銀行(香港)有限公司的全面評審,並商香港金融管理局,中國人民銀行決定授權中國銀行(香港)有限公司繼續擔任香港人民幣業務清算行。
2011.11.8	保加利亞一兌換點開始掛牌交易人民幣。	保加利亞的Tavex黃金與外匯交易公司兌換點開始掛牌交易人民幣。這意味著人民幣在保加利亞外匯市場上已經成為「可自由兌換的硬通貨」。
2011.11.22	與香港簽訂了貨幣互換協定。	中國與香港簽訂4 000億元人民幣/4 900億港幣的貨幣互換協議,協議實施有效期3年,經雙方同意可以展期。
2011.12.16	人民幣合格境外機構投資者境內證券投資試點。	中國證監會和國家外匯管理局聯合公佈《關於實施〈基金管理公司、證券公司人民幣合格境外機構投資者境內證券投資試點辦法〉的規定》。目前,RQFII試點項目允許經批准的境外機構投資者在內地資本市場購買至多人民幣200億元(約合31億美元)的債券和股票。辦法規定,香港募集的RQFII產品投資於股票及股票類基金的資金不超過募集規模的20%,投資於固定收益證券的資金不少於募集規模的80%。試點機構可在託管及結算代理銀行開三類專用存款帳戶,分別用於銀行間債券市場交易、交易所債券市場交易和股票市場交易的資金結算。

續前表

時間	事件	內容
2011.12.19	人民幣對泰銖銀行間區域交易在雲南省啟動。	人民幣對泰銖銀行間區域交易在雲南省正式啟動。同時，在泰銖零售市場上實現銀行櫃檯人民幣對泰銖的直接掛牌。12月19日當天，人民幣對泰銖銀行間市場區域交易雙方共成交40筆，雙邊買賣成交金額2.12億元人民幣。首筆交易由中國銀行股份有限公司雲南省分行與盤穀銀行（中國）股份有限公司共同完成。
2011.12.22	與泰國簽訂了貨幣互換協議。	中國與泰國簽訂700億元人民幣/3 200億元泰銖的貨幣互換協議，協議實施有效期3年，經雙方同意可以展期。
2011.12.23	與巴基斯坦簽訂貨幣互換協議。	中國與巴基斯坦簽訂100億元人民幣/1 400億盧比的貨幣互換協議，協議實施有效期3年，經雙方同意可以展期。
2011.12.25	日本政府已正式提出，購買一定規模的中國國債。	中國人民銀行公佈日本政府已經正式提出購買一定規模的中國國債，雖然尚未公佈具體的時間表，但是這意味著一旦購買成功，日本將成為G7工業化國家中第一個持有人民幣作為外匯儲備的國家，人民幣將首次成為發達經濟體的儲備貨幣。

參考文獻

〔1〕 Arthur ,Kroeber. "The Chinese Yuan Grows up Slowly: Fact and Fiction about China's Currency Internationalization", *New America Foundation,* Mar 2011.

〔2〕 Arthur, Kroeber. "The Renminbi: The Political Economy of a Currency", *Brookings,* Sep 2011.

〔3〕 Dobson, Wendy & Masson, Paul. "Will the Renminbi Become a World Currency?", *China Economic Review,*Mar 2009.

〔4〕 Eichengreen, Barry. "The Renminbi as an International Currency", *Journal of Policy Modeling,* Sep 2011.

〔5〕 Frankel, Jeffrey. "The Rise of the Renminbi as International Currency: Historical Precedents", VoxEU.org, October 10，2011.

〔6〕 Ito, Takatoshi. "The Internationalization of the RMB: Opportunities and Pitfalls", Council on Foreign Relations, Nov 2011.

〔7〕 Kenen, Peter. "Currency Internationalisation: An Overview", BOK-BIS Seminar on Currency Internationalisation，Mar 2009.

〔8〕 Lardy, Nicholas & Douglass,Patrick. "Capital Account Liberalization and the Role of the Renminbi", Working Paper for Peterson Institute for International Economics, Feb 2011.

〔9〕 Lee, Jong-Wha. "Will the Renminbi Emerge as an International Reserve Currency?", Asian Development Bank, Jun 2010.

〔10〕 Mallaby, Sebastian & Wethington, Olin. "The Future of the Yuan: China's Struggle to Internationalize Its Currency", *Foreign Affairs,*Jan/Feb 2012.

〔11〕 McCauley, Robert. "Renminbi Internationalization and China's Financial Development", *BIS Quarterly Reviews,* Dec 2011.

〔12〕 Mundell Robert. "Add Renminbi to IMF Reserve", http//robertmundell.net/2010/11/economist-robert-mundell-add-renminbi-to-imf-reservve/, 19 November.

〔13〕 Naughton, Barry. *The Chinese Economy : Transitions and Growth,* Cambridge, Mass: MIT Press Books, 2007.

〔14〕 Prasad, Eswar and Ye,Lei. "The Renminbi's Role in the Global Monetary System", *Brookings,* Feb 2012.

〔15〕 Ranjan, Rajiv & Prakash, Anand. "Internationalization of Currency: The Case of the Indian Rupee and Chinese Renminbi", Reserve Bank of India Reports, May 2010.

〔16〕 Subramanian, Arvind. "Renminbi Rules: The Conditional Imminence of the Reserve Currency Transition", Working Paper for Peterson Institute for International Economics, Sep 2011.

〔17〕 Wu, Friedrich & Pan,Rongfang & Wang,Di. "Renminbi's Potential to Become a Global Currency", *China & World Economy,* 2010 No.1 Vol. 18, pp.63-81.

〔18〕 Wu, Friedrich. "The Renminbi Challenge: The Future Role of the Chinese Currency", *International Economy,* 2009 Fall, pp.32-53.

〔19〕 Yang Mu & Yao Jielu. "Internationalization of the Renminbi", EAI Background Brief No. 610, 25 March 2011.

〔20〕 Yung Chul Park & Chi-Young Song. "RMB Internationalization: Prospects and Implications for Economic Integration in East Asia", *Asian Economic Papers,* 2011, Vol. 10, No. 3, pp.42-72.

〔21〕 巴曙松等。人民幣國際化背景下的銀行之路〔N〕。第一財經日報，2007-10-16。

〔22〕 巴曙松，吳博。人民幣國際化進程中的金融監管〔J〕。中國金融，2008（10）。

〔23〕 巴曙松。從香港看跨境貿易人民幣結算後的金融戰略〔J〕。當代金融家，2009-08-06。

〔24〕 巴曙松。謀求人民幣國際化新突破〔N〕。上海證券報，2010-02-23。

〔25〕 卜永祥。透視人民幣國際化〔J〕。金融博覽，2009（5）。

〔26〕 曹鳳岐。超主權國際貨幣儲備體系與人民幣國際化〔J〕。國際金融，2010（6）。

〔27〕 曹遠征。人民幣國際化：緣起與發展〔J〕。國際金融，2011（8）。

〔28〕 陳新平。理性應對全球「去美元化」趨勢〔J〕。中國財政，2010（3）。

〔29〕 陳雨露，王芳，楊明。作為國家競爭戰略的貨幣國際化：美元的經驗證據——兼論人民幣的國際化問題〔J〕。經濟研究，2005（2）。

〔30〕 陳雨露。全球金融危機背景下中國的發展機遇〔J〕。理論視野，2009（4）。

〔31〕 陳雨露。人民幣讀本〔M〕。北京：中國人民大學出版社，2010。

〔32〕 陳雨露。走和平共贏的人民幣崛起之路〔J〕。中國金融，2010（11）。

〔33〕 戴相龍。人民幣國際化還需20年〔EB/OL〕。中國人民銀行網站，2011-01-17。

〔34〕 干杏娣，曹海軍。人民幣國際化的動因、利弊與戰略〔J〕。社會科學家，2011（2）。

〔35〕 高海紅，余永定。人民幣國際化的含義與條件〔J〕。國際經濟評論，2010（1）。

〔36〕 高海紅。人民幣成為區域貨幣的潛力〔J〕。國際經濟評論，2011（2）。

〔37〕 葛華勇。關於國際貨幣金融體系改革的思考〔J〕。中國金融，2009（1）。

〔38〕 管濤。有關人民幣資本專案可兌換的幾個問題〔J〕。國際金融，2008（5）。

〔39〕 管濤。國際金融危機與儲備貨幣多元化〔J〕。國際經濟評論，2009（3）。

〔40〕 管濤，陳之平。現行國際貨幣體系難以承受之重：美國貨幣政策的量化寬鬆〔J〕。中國貨幣市場，2010（2）。

〔41〕 管濤。穩妥開放資本流出：為完善人民幣匯率機制創造條件〔J〕。新金融，2011（7）。

〔42〕 哈繼銘。人民幣國際化對資產價格的影響〔J〕。中國金融，2009（9）。

〔43〕 哈繼銘。讓人民幣飛〔J〕。英才，2011（6）。

〔44〕 何帆。人民幣國際化的現實選擇〔J〕。國際經濟評論，2009（4）。

〔45〕 何帆，張斌等。香港離岸人民幣金融市場的現狀、前景、問題與風險〔J〕。國際經濟評論，2011（3）。

〔46〕 胡懷邦。把握人民幣國際化契機，加快上海國際金融中心建設〔J〕。新金融，2011（6）。

〔47〕 胡曉煉。「十一五」時期中國貨幣政策調控的成就〔J〕。中國金融家，2011（1）。

〔48〕 胡祖六。國際貨幣體系無需推倒〔J〕。IT時代週刊，2011（12）。

〔49〕 黃達。人民幣的風雲際會：挑戰與機遇〔J〕。經濟研究，2004（7）。

〔50〕 黃益平。國際貨幣體系變遷與人民幣國際化〔J〕。國際經濟評論，2009（3）。

〔51〕 李稻葵，劉霖林。人民幣國際化：計量研究及政策分析〔J〕。金融研究，2008（11）。

〔52〕 李稻葵，尹興中。國際貨幣體系新架構：後金融危機時代的研究〔J〕。金融研究，2010（2）。

〔53〕 李稻葵。富國、窮國和中國：全球治理與中國的責任〔J〕。國際經濟評論，2011（4）。

〔54〕 李稻葵。人民幣國際化：下一個十年重大的發展趨勢〔J〕。當代社科視野，2011（1）。

〔55〕 李婧，徐奇淵。人民幣國際化進程的市場驅動力探索〔J〕。上海財經大學學報，2010（6）。

〔56〕 李鎔喆。人民幣國際化的可能性及對中國貿易的影響〔J〕。當代經濟，2011（9）。

〔57〕 李樹培。國企業技術自主創新動力不足：原因與對策的博弈分析〔J〕。南開經濟研究，2009（3）。

〔58〕 連平。人民幣國際結算的重大意義與現實挑戰〔J〕。新金融，2009（2）。

〔59〕 魯政委。人民幣國際化：歷史潮流與政策選擇〔J〕。中國金融，2009（10）。

〔60〕 馬駿。人民幣離岸市場發展對境內貨幣和金融的影響〔J〕。國際融資，2011（5）。

〔61〕 馬韌韜，周永坤。貨幣互換：參與國際金融救援及推動人民幣國際化的有效工具〔J〕。中國金融，2009（4）。

〔62〕 梅新育。人民幣結算給中國帶來四道考題〔N〕。東方早報，2009-04-10。

〔63〕 門淑蓮。人民幣國際化的機遇與挑戰〔J〕。經濟，2009（8）。

〔64〕 裴長洪。國際貨幣體系改革與人民幣國際地位〔J〕。國際貿易，2010（6）。

〔65〕 沈建光。離岸市場：邁向人民幣國際化的基石〔J〕。中國金融，2011（14）。

〔66〕 孫東升。「2009人民幣國際化元年」只是個傳說〔J〕。中國經濟週刊，2010（1）。

〔67〕 孫海霞，楊玲玲。貨幣國際化進程影響因素研究——基於外匯儲備職能的實證分析〔J〕。上海財經大學學報，2010（6）。

〔68〕 孫立堅。人民幣結算為誰做嫁衣〔J〕。中國信用卡，2009（15）。

〔69〕 孫立堅。「人民幣國際化」提速安全嗎？〔J〕。對外經貿實務，2010（9）。

〔70〕 孫立堅。美國「放水」何時休，中國「池子」如何建〔J〕。對外經貿實務，2011（1）。

〔71〕 陶冬。人民幣國際化前景展望〔J〕。國際金融研究，2010（1）。

〔72〕 涂永紅，承列。關於人民幣國際化的戰略思考〔N〕。證券日報，2009-04-20。

〔73〕 王大樹，房飛。關於人民幣國際化問題的思考〔J〕。西南金融，2011（7）。

〔74〕 王東。人民幣升值壓力與國際化進程關係之辨〔J〕。探索與爭鳴，2010（5）。

〔75〕 王信。人民幣國際化進程中的問題和收益研究〔J〕。國際貿易，2011（8）。

〔76〕 王自力，趙錫軍等。全球金融危機下的人民幣國際化〔J〕。銀行家，2009（5）。

〔77〕 吳念魯。論人民幣可兌換與國際化〔J〕。國際金融研究，2009（11）。

〔78〕 吳念魯。實現人民幣國際化的利弊〔J〕。經濟研究參考，2010（6）。

〔79〕 吳曉靈。人民幣國際化尚不成熟，香港作離岸中心有待研究〔EB/OL〕。中國人民銀行網站，2009-07-07。

〔80〕 吳曉求。金融危機正在改變世界〔J〕。新華月報，2009（5）。

〔81〕 吳曉求。大國經濟需要大國金融戰略〔J〕。傳承，2011（3）。

〔82〕 夏斌。人民幣區域化路線圖〔J〕。競爭力，2009（5）。

〔83〕 夏斌，陳道富。加快人民幣區域化進程，推進大國崛起〔N〕。證券時報，2010-12-17。

〔84〕 夏斌。國際貨幣體系緩慢變革下的人民幣國際化〔J〕。中國金融，2011（15）。

〔85〕 向松祚。國際貨幣體系改革何去何從〔J〕。中國金融，2010（11）。

〔86〕 向松祚。再論全球經濟失衡、國際貨幣體系改革和人民幣國際化〔J〕。國際貨幣評論，2011（2）。

〔87〕 謝旭人：加快推進國際貨幣體系多元化〔N〕。第一財經日報，2009-03-27。

〔88〕 徐其淵。人民幣國際化面臨的挑戰和選擇〔J〕。當代世界，2011（1）。

〔89〕 楊聖名。如何減緩人民幣匯率「內高外低」雙重壓力〔J〕。財貿經濟，2010（6）。

〔90〕 易綱。國際金融危機的成因和經驗〔J〕。國際經濟合作，2010（7）。

〔91〕 易綱。人民幣借香港國際化〔N〕。香港文匯報，2011-03-24。

〔92〕 殷劍峰。人民幣國際化：「貿易結算＋離岸市場」，還是「資本輸出＋跨國企業」？——以日圓國際化的教訓為例〔J〕。國際經濟評論，2011（4）。

〔93〕 余永定。再論人民幣國際化〔J〕。國際經濟評論，2011（5）。

〔94〕 瞿東升。中國為什麼有前途：對外經濟關係的戰略潛能〔M〕。北京：機械工業出版社，2010。

〔95〕 張杰。經濟變遷中的金融仲介與國有銀行〔M〕。北京：中國人民大學出版社，2003。

〔96〕 張杰。中國金融制度的結構與變遷〔M〕。北京：中國人民大學出版社，2011。

〔97〕 張杰。銀行制度改革與人民幣國際化：歷史、理論與政策〔M〕。北京：中國人民大學出版社，2010。

〔98〕 張杰。戀銅情結：低水準貨幣均衡與人民幣國際化的本位困擾〔J〕。中國金融，2010（9）。

〔99〕 趙錫軍，宋曉玲。人民幣國際化坎坷前行〔J〕。資本市場，2008（5）。

〔100〕 趙錫軍。全球金融危機下的人民幣國際化：機遇與挑戰〔J〕。亞太經濟，2009（6）。

〔101〕 趙錫軍。中國金融服務貿易的未來發展之路〔J〕。中國經貿，2011（2）。

〔102〕 周小川。用「超主權貨幣」重構國際貨幣體系〔J〕。競爭力，2009（5）。

〔103〕 周小川。「十一五」時期中國金融業改革發展的成就〔EB/OL〕。中國人民銀行網站，2010-12-09。

〔104〕 周小川。人民幣國際化中國不著急〔N〕。21世紀經濟報導，2011-09-09。

後　記

　　為了忠實記錄人民幣國際化歷程，及時把握中國經濟在此過程中發生的種種變化，剖析宏觀經濟政策、金融市場的重大事件及其影響，理清人民幣國際化的利弊得失，中國人民大學國際貨幣研究所依託本校豐富的社會科學學術資源，組織強有力的科研隊伍，推出了《人民幣國際化報告2012》，並計畫自此以後每年定期發佈。

　　人民幣國際化是重要的國家戰略之一。本報告首創人民幣國際化指數（RII），用來概括和反映客觀上人民幣行使國際貨幣職能的程度。該指數不僅為政策決策者提供簡明直觀的科學管理工具，也可作為學術界研究貨幣國際化問題的分析指標。目前人民幣國際化在政策推進和市場發展兩個方面取得了重要突破，2011年底RII達到0.45，比2010年初國際化水準增長了21.5倍。

　　國際金融危機的持續發酵與金磚國家經濟地位的提升為人民幣國際化創造了難得的歷史機遇，但也需面對來自國內外的嚴峻挑戰。本報告強調實體經濟面的決定性意義，認為技術創新和產業升級是夯實人民幣國際化經濟基礎的關鍵。同時提出將人民幣國際化與利率市場化、匯率市場化、資本帳戶開放等金融改革有機結合，以掃除制度障礙。而在發展離岸人民幣市場方面，建議優先考慮對外人民幣貸款等資本輸出方式。

　　《人民幣國際化報告2012》由中國人民大學國際貨幣研究所組織撰寫，得到了財政金融學院領導和教師們的大力支持以及統計學院、國際關係學院的鼎力合作。共有十幾位本校研究生參與了資料獲取、資訊處理等基礎性工作。眾多專家學者和業界人士對報告的修改與完善提出了中肯的意見。交通銀行為本

報告的順利完成與發佈提供了必要的資助。對此我們表示由衷的感謝！

本報告各章節分工如下：

導論：陳雨露

第1章：李靜萍、戴穩勝、涂永紅、趙雪情、劉冬

第2章：涂永紅、榮晨、徐騰、吳德穎、倪俊波、常夢旖、程逸飛

第3章及附錄4：王芳、程俊秀、張子赫

第4章：剛健華

第5、6章：何青、王芳、薛暢

第7章：涂永紅

附錄1：翟東升、任倩、向佳、高雪、張怡然

附錄2：張成思

附錄3：周恩靜、趙永芳、李英杰

中國人民大學國際貨幣研究所

2012年6月6日

人民幣國際化報告 2012

作　　者　中國人民大學國際貨幣研究所
版權策劃　李　鋒

發 行 人　陳滿銘
總 經 理　梁錦興
總 編 輯　陳滿銘
副總編輯　張晏瑞
編 輯 所　萬卷樓圖書 (股) 公司
特約編輯　吳　旻
內頁編排　林樂娟
封面設計　小　草
印　　刷　維中科技有限公司

出　　版　昌明文化有限公司
　　　　　桃園市龜山區中原街 32 號
電　　話　(02)23216565
發　　行　萬卷樓圖書 (股) 公司
　　　　　臺北市羅斯福路二段 41 號 6 樓之 3
電　　話　(02)23216565
傳　　真　(02)23218698
電　　郵　SERVICE@WANJUAN.COM.TW
大陸經銷
廈門外圖臺灣書店有限公司
電郵 JKB188@188.COM

ISBN 978-986-496-376-8
2018 年 8 月初版一刷
定價：新臺幣 480 元

如何購買本書：
1. 劃撥購書，請透過以下帳號
　 帳號：15624015
　 戶名：萬卷樓圖書股份有限公司
2. 轉帳購書，請透過以下帳戶
　 合作金庫銀行古亭分行
　 戶名：萬卷樓圖書股份有限公司
　 帳號：0877717092596
3. 網路購書，請透過萬卷樓網站
　 網址 WWW.WANJUAN.COM.TW
　 大量購書，請直接聯繫，將有專人
　 為您服務。(02)23216565 分機 10
如有缺頁、破損或裝訂錯誤，請寄回
更換

國家圖書館出版品預行編目資料

人民幣國際化報告 . 2012 / 中國人民大
學國際貨幣研究所著 . – 初版 . – 桃園市
：昌明文化出版；臺北市：萬卷樓發行，
2018.08
　 面；　公分
ISBN 978-986-496-376-8(平裝)
1. 人民幣 2. 貨幣政策 3. 中國

561.52　　　　　　　　　107012978